KB175318

못된 건축

못된 건축

CIVICALLY
INCORRECT
BUILDINGS

도시를 살리는 건축
도시를 망치는 건축

이경훈 지음

푸른숲

건축이
행복한 도시를
만든다

파리는 다섯 번쯤 가보았다.

학창 시절 배낭여행 때는 파리에서 하룻밤도 자보지 못했다. 기차간을 잠자리 삼아 되도록 멀리 밤기차를 타고 나갔다가 새벽에 내려 그 도시를 살펴본 후 다시 밤기차를 타고 파리로 돌아왔다. 하루 종일 도시를 쏘다니다가 이번엔 반대쪽으로 밤기차를 타고 다른 도시로 떠나고는 했다. 파리의 아침은 비몽사몽 중에 마시던 카페오레와 새벽 공기를 떠다니던 바게트 빵의 향기로 기억된다.

이후로 일 때문에 또는 휴가차 파리에 들를 때마다 내가 머무는 호텔과 식당의 질도 높아졌다. 별 한두 개짜리 변두리 호텔도 야간열차의 침대칸에 비하면 호사였던 때도 있었지만, 차차 나이가 들며 머무는 호텔의 별 개수도 많아졌다. 식당에서 끼니를 때울 수 있는 것만으로도 감지덕지였던 시절도 아련하게, 이제는 제법 식도락을 즐기는 전문 여행가 흉내를 내게 되었다. 하지만 불어는 여전히 너무 어렵다.

도시의 인상은 시간이 지나면서 변하고, 머무는 호텔에 따라 달라지기

자전거가 교통신호를 지키기 위해 멈춰 서는 광경은 파리에서만 볼 수 있다. 한 도시의 시민으로서의 자긍심과 책임을 다하는 모습이 엿보이는 부러운 장면이다. 시민이 도시를 만들지만 도시가 시민을 만들기도 한다.

도 한다. 누구를 만나는지, 동행이 있는지, 혼자만의 여행인지에 따라 도시의 모습도 전혀 달라 보인다. 그런데 파리에서 한 가지 느낌만은 일관되게 이어졌다. 그것은 '이성理性' 또는 '공화共和'라는 느낌이었다. 형이상학적인 단어가 몸으로 느껴진다고 해야 하나? 철학가나 사상가들의 말씀이 땀구멍을 통해 몸으로 비집고 들어오는 느낌이라 해야 하나?

이성의 느낌, 공화의 느낌은 해병대원 머리처럼 깎인 가로수가 빚어내는 것과 같은 기하학적인 느낌도 아니었다. 그것은 정돈된 거리에서 느껴지는 것이 아니다. 그보다 더 사소한 광경에서 발견된다. 지난여름이었다.

루브르 박물관 근처의 한적한 교차로에서 길을 찾느라 머뭇거리는 사이, 정장 차림의 한 신사가 자전거를 타고 가다가 빨간 신호등에서 멈춰 서는 게 눈에 들어왔다. 약간은 무료한 듯 주위를 돌아보면서도 분명 두 발을 땅에 딛고 서서 교통신호가 바뀌기를 기다리고 있었다. 자동차는 물론 오토바이들도 그 자전거 뒤에 줄을 서서 신호를 기다리고 있었다. 신호가 바뀌자 신사는 페달을 힘껏 밟아 출발했다. 곧 자동차와 오토바이와 자전거는 한 무리가 되어 달려가다가 내 시야에서 사라졌다.

평범하지만 놀라운 광경이었다. 그러고 보니 파리에는 자전거 전용도로가 따로 없었다. 어찌 됐건 그 신기한 광경은 이제껏 어디서도 본 적이 없었다. 런던에서도 뉴욕에서도 그 밖의 어느 도시에서도 본 적 없는 자전거의 모범적인 멈춤이었다.

이 평범하고 교과서적인 광경을 보면서 여러 생각이 교차했다. 나와 동행하던 유학생 후배가 잠시 생각에 잠겨 있는 나에게 물었다.

"왜 그러세요?"

"아니…… 저 자전거 봤어요? 신호를 끝까지 지키다가 파란불로 바뀌고 나서야 출발하는 거……."

"오, 그렇네요!…… 그런데 여기에선 다들 그래요. 저런 게 바퀴의 자존심이라는 것 아닐까요?" 후배가 말했다.

"바퀴의 자존심이라……."

자전거도 그 바퀴 두 개로 차도를 달리고 싶을 땐 '자전차'로 변신해 온 갖 교통법규를 지킨다는 것이다. 자전거도 당당한 바퀴를 가진 교통수단이 니 인도 대신 차도를 달릴 권리가 있고 그 권리에 따른 의무로서 인도를 침범 하지 않고 교통신호를 지키겠다는 의지의 표현이 아니겠냐는 것이다. 바퀴의 자존심을 지키기 위한 멈춤이라니!

왕을 처형하고 공화정을 이룬 프랑스 국민의 자부심이 배어 나오는 장 면인 듯해, 부러움을 넘어 질투가 날 지경이었다. 세계 최강국은 아니지만 세 계에서 가장 선진화된 공화와 인권을 실천하고 있다고 자부하는 프랑스다운 장면이었다. 서울은 말할 것도 없고 뉴욕과 런던에서도 자전거는 물론 심지 어 오토바이도 교통신호에 대해서는 스스로를 예외적인 존재로 여기며 마구 달린다. 며칠 전까지 머물렀던 런던에서 한 영국인이, 런던에서는 좌측통행 과 난폭한 오토바이에만 주의를 기울이면 운전하는 데 큰 문제는 없을 거라 고 충고했던 기억이 난다.

교통신호를 지키는 자전거란 예절이나 염치의 차원을 넘어선다. 도시라 는 인공적인 조밀한 공간이 성립되고 발전하는 비결이다. 도시는 공화의 장 소다. 공화란 근대 서구의 자유주의를 보완하는 수단으로 생겨난 개념이다. 사회를 이루는 각각의 구성원이 조금씩 양보하면 '공공의 선'이 생겨나고, 그 혜택으로 개인은 훨씬 큰 행복을 누린다는 것이다. 즉 행복의 총량이 늘어난 다는 민민한 우익 논리나. 교통신호를 지키는 얼마간의 양보로 복잡한 도시 의 도로를 누구나 원활하게 오갈 수 있는 것이 그 예다. 도시는 공화의 개념이 물리적으로 구현된 장소다. 사람이나 자전거나 건축도 마찬가지다. 도시에서 그 혜택을 누리며 살기 위해서는 양보를 하고 비용을 지불해야 한다.

우리는 도시에서 산다

얼마 전 이사를 했다. 매우 소란하고 수다스러우며 도시적인 이웃을 얻어서 만족스럽다. 집을 나서면 북적거리는 골목들이 펼쳐진다. 편안한 차림으로 들어갈 수 있는 카페가 여섯 곳이 넘고 식당과 주점은 열 군데가 넘는다. 그 중 세 군데는 24시간 영업을 한다. 횡단보도 하나만 건너면 가게란 가게는 다 있다. 대형 마트를 뒤집어 뿌린 거리에 들어앉아 사는 느낌이다. 슈퍼마켓, 빵집, 피자 가게, 미용실, 아이스크림 가게, 옷 가게, 약국, 철물점, 피아노 학원과 목욕탕이 있다. 목욕탕은 정겹다. 이제는 갈 일이 없지만 목욕탕은 중세 교회처럼 마을의 중심이 아니었던가. 목욕탕을 지나칠 때마다 '우리 동네'라는 느낌이 따뜻하게 피어오른다. 식당, 빵집에 들를 때마다 눈인사를 주고받는 이웃도 꽤 생겼다. 이사한 뒤 집 정리를 하느라 자주 들른 철물점 아저씨와는 벌써 가까운 이웃이 되었다.

2006년 노벨문학상을 수상한 터키 작가 오르한 파묵Orhan Pamuk은 한 에세이에서 자기가 사는 도시의 가게 이름을 죽 나열한다. 출석을 부르듯 호명하는 가게들 이름으로 세 페이지가 넘어간다. 이스탄불에 대한 그의 기억과 애정이 묻어나는 장면이다. 이제 파묵의 이스탄불이 부럽지 않다. 유학을 마치고 맨해튼 한복판에 살던 때의 기억이 되살아난다. 걸어서 출퇴근하고, 걸어서 장을 보고, 걸으며 연애하던 그때의 기분으로 되돌아간다. 다시 도시와 이웃을 얻었다.

대신 북향집이다. 남쪽으로만 길이 나 있어 하는 수 없이 출입구와 공동계단을 남향으로 놓다 보니 북향이 된 연립주택이다. 거실과 방들이 북향이고 남향으로는 방 한 칸 겨우 들인 구조지만 양편으로 발코니가 있어 생각보다 춥지는 않다. 북쪽으로 공터가 있는 덕에 그리 어둡거나 답답하지도 않다. 어차피 낮에는 비어 있는 집 아닌가? 반쯤 가려진 남산도 보인다. 하지만 공터 너머로 대로가 있어 하루 종일 먼지와 소음이 가득하니 발코니의 이중창을 꼭꼭 닫아두고 지내는 것 말고는 달리 방법이 없다.

주차장이 있지만 자동차는 포기했다. 골목을 돌 때마다 삐뚤빼뚤 세워진 차들 사이로 걷는 게 마음은 조마조마해도 훨씬 빠르고 편해서다. 웬만하면 자동차는 세워놓고 전용차로를 시원스레 달리는 버스로 다닌다.

전에 살던 집은 정남향에다 언덕 위에 자리해 해가 잘 들고 전망이 좋았다. 멀찌감치 한강이 바라다보이고 그 너머로 산도 보였다. 게다가 남향이니 하루 종일 해가 들어서 겨울에도 따뜻했다. 동서로 기다란 집이라 방마다 남쪽으로 창이 나 있어, 낮에 넘치게 쏟아져 들어오는 햇살이 아까울 지경이었다. 하지만 발코니를 확장한 집이어서 한 겹 유리벽으로는 겨울의 한기를 막기에는 역부족이었다. 해가 지는 순간부터 온도계 눈금이 뚝뚝 떨어졌다. 지금의 북향집보다 가스비는 두 배 넘게 나왔는데도 훨씬 춥게 지냈다. 정작 해가 드는 낮에는 비어 있다가 추운 밤에야 사람이 돌아오는 '집'이었기 때문이다.

주차장도 나름대로 널찍하고 주변 길도 한적해서 손님이 오더라도 주차할 자리는 충분했다. 대신 언덕 위에 덩그러니 있는 집이어서 동네 어디하고도 멀었다. 가게도 멀고 식당도 멀고 이웃과도 멀었다. 우유 하나를 사려고 해도 주차장에서 차를 빼내서 타고 가야 했다. 버스 정류장이나 지하철역도 멀고 마을버스도 없어서 택시를 한 번 더 타야 했기에, 웬만하면 주차비를 더 내더라도 자동차로 움직이는 게 득이었다. 마치 미국의 어느 교외Suburban 지역에 사는 느낌이었다. 방향과 전망과 주차 공간은 완벽했지만 지루한 천국일 뿐이었다. 남향집이 따뜻하고 쾌적하다고는 하지만 발코니가 있는 북향집만 못하다는 것을 그때 깨달았다.

북향에도 장점은 있다. 거실에서 북쪽 공터로 떨어지는 해를 등지고 바라보는 풍경은 그 나름대로 다른 정취를 느끼게 해준다. 작아 보이는 남산 풍경은 시시각각 변한다. 남쪽의 해와 마주 보려면 눈살을 찌푸리느라 제대로 감상하지 못했던 장면이다. 겨우내 나무에 감아두었던 새끼줄을 풀어보면 벌레들이 북쪽에 모여서 겨울을 난 것을 볼 수 있다. 겨울의 북향은 온도 변화가 적어서 생존 환경이 일정하기 때문이다.

자동차를 포기하면 몸은 불편하지만 예기치 않은 기쁨과 활력을 얻게 된다. 걸어서 장을 보거나 커피를 마시거나 식당에 갈 수 있는 곳에서는 자동차는 그저 거추장스러운 짐일 뿐이다. 시내로 일을 보러 갈 때는 버스를 타는 것이 빠르고 편하며 저렴하다. 막힌 도로로 차를 모느라 짜증을 내는 대신 버스 안에서 신문이나 책을 읽으며 여유를 즐길 수 있기 때문이다. 걸으면서 느끼는 도시는 자동차 안에서 바라볼 때와는 전혀 다른 공간이다. 걸을 때 도시는 그 세세한 디테일을 내보이며 다가온다. 그리고 이웃을 선물한다.

북향집으로 이사해서 도시와 이웃을 얻는다면 이는 남는 거래다. 자동차를 운전하는 노동 대신 사색과 교류의 시간을 얻을 수 있다면 해볼 만한 일이다. 남향과 자동차를 포기하는 것이 도시에 사는 입장료라면 나는 기꺼이 지불하겠다. 교통신호를 지키는 파리의 자전거처럼 말이다.

광장, 공화를 실현하는 도시의 건축

신호를 지키는 파리의 자전거 같은 건축이 있다. 바로 도시에 광장을 만드는 것. 그것은 도시를 위해 양보하고 그로부터 더 큰 혜택을 얻는 건축이다.

이탈리아 시에나의 광장을 예로 들어보자. 중세의 분위기가 그대로 살아 있어 도시 전체가 유네스코 세계문화유산인 시에나의 최대 중심지이자 최고 자랑거리는 캄포 광장Piazza del Campo 이다. 캄포 광장의 중심에는 시청이 자리하고 있다. 가장 중요한 광장이 성당이 아니라 시청 앞에 있다는 사실 자체가 이미 중세기를 벗어나 르네상스로 향하고 있다는 증거이기도 하다.

반원형의 광장이 원의 지름쯤에 자리한 시청 쪽으로 완만하게 경사져 있다. 반원을 만드느라 광장 주변 건물들이 조금씩 비뚤어진 것은 당연한 일이다. 시청 건물도 약간 구부러진 형태로 반원을 맞이한다. 광장 주변 건물들은 반듯한 건물에 비해 불리할 수밖에 없다. 비뚤어지고 찌그러진 내부의 쓰임새도 그렇고 시공하기에도 불편함이 있었을 것이다. 그러나 그 양보와 불편함 덕택에 도시는 광장이라는 '공공의 선'을 얻게 되었다. 그리고 건물은 '광장 앞 건물'이라는 엄청난 혜택을 얻게 되었다. 바닷가 건물이나 호젓한 숲 속 건물보다 훨씬 값진 건물이 된 것이다. 경제적인 가치는 접어두고라도 도시라는 공동체를 만드는 데 적극적으로 참여한다는 자부심은 도시의 건축물만이 누릴 수 있는 특권이나.

건물들 사이로 구불구불하게 이어지던 좁은 골목들이 만나는 캄포 광장은 중세도시에 숨통을 틔워주는 역할을 하는데 그 경제적, 문화적 가치는 말할 수 없이 크다. 이 도시를 먹여 살린다는 말이 과장이 아니다. 상업의 중

중세도시 시에나의 캄포 광장. 중세의 답답한 도시에 빛과 바람과 공화의 정신을 불어넣는 도시적 비움이다. '공공의 선'이 물리적으로 나타나는 공간이다.

심지이기도 한 캄포 광장에서는 일 년에 두 번 '팔리오Palio'라는 경마대회가 열린다. 17개 지역을 대표하는 기수들이 중세식으로 안장 없이 말을 타고 광장을 한 바퀴 도는 경주여서 대회는 금세 끝나지만 이를 보기 위해 수만 명의 관광객들이 이곳으로 몰려든다. 평소에도 주민보다 많은 관광객들이 주변 카페와 상점을 메우고 있다.

　　광장이 단순한 공터가 아니라 도시적인 분위기가 나는 '진짜' 광장이 되기 위해서는 건물들에 둘러싸여야 한다. 대개의 광장은 원이나 타원, 정사각형같이 완성된 형태일 때 효과가 극대화된다. 특히 오목한 형태일 때 더 그렇다. 그 오목한 공간이 사람을 불러 모으고, 그에 따라 다양한 도시적인 행태가 가능하기 때문이다. 그러나 그 대가로 주변 건물들은 광장의 모양에 따라 찌그러질 수밖에 없다.

모양만이 문제가 아니다. 스스로 튀지 않고 주변과의 연속성을 유지하며 통일된 공간을 만들려는 노력이 광장을 이루는 요체다. 나폴레옹이 '유럽의 응접실'이라 불렀다는 베네치아의 산마르코 광장San Marco Piazza이 그 예다. 연속된 아치와 건축 재료와 높이로 정돈된 건물들이 바다를 바라보는 광장을 만들어낸다. 도시에 사는 비용을 지불하고 도시의 일원이 되는 것이다. 파리의 자전거와 다를 바 없다.

못된 건축이 도시를 해친다

건축 공부를 시작한 이래, 대답하기에 가장 곤란한 질문은 좋아하는 건축가가 누구냐는 것이다. 호기심 많은 미국인이나 건축주, 강연회 청중, 심지어는 학생들에게서도 듣는 질문이다. 그때마다 마땅히 떠오르는 인물이 없어서 대답을 얼버무리곤 한다.

최악의 건물에 대한 질문은 더 어렵다. 열 손가락 깨물어 안 아픈 손가락이 없듯, 세상에 나쁜 건축은 없다. 아무리 하찮은 것이라 해도 건물이 완공될 때까지 건축가가 감당했을 수고와 고민을 생각하면, 세상에 나쁜 건물이란 없다. 빈 땅에 건물이 서기까지 건축가는 건축주의 고민을 대신 떠안으면서도 끊임없이 불신을 받는다. 짓는 건물에 자기 욕심을 다져 넣으려는 건축주가 있고, 법규를 강제하는 고집불통 공무원이 있다. 둘 사이의 요구는 대개 상충한다. 그 사이에서 건축가는 곡예 같은 줄타기를 하면서도 그간에 자신이 학습한 건축을 실현하려는 욕심을 버릴 수 없다. 게다가 현장의 시공자들은 항상 불평을 쏟아내고, 건축주의 주머니 사정은 늘 빠듯하다. 이 모든 갈등과 악조건을 딛고 우뚝 선 건축은 그 자체만으로도 가치가 있다.

그런데 한적한 숲 속이나 사막 한가운데 표표히 서 있는 건물이 아니라면, 이웃한 건물을 의식해야 한다. 자신이 속한 도시에 염치를 보여야 한다. 염치없는 건축, 즉 도시적으로 못된 건축은 건축주의 탐욕에 굴복한 결과인 경우가 많다. 그들은 항상 더 많은 면적과 높이를 원한다. 하지만 도시의 오해나 편견에서 비롯된 경우도 많다. 도시의 건축에서 도시에 대한 오해는 치명적이다.

건축이 오해하는 도시를 살펴보자.

2011년《서울은 도시가 아니다》를 출간한 후의 반응은 놀라웠다. 누구나의 공간이며 생활 무대인 도시와 건축에 대한 관심이 기다렸다는 듯 쏟아졌다. 긍정과 부정, 찬사와 응원, 그리고 질책과 비난이 뒤섞였지만 반응 그 자체가 이미 성과였다. 무엇보다 도시로서의 서울을 다시 생각해보는 계기가 되었다. 여러 신문과 매체에서 다뤄주어, 뜻하지 않게 언론에 이름이 오르내리는 호사를 누렸다. 가장 큰 비판은 서구에 경도된 시각으로 서울을 바라보고 재단한다는 것이었다. 하지만 책에서 내내 주장하는 바는 미국이 서구의 전부는 아니라는 것이다. 오히려 맹목적으로 미국적인 도시를 이 땅에 옮겨놓는 것에 대한 지적이었고, 유럽식 도시 문화에 대한 부러움이 서구적이라면 서구적인 생각이었다.

《서울은 도시가 아니다》출간 후 내게 찾아온 가장 큰 변화는 서울시 도시계획위원회의 일원이 되었다는 것이다. 네티즌의 추천으로 책을 읽은 서울 시장이 독서 토론회를 제안했고, 그 뒤로 벌어진 일이다. 책 제목에 민망함을 느꼈을 법한데 시장은 의연하고 유연했다. 비판만 하지 말고 위원회에 들어와서 생각을 정책에 반영해보라며 포용해주었다. 거기선 공무원들의 우려와 기대와 시험의 기운이 함께 느껴졌다.

도시계획위원회의 분위기는 의외였다. 서울시 도시계획의 전반적인 방향을 결정하는 위원회이지만 아파트 재건축이나 용도지역 변경 같은 세세한 사안까지 다룬다. 그 결정에 따라 시민의 재산 가치가 달라질 수 있기에 퍽 민감한 문제였다. 내가 '의외'라고 하는 것은, 그간 막연하게 불신하던 도시계획 전문가들의 열정 때문이었다. 그들은 근대적인 도시계획의 폐해와 부작용에 공감하고 있었다. 게다가 서울은 전쟁의 폐허와 강남의 배추밭에서 불쑥 솟아오른 개발의 결과물이다. 그들은 서울의 들쑥날쑥한 경관을 걱정하며 이를 정돈하고 아름답게 만들기 위해 토론했다. 개발에 따라 한데로 내몰리게 될지도 모르는 서민들의 주거를 염려하고, 규제에다 다른 불경기까지 걱정하는 다정다감하고 오지랖 넓은 위원회였다. 무엇보다 사람이 사는 공동체를 만들려고 노력했다.

하지만 한계도 있다. 즉, 위원회가 가진 권한은 대개 색깔과 숫자로 된 것이었다. 색으로 구분된 용도지역을 변경하거나, 건축물의 높이, 용적률같이 숫자로 표현되는 제도상의 지표를 제한하거나 완화하는 것이 그들이 할 수 있는 일이다. 구체적인 형태와 세세한 계획은 건축가의 양심과 양식에 맡겨야 한다.

그러니 문제는 건축이다.《서울은 도시가 아니다》는 서울이 가진 불완전한 도시성이 문제라고 주장한다. 명시하지는 않았지만 그것이 한국 건축이 독창성을 발휘하거나 세계적인 건축 작품을 만드는 데 걸림돌이 된다는 평계를 깔아놓았다. 그런데 도시계획이 수립되고 집행되는 과정을 살펴보면서 생각이 바뀌었다. 염치없고 폭력적인 건축이 도시를 망치고 있는 것이다.

문제는 못된 건축이다. 건축은 입지에 따라 그 성격과 건립 방법과 의미가 달라진다. 도시에서의 건축은 집이 놓이는 방향, 사람이 들고 나는 방식이 시골에서의 건축과는 다르다. 물리적으로만 보면 도시란 건축물이 모여서 만드는 것이다. 그런데 개개의 건축은 풍선처럼 최대한 부풀어 오르기를 원한다. 할 수만 있다면 제 땅을 넘어 옆집을 뒤덮고 지구 끝까지 땅속이라도 파낼 기세다. 모양도 원하는 바가 제각각 다르며 비싼 값을 치른 땅의 효용을 극대화하려고 기를 쓴다.

반면 도시는 전체를 염두에 두고 접근한다. 불쑥 튀어나와 경관을 해치거나 조화를 깨는 개별 건축물을 규제하고 제한하려고 노력한다. 도시는 이러한 개별적인 욕망이 팽창하려는 힘과 전체를 위해 이를 조화롭게 제어하려는 공동체의 힘이 함께 만들어내는 결과다. 그 힘의 균형이 빚어내는 결과가 도시다. 도시를 조화롭게 만드는 것은 도시계획 차원의 문제이지만 그 계획을 구체적으로 실현하는 것은 여전히 건축의 몫이다. 그런데 도시는 건축을 불신하고, 건축은 도시를 오해한다.

다시, 문제는 건축이다. 부분과 전체의 관계, 개인과 공동체의 관계에 대한 사회적인 합의는 이미 계몽주의 시대에 이루어졌으며, 이는 현대 도시를 이루는 기본 원칙이다.

도시의 건축은 엑스포 같은 것이 아니라 광장 같은 것이어야 한다. 각각의 나라를 대표해 박람회에 모인 건축물들은 그야말로 난장판이다. 너도나도 몸에 잔뜩 힘을 주고 중심이 되겠다고 야단법석을 피우는 바람에 어느 것 하나도 중심이 되지 못한다. 주제관은 주제관대로 바쁘고 번잡하며, 각 나라의 전시관은 또 나름대로 현란하다. 각자의 역사와 역량을 실험적으로 드러내며 경쟁하는 장소가 된다. 마치 만국기가 덩어리로 굳어서 건물로 변한 듯, 색상이며 형태가 제각각이어서 눈 둘 곳이 없다.

도시의 건축은 광장을 만드는 건축과 마찬가지로 맥락을 중시한다. 주변의 맥락과 도시 공간, 즉 도시적인 공공 공간을 배려하고 살피는 것으로 시작된다. 공공의 공간에서는 떠들지 말라고 아이들에게 가르치듯, 공공의 공간인 도시에서 건축은 스스로 제 목소리를 낮춰야 한다. 전체가 완성되도록 나지막한 속삭임을 보태어 아름다운 합창을 완성해야 한다. 이것이 도시의 건축이 갖춰야 할 제1의 조건이다.

《못된 건축》에서는 입장료도 지불하지 않고 도시의 일원이 된 못된 건축을 살펴보려 한다. 도시의 혜택은 당당히 누리면서도 공동의 이익보다는 제 이익만을 좇는 염치없는 건축물들 말이다. 어떤 것은 탐욕의 결과이고, 어떤 것은 도시에 대한 오해 때문이기도 하다. 선의가 곡해된 경우도 있다. 서구 근대주의를 무모하게 시도한 것이 있는가 하면, 지나치게 감상적인 차원에서 도시를 바라보는 시선이 문제가 되기도 한다.

건축은 도시를 만드는 재료이자 구성품이다. 못된 건축을 가지고 좋은 도시를 만들 수는 없는 일이다. 세상에 나쁜 건축은 없다. 하지만 도시적으로 못된 건축은 말할 수 있다. 못된 건축이 모여서 만드는 도시는 결국 우리가 도시를 혐오하게 만드는 주범이기 때문이다. 오르한 파묵은 말한다.

"불행이란 자신과 도시를 혐오하는 것이다."

마찬가지로 행복이란 자신과 도시를 사랑하는 것이다. 자신과 자신의 공간에 애정을 갖는 것이 행복의 출발점이다. 건축은 도시를 사랑하게도 혐오하게도 할 수 있다. 못된 건축은 시민을 불행에 빠뜨리고 도시적인 건축은 모두를 행복하게 만든다.

트윈트리타워

경복궁 동편을 걷는 일은 언제나 정겹다. 흉물스럽던 기무사 터로 국립현대미술관이 옮겨 오면서 미술관 거리가 완성되었다. 남북으로 달리는 거리에는 항상 햇살이 가득하고 경복궁 담은 용의 비늘처럼 빛난다. 거리 건너편의 미술관들이 마치 경복궁을 경배하듯 도열해 있다. 고궁과 미술관, 역사와 예술 사이를 걷는다는 사실만으로도 약간의 흥분이 인다. 스스로가 대견하고 우아해 보여서 어깨를 펴고 한껏 여유를 부리며 걷게 된다. 삼청동 카페에서 에스프레소 한 잔을 털어 넣은 후라면 보들레르가 찬미했던 파리의 만보객이 부럽지 않다. 커피 향이 역사와 문화와 자연과 버무려져 그윽하게 따라온다. 서울이 아름다운 것은 자연과 고궁과 예술이 함께해서다.

경복궁을 오른편에 두고 남쪽으로 걷다 보면 동십자각이 보인다. 처음부터 거기에 있던 건물이지만 왠지 달라 보인다. 그것은 동십자각이 마치 뒤로 새 병풍을 두른 듯 새로운 배경을 얻었기 때문이다. 이 열두 폭 병풍 건물이 트윈트리타워다. 건축가 조병수의 작품이다.

이 쌍둥이 건물은 한국일보사가 있던 자리에 새로 지은 것이다. 아래층에는 상점, 위층에는 임대 사무실, 지하에는 식당이나 선술집이 들어앉은 전형적인 서울 도심의 건물이다. 특이할 것도 없고 유난한 점도 없는, 그렇고 그런 17층짜리 건물이다. 유리가 많이 쓰여 밤이면 경복궁을 밝히는 등불같이 보여서 눈에 띄기는 하지만 얼핏 보기에는 근처에 있는 많은 사무소 건물 중 하나다.

언젠가 회의에서 만난 한 중년의 여성 도시 전문가가 열을 내며 이 건물을 비난한 적이 있다.

"경복궁에서 길 하나 건넌 자리에 저렇게 현대적인 건물을 무식하게 지어도 되나요? 도대체 저런 걸 허가해주는 공무원들은 뭘 하는 거죠?"

그녀는 고궁 주변 경관이 다치는 것을 안타까워했다. 서울에 몇 안 남은 고건축물 가까이 고층 건물을 올리는 것에 대해 몹시 부정적이었다. 그녀의 얘기는 런던과 파리 등 외국의 사례로 이어졌고 고궁 주위로는 건물 높이를 낮추고 나무를 많이 심어야 한다고 훈수를 더하는 것으로 끝났다. 단순함과 애정, 오지랖과 타이름 같은 아줌마 특유의 정서와 자세로 비판하는 것이어서 토론을 이어갈 만한 분위기는 아니었다. 건축 전문가의 의견을 묻기에 짧게 대답했다.

"밤이면 근사해요. 경복궁을 밝히는 등불처럼 차분해 보인답니다."

"그건 그래요. 하지만 이렇게 도시를 망치는 건물은 더 이상 지어서는 안 돼요!"

누구나 동의할 수 있는 그 건물의 장점을 얼른 생각해내서 몹쓸 건물로 몰리는 것은 막았기에 그녀도 더 이상 반박하지 않았고, 화제는 다른 데로 넘

트윈트리타워는 통심자각을 위한 병풍으로 자세를 낮춘다. 통심자각은 다시 어엿한 문화재가 되고 그 혜택은 다시 트윈트리타워 건물에 돌아간다.

어갔다.

　외려 나는 이 건물이 서울에서 몇 안 되는, 도시적으로 모범적인 건축물이라고 생각한다. 이 평범한 건물이 모범적이며, 더 나아가 '도시적으로 모범적'이라는 찬사를 받을 만한 이유는 무엇일까? 주변에 비슷한 건물들이 많고, 서울에는 이보다 더 높고 더 크며 더 비싸고 유명한 건물이 많은데도 굳이 이 건물을 주목해야 하는 이유는 무엇일까?

　이명호는 벌판에 있는 평범한 나무 뒤에 흰색 천으로 배경을 만들거나 사막에 흰색 천을 둘러서 바다처럼 보이게 하는 사진 작업을 하는 작가다. 육중한 기중기를 동원해 집채만 한 천을 펼쳐 세워서 준비하는 과정이 무엇보다 고난스럽지만 그의 나무 연작만 해도 열 점이 넘는다. 푸른 들판에서, 눈 내린 언덕에서 고집스럽게 '배경'을 만드는 것이 그의 작업의 중요한 부분이다. 천이 드리워지는 순간 평범했던 나무는 예술이 되어 날아오른다. 나뭇가지의 작은 디테일이 보이면서 나뭇잎이 한 잎 한 잎 드러난다.

트윈트리타워는 이명호의 흰색 천과 같다. 스스로 배경으로 물러나 동십자각의 디테일과 실루엣을 부각시킨다. 기와 하나하나가 새롭게 빛나고 용마루의 잡상들이 살아나 포효한다. 동십자각은 잊힌 과거에서 21세기로 소환된다.

그랬구나! 동십자각도 어엿한 건물이었구나! 그것은 돌로 된 기단基壇이 있고 기둥이 있으며 들보와 서까래와 용마루가 있는 건물이었다. 용마루에 잡상까지 갖춘, 있을 건 다 있는 건물이었다. 더구나 궁궐 맨 앞에 광화문과 나란히 서서 임금을 지키던 초소요 망루였다. 왕의 권위를 지키는 파수병이었다. 그런 건물이니 허술하게 지었을 리 없을 터. 길 한가운데 초라하게 나와 있어 눈길이 제대로 가 닿지 않았을 뿐이다.

사진작가 이명호는 배경을 더하는 것으로 평범한 나무를 돋보이게 해 예술의 대상으로 만든다.

도시의 건축은 땅에서 출발한다

건축 프로젝트가 시작되어 그 결과로 건물이 지어지기까지 수많은 결정이 연속적으로 이루어진다. 배치, 재료, 색상, 공법, 비용, 시간, 법규, 조경……. 하나하나 결정해갈 때마다 처음의 생각에서 벗어나기도 하고 예기치 않게 좋은 쪽으로 발전하기도 한다. 건축 프로젝트에서 가장 중요한 것은 바로 하나의 육중한 덩어리가 땅에 어떻게 놓이는가를 결정하는 순간이다. 건물과 땅의 관계가 결정되는 순간이기 때문이다. '건축의 탄생'이라고 부를 만한 이때야말로 가장 고통스러우면서도 가장 환희가 넘치는 순간이다.

이때 취하는 방법이나 태도는 건축가의 수만큼 다양하다. 어떤 건축가는 이 순간을 논리적으로 접근하고 어떤 건축가는 감에 의존하기도 한다. 어떤 이는 많은 스케치를 그리는 반면 어떤 이는 머릿속에서 모든 것을 정리한 후 한 번에 한 호흡으로 그려낸다. 어떤 건축가는 주변의 의견을 듣고 토론을 하는가 하면 어떤 이는 골방에 틀어박혀 세상의 모든 고뇌와 바꿀 듯한 표정으로 머리를 쥐어뜯으며 고민한다. 어떤 이는 전략적으로 접근하고 어떤 이는 감성적으로 만들어낸다.

짧아도 2, 3년은 걸리는 건축 프로젝트의 성패가 좌우되는 순간이다. 크게 심호흡하고 기다리다 보면 생각이 쑤욱 올라오는 경우가 있다. 이때의 느낌이란, 바다를 뚫고 둥실 떠오르는 일출의 장관에 비할 바가 아니다. 반대로 수십 장의 스케치를 하며 며칠 밤을 지새워도 생각이 자꾸 도망가는 경우도 있다. 하나를 해결하면 다른 하나가 걸리고 한쪽이 좋아 보이면 다른 쪽이 망가지는, 도저히 풀릴 것 같지 않은 퍼즐 같은 때가 있다. 그건 프로젝트의 규모나 보수와는 상관없다. 때로는 쉽게 풀리기도 하지만 대개는 고통스럽게 해결된다. 이 고통 이후에 보상처럼 따라오는 기쁨이 건축가들을 이 어려운 직업에 붙들어 매어놓는다. 마치 마라토너의 '러너스 하이Runner's high'처럼 극단의 고통 뒤에는 극단의 환희 같은 것이 따른다.

오래전 나의 은사는 이 순간을 기관차에 비유했다. 크고 힘찬 기관차만 마련하면 그 뒤에 붙어 있는 잡다하고 번잡한 문제들은 그 힘에 이끌려 절로 풀리니 원하는 방향으로 전진할 수 있다는 것이다. 그 기관차를 찾기 위해 건축가들은 매일 밤 고뇌한다.

트윈트리타워의 기관차는 대지다. 즉 들쭉날쭉한 땅의 모양과 바로 길 건너편에 있는 동십자각의 존재가 전체의 프로젝트를 이끄는 기관차다. 골칫거리일 수도 있는 문제를 오히려 해결의 동력으로 바꾸어 여러 문제를 단번에 매끄럽게 풀어냈다.

모든 건축이 그런 것 아니겠냐고 반문할 수도 있겠지만 그렇지 않은 건물도 많다. 건축의 배치를 결정하는 것은 건축가의 몫이지만, 이때 중점적으로 고민하게 되는 고려 사항이 있다. 그것은 유행하는 건축 양식일 수도 있고, 반듯한 내부 공간에 대한 요구일 수도 있다. 경제적인 이유가 앞서기도 하고 법규의 제약이 문제가 되기도 한다. 때로는 건물을 되도록 북쪽으로 물려서 남쪽에 마당을 만들려는 소박하고 이기적인 소망이 전체 배치를 결정하기도 한다. 건축주의 취향이나 에고ego 같은 것도 무시할 수 없는 요소다. 더구나 땅의 형상이 이처럼 불규칙한 경우에는 어떤 것을 우선적으로 취해야 하느냐가 건축가가 가장 오래 고민하게 되는 문제다.

트윈트리타워는 길 건너편의 동십자각이 만들어냈다. 이는 도시적이기는 하지만 서울에서는 그리 일반적인 방법은 아니다. 길 건너편으로 동십자각에 바짝 다가가는 것은 부담스러운 배치다. 동십자각은 형태상으로 이질적일 뿐만 아니라 한낱 망루가 아니라 그 뒤로 열 지어 서 있는 경복궁을 대표해 앞으로 튀어나온 형국이어서 더욱 그렇다. 더구나 경복궁은 조선의 정궁이며 서울을 넘어 대한민국을 대표하는 랜드마크가 아닌가! 트윈트리타워가 전통과 현대가 만나는 인터페이스interface, 즉 접속 면인 셈이다.

이런 경우 열에 아홉은 자랑스러운 전통 건축을 존중하고 보존한다며 최대한 멀리 띄워 배치한다. 그러고는 사이에 공지空地를 두겠다며 물러섰을 것이다. 이른바 '착한 건축', '전통을 존중하는 건축'을 주장하는 것이다. 앞서 말한 도시 전문가 아주머니가 기대한 건축이 이런 유형이었을 것이다.

그러나 이 건물은 가로街路의 선형을 따라 바짝 붙여서 이질적인 재료로 거대한 벽을 세웠다. 위악적이라 할 만하다. 그 때문에 건물의 배치가 매우 특이하며 도전적인 것이 되었다.

그리고 전통 건축에 대한 존중과 경의는 다른 방법으로 표현했다. 우선은 형태를 단순화해서 전통 건축의 배경이 되고자 했다. 구체적으로 말하면 고건축의 대표 선수인 동십자각을 최대한 부각시키는 '바탕화면'이 되고자 한 것이다. 일정한 높이로 형태를 단순화하고 수평의 띠를 일정한 간격으로 둔 건조한 태도를 취한 것이 그 증거다. 스스로 주인공이기보다는 배경이 되고자 하는 태도는 병풍의 형태적인 특성을 그대로 이어 받은 것이다. 그리고 병풍의 패턴은 전통 건축의 문창호지를 연상시킬 정도로 단순하지만 미묘하게 흐트러져 있다.

다음으로는 동십자각에서 뒤편의 피맛길로 향하는 통로를 만들었다.

마치 동십자각에서 레이저 빔이라도 나와서 건물을 두 동강 낸 듯하다. 자동차가 통행할 정도로 넓은 길은 아니지만 그 좁고 정형화된 통로가 전통 건축과 도시를 긴장감 있게 연결한다. 그 자체로 피맛길을 연상시키기도 한다. 이른바 '시각 통로'라는 것이다.

시각 통로란 한 점에서 조망의 대상을 바라보는 경로를 말한다. 산에 올라가 아래쪽의 한 지점을 바라보는 시선을 따라 나무가 줄 지어 심어져 있는 것도 시각 통로라고 부를 수 있지만 도시에서는 그 뜻이 더욱 분명하게 드러난다. 거칠게 원어대로 번역하면 '시각 복도view corridor'이기 때문이다. 즉 건축물들 사이의 도로를 통해 중요한 조망의 목표물을 바라볼 때 이를 전형적인 시각 통로라고 할 수 있다. 조망의 목표물이라는 것은 경치일 수도 있고 주요한 건축물이거나 조각상일 수도 있으며 비어 있는 허공, 푸른 하늘일 수도 있다. 파리의 대로boulevard와 그 교차점마다 놓여 있는 랜드마크가 좋은 예다. 때로는 고층 건물들 사이로 보름달이 둥실 떠올라 그 사이에 끼워지는 장관을 연출하기도 한다. '통로', 정확히 말해 '복도' 주변의 건물들이 조밀할수록, 그 관계가 가까울수록 시각 통로의 효과는 배가된다.

도시 쪽에서 쌍둥이 건물 사이로 동십자각을 바라봤을 때 시각 통로라는 말은 더 극적인 의미를 얻는다. 어떤 사물이든 액자에 넣어 박물관에 걸어놓으면 훨씬 '있어' 보이는 것과 같은 효과다. 이 작은 망루는 더 이상 갈라진 길 사이에 어정쩡하게 놓여 어쩔 줄 몰라 하는 남루한 건물이 아니라, 예술의 대상으로 격상된다. "아!" 하는 감탄사가 절로 나는 순간이다. 현대적인 재료가 단순하게 만나 액자를 만들고, 그 사이에 드러나는 동십자각은 홀로 있을 때보다 훨씬 화려하며 품위가 있다.

건물의 남측을 공업적인 재료로 마감하여 스스로 정면임을 부인하고 있다. 쌍둥이 건물이 만드는 시각 통로로 동십자각이 선명하게 살아난다.

이 두 가지를 통해 동십자각은 다시 숨을 쉰다. 동십자각은 원래 경복궁 담장 모퉁이에 있던 건물이다. 반대편에 서십자각이 있었지만 일제강점기 때 놈들 손에 헐렸다. 삼청동 쪽으로 도로를 낸다며 경복궁 담을 잘라내어, 동십자각 혼자서 애처롭게 서 있게 되었다. 도로 한가운데로 튀어나와 엉거주춤하게 서 있다. 마치 횡단보도를 건너려다 신호가 끊겨 오도 가도 못하는 노인의 모습이다. 분명 전통 건축의 모습이지만 경복궁과는 떨어져 있고 크기도 작아 이도저도 아니게 어설프기만 하다.

그런데 트윈트리타워가 이를 병풍처럼 받쳐내고 시각 통로를 통해 도시와 연결하면서 동십자각은 다시 빛을 발한다. 왕궁을 지키는 망루의 위엄을 되찾고 치매 걸린 노인이 아닌 인자하고 위엄 있는 어른의 모습으로 되살아났다. "어험!" 헛기침을 하며 양반다리를 고쳐 앉는 할아버지처럼. 동십자각은 어깨를 펴고 도시의 랜드마크가 된다. 이는 도시의 문화재를 예술의 경지로 끌어올리며 소통의 매개체로 만드는 극적인 시각적 연결이다. 어느 도시도 가질 수 없는 역사의 흔적을 박물관에서 꺼내어 현대 도시에 녹아들게 한다.

한국의 현대 건축에서 전통이란 존재는 엄청난 부담이었다. 20세기 초반은 일제강점기를 겪어내느라 전통과 단절되어 있었고, 해방 이후에는 새로운 양식과 기술, 그리고 도시화라는 겹겹의 과제를 한꺼번에 떠안아야 했다. 때마침 세계적으로 유행하던 모더니즘은 고유의 전통보다는 20세기라는 시간에 걸맞은, 새로우면서 보편적인 건축이 세계 공용어처럼 쓰일 수 있으리라는 믿음을 가져왔다. 이에 대한 무조건적인 수용에서부터 전통 요소에 대한 과잉 반응에 이르기까지 한국 건축은 전통에서 벗어나지도 못하고 뛰어들지도 못하는 어정쩡한 상태로 수십 년을 보냈다. 지루한 논쟁은 왜색 시비에서 표절 시비를 거쳐 콘크리트로 된 광화문과 현충사부터 눈썹 모양의 기와지붕을 얹은 여관 건물까지 훑으며 좌충우돌했다. 마치 도로 한가운데 끼어 있는 동십자각처럼 말이다.

전통은 억압이며 부담이었다. 무엇보다 안쓰럽고 미안한 마음이 앞설 뿐이었다. 현실적인 문제에 떠밀려 머리나 가슴 둘 중 하나로만 받아들일 수 있는 어려운 숙제였다. 그러나 신세대에게 전통은 축복과 환희와 '쿨한' 인용의 대상이다. 트윈트리타워는 일제강점기부터 있어온 전통에 대한 부담감에서 벗어나 새로운 세대 건축가의 세련된 접근으로 전통을 새롭게 해석하고 끌어들인다. 무엇보다 전체적인 태도가 발랄하다.

박제된 고전을 끄집어내서는 먼지를 탁탁 털어 맨 앞줄에 근사하게 세워놓고 자랑하고 즐긴다. 현대 건축과 도시는 옛것을 보존할 뿐만 아니라 그 격을 높이고 활용한다. 고건축과 전통은 낡고 오래된 것이 아니라 도시의 살아 있는 자산으로서 품위 있게 도시의 한 자리를 차지하는 것이다.

트윈트리타워는 5백 년 도시에 대한 찬사다

시각 통로를 만드느라 건물이 둘로 갈라졌다. 그리고 '트윈트리'라는 이름을 얻었다. 트윈트리라는 이름은 사실 모순이다. 우리말로 하면 '쌍둥이 나무'쯤 될 테지만 세상에 쌍둥이 나무는 없다. 더구나 두 동으로 나뉘어 있기는 해도 엄밀히 말해 쌍둥이는 아니다. 쌍둥이로 만들려고 했다가 여러 사정으로 실패한 것이 못내 아쉬워 억지로 갖다 붙인 이름도 아니다. 오히려 의도된 흐트러뜨림이다. 아니 그보다는 건축가의 설명처럼, 나무등치 모양의 이 두 건물은 같은 태도와 정신으로 만들어졌음을 설명하기 위한 문학적인 표현 정도로 이해하는 것이 맞을 듯하다. 꼭 닮은 쌍둥이였다면, 둘은 가운데 길을 사이에 두고 완벽한 대칭을 이루었을 것이다. 그러면서 그 대칭을 통해 긴장감과 힘을 얻고, 이는 곧 자기중심적인 하나의 중력장을 만들었을 것이다.

트윈트리타워는 대칭의 조건을 의도적으로 흐트러뜨린다. 길을 사이에 두고 비슷한 크기의 두 덩어리로 나뉘었지만 이를 비슷하지만 같지 않게 흔든다. 마치 대칭이라도 되면 앞의 동십자각을 크기나 형태나 재료로 압도할까 두려워 최대한 몸을 낮춘 형국이다. 두 건물의 통일감을 유지하면서도 자체의 힘은 드러내지 않으려는 노력은 섬세한 배려로 성공을 거둔다. 두 건물 간의 미묘한 차이는 전체적인 통일감을 해치지 않으면서도 동십자각을 압도하지 않는다. 나무의 유기적인 성장과 다양함을 닮았다. 비슷하지만 일란성 쌍둥이는 아닌 건물의 이름으로는 절묘한 작명이다.

대칭은 고대의 건축 이론에서부터 강조한 중요한 덕목이다. 대부분의 건축에서는 별다른 이유가 없다면 대칭으로 형태를 마감한다. 따라서 비대칭의 건물 입면을 만든다는 것 자체가 특별한 의도를 가졌다는 뜻이다.

건축에서 대칭의 논거는 사람의 형상이다. 사람은 대칭이며 이는 곧 신의 형상이라는 생각, 이른바 '신인동형론Anthropomorphism'에서 출발한다. 사람과 마찬가지로 신은 대칭이며 따라서 대칭은 균형이며 조화다. 대칭은 완벽함과 자기 완결의 상징이었다. 모든 권위적인 건물과 광장이 대칭인 것은 이

건축가 조병수의 트윈트리타워 스케치와 배치 스케치

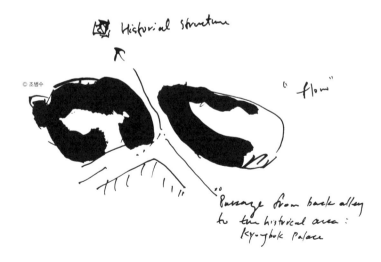

러한 형태론적인 배경에 따른 것이다. 운전석은 한쪽에 치우쳐 있지만 겉모습은 항상 대칭인 자동차도 마찬가지다. 대칭은 익숙하다. 알레그로-안단테-알레그로로 이어지는 고전적인 음악 작법처럼, 대칭은 기본적인 구성의 수법이다. 문학의 수미상관법이나 음악의 조성법과 마찬가지로 대체로 무난하다.

트윈트리타워가 대칭을 포기하고 스스로를 흐트러뜨린 것은 그 자체로 굉장한 의도를 갖고 있다. 그 의도란 스스로 중심이 되기를 포기한다는 것이다. 이는 동십자각이라는 고건축에 대한 경의의 표현이다. 또한 대칭이 되었을 경우 건물이 갖게 되는 힘에 대한 절제다. 도시는 박람회장이 아니며, 도시의 건축은 스스로를 낮추고 양보할 때 도시의 경관이라는 보상을 받는다. 그리고 그 경관을 만드는 데 참여한 건축이 그 경관을 누릴 자격을 얻는다.

문화재 같은 공공의 것은 도시의 공동 자산이다. 이를 위해 양보하려는, 이를 돋보이게 하려는 태도는 길과의 관계에서도 여전히 이어진다. 도시는 번잡하고 벤치 놓인 공터 하나 찾아보기 힘들다는 일반적이고 기계적인 푸념과 비난 때문에, 서울은 수많은 공지를 만들어냈다. 공지의 쓰임새가 처음의 기대대로 도시의 오아시스로 작동하는 경우도 없지는 않지만, 대개는 쓰레기가 쌓이거나 볕이 들지 않는 음지여서 겨울에 빙판길을 만들기 십상이다. 때로는 자동차가 기어 올라와 발길을 가로막는 경우도 많다.

건축이 어려운 이유는 건축물이라는 형태를 만들지만 실제 쓰임새는 그 나머지 부분, 즉 빈 공간에 있기 때문이다. 도시 공간도 마찬가지다. 우리는 건물을 만들지만 정작 도시가 필요로 하는 것은 건물이라는 덩어리가 차지하고 남는 공간이다. 이 공용 공간이 도시의 공간이다. 또한 도시적인 건축의 태도란 이 도시 공간을 먼저 배려해 자리를 잡는 것을 말한다. 이렇듯 도시의 공공 공간은 구체적인 형태의 '자투리'여서 언뜻 보이지는 않지만, 분명히 존재하는 중요한 요소다.

예를 들어 도시의 광장을 만들기 위해서는 광장을 먼저 생각하고 형태를 잡아야 한다. 그 뒤 이에 맞게 건축물들이 주변에 자리를 잡을 때 비로소 광장이라는 공적인 공간이 탄생한다. 가로 또한 매우 공적인 도시 공간이며, 이것 역시 먼저 온전한 형태를 갖는 게 중요하다. 가로는 '연결' 또는 '통과'라는 평면적인 기능 이외에도 빛과 바람이 지나는 통로이기도 하다. 무엇보다 시각적으로 중요한 도시의 구성 요소다. 가로는 광장과 마찬가지로 반듯한 형태로 온전히 자리 잡을 때 그 역할을 충분히 할 수 있다. 공지 없이 건물을 바짝 붙여서 건축물과 하나가 될 때, 가로는 정확한 형태로 만들어질 수 있고 더 도시적이다. 공지가 붙어서 이가 빠진 듯 들쭉날쭉해 보이면, 도시 공간이 부각되지 못하고 남은 땅을 통로로 활용하는 정도로만 그치게 된다. 테헤란로나 마포대로, 양화로같이 건축물과의 관계가 적극적이며 유기적인 가로에서 더욱 도시적인 느낌을 받게 되는 것도 이런 이유에서다. 도시 공간을 만드는 것은 구멍 난 공지가 아니라, 가로와 일체가 되는 건축물의 벽면이다. 그래야 크기와 재료가 제각기 다른 건물들의 아우성을 누르며 힘차게 비워져 있는 가로가 돋보일 수 있기 때문이다.

트윈트리타워의 설계에서 기관차 역할을 했던 대지는 더욱 힘을 낸다. 언덕을 오르는 기차처럼 마지막 힘을 다한다. 대지를 만드는 여러 요소 가운데 주변 도로가 율곡로의 선형을 따라 건물 전체의 모양을 빚어낸다. 역동적으로 휘감아 도는 가로의 선이 건물에 의해 한 번 강조되고, 건축은 도시의 공공 공간과 일체가 되는 느낌으로 이뤄진다. 가로라는 공공의 영역을 존중하고 이 공간이 정확한 형태를 갖도록 몸을 굽히는 것, 이른바 공화의 정신이다.

　한 뼘의 땅마저도 아까워서 인색하게 바짝 붙인 것이 아니다. 법규에서 요구하는 공지와 조경은 도로에서 볼 때 옆과 뒤로 빼놓았다. 공공적인 가로에 바짝 다가서서 도시의 응접실을 이루는 한쪽 벽을 적극적으로 만들겠다는 선언이다.

　대개 가로변의 공지를 내주는 건축은 스스로 돋보이기 위해서이거나 불규칙한 땅에서 정연한 건물을 만들기 위해, 불필요한 모양의 땅을 면적만 계산해서 내놓는 경우가 많다. 인색해 보이지 않으면서 건물의 쓰임새를 극대화할 수 있기 때문이다. 트윈트리타워의 건축 방법은 정반대다. 정연한 도시 공간을 만들기 위해 스스로의 모양을 구부리고 찌그러뜨린다. 건축물은 찌그러지는 대신 길과 공지는 모양을 갖추어야 비로소 시각적이며 기능적인 도시 공간이 태어날 수 있다.

　다음으로 중요한 것은 트윈트리타워가 북향이라는 점이다. 어째서 이 건물은 북향으로 들어섰으며, 그 도시적인 의미는 무엇일까? 건축물의 향向이라는 것은 주된 출입구가 나 있는 방향을 말하지만, 반드시 그런 것은 아니다. 건물이 어딘가를 바라보고 있다는 생각은 건물을 살아 있는 사람처럼 여길 때 가능한 일이다. 건물이 산을 등지고 있다든지 물을 바라본다고 생각하는 것 등등은 모두 이러한 의인화된 관점의 결과다.

　건물이 시각적으로 일종의 표현을 할 수 있고 이를 통해 소통할 수 있다면, 이는 주로 개구부, 즉 창이나 입구를 통해서다. 건물에 표정이 있다면 이 또한 개구부의 형태와 관련된 것이다. 창 없이 답답한 입면을 가졌다면 이는 소통의 의지가 없다고 할 것이며, 전체가 환한 유리로 되어 있다면 투명하게 열려 있다고 할 것이다. 또한 건물이 어딘가를 향해 자리를 잡고 앉아 있다면, 실질적인 입구보다는 주된 개구부의 방향이 어느 쪽인지를 따지게 된다.

한국의 건축은 대개 남향으로 건물을 앉힌다. 경복궁이나 시청에서 부터 크고 작은 관공서에 이르기까지 대부분의 건물들이 남쪽을 향하고 있다. 남쪽에 산이 있다면 산을 깎아서 공터를 만들고 나서라도 남쪽을 향하게 한다. 예술의전당이 대표적인 예다. 도시가 북쪽에 있는데도 이를 등지고서라도 기어코 남향으로 앉혔다.

주거용 건물은 말할 것도 없다. 서울의 아파트가 병영처럼 보인다는 얘기는 남쪽을 향한 조건반사적인 배치를 보이는 데 대한 비판이다. 북쪽에 한강의 장관이 펼쳐지는데도 이를 등지고는 속절없이 남쪽의 태양을 향해 돌아앉는다. 남쪽 한강변의 아파트 건물들을 보면, 남향이 종교 이상의 권위를 가진 듯싶다. 이는 태양을 숭배하는 원시종교에서 한 발짝도 전진하지 못한 후진성의 결과다. 대지의 조건에 따라 때로는 북향으로, 때로는 서향으로 건물을 앉히는 것이 건축의 도시적인 태도다. 공공의 도시 공간을 만들 수 있다면 북향도 마다하지 않는 것이 도시의 건축이다.

이런 점에서 보면 트윈트리타워는 파격적인 북향이라는 점이 더욱 돋보인다. 주변 건물들과 비교해봐도 쉽게 알 수 있다. 대지의 생김새와는 상관없이 깍두기 모양으로 네모반듯하게 만들어 남쪽을 향해 늘어놓은 건물들과는 그 차이가 뚜렷하다. 트윈트리타워 남쪽에도 작지만 도로가 나 있고 이웃한 대부분의 건물처럼 이쪽 남향을 정면으로 가질 수도 있었을 것이다. 실제로 남쪽으로도 입구가 나 있다.

건물과 대지경계의 관계. 트윈트리타워는 주변 도로와 대지 경계를 의식하여 배치하다보니 불규칙한 형상이다. 이와 대조적으로 바로 이웃한 건물은 대지의 모양과는 상관없이 반듯한 직사각형이다. 대지를 고려하지 않고 건물의 전형적인 모양만 고집하면 이처럼 불정형의 쓸모없는 공지가 남게 된다.

하지만 트윈트리타워는 북쪽, 즉 경복궁과 동십자각을 향한 방향이 정면임을 분명하게 드러낸다. 가장 유리한 향인 남쪽의 입면을 답답한 재료로 마감했다. 가건물에나 쓰일 법한 공업적인 재료로 남쪽의 입면을 막고서 작은 창문만 내놓고는 스스로 정면이 아니라고 선언한다.

'이 건물을 온전히 보려면 북쪽에서 봐야 합니다!'

마치 안내문을 써 붙이듯 정면성을 부인하고, 남향의 입구는 뒷길로 난 쪽문으로 만족한다.

이 북향의 태도는 동십자각을 향한 병풍의 역할과 시각 통로가 우연이 아님을 되새기게 한다. 주변의 도시 공간을 위해 스스로를 철저히 낮추겠다는 의도를 강조한다. 또한 이를 위해서는 북향조차 마다하지 않는다. 이것이 진정한 도시의 건축이다! 도시의 공공 공간을 위해 기꺼이 아파트를 북향으로 배치할 때, 서울은 비로소 완벽한 도시가 될 것이다.

도시에서는 뚱뚱한 건물이 건강한 건축이다

도시의 건축은 뚱뚱하다. 뚱뚱한 건축은 내부 공간 면에서 불리하지만, 도시 공간을 위해 불리함도 마다하지 않는 것 또한 도시의 건축이다.

　인류가 동굴에서 걸어 나온 후 최초의 건축을 하게 된 것은 동굴과 같은 내부 공간이 필요했기 때문이다. 비가 들이치지 않고 추위로부터 몸을 보호할 수 있는 것이 내부 공간이다. 건축은 필요한 자리에 동굴 같은 내부 공간을 만드는 것에서 시작되었다. 그리고 빛을 들이고 신선한 공기를 불어넣으면서 건축은 더 환하고 넓어지기 시작했다. 유리가 건축에 본격적으로 쓰이면서 동굴보다 질 좋은 내부 공간을 얻게 된 것이다. 그러나 공간이 깊어질수록 채광과 환기가 불리해진다. 채광과 환기를 위해서는 공간을 얇게 만들어야 하는데 이럴 경우 외기外氣와 접하는 길이가 늘어나게 된다. 또는 건물을 뚱뚱하게 만들다 보니 창이 없는 어두운 실내 공간이 생겨났다.

　도시의 건축은 뚱뚱한 건물을 만드는 후자의 방법을 취한다. 첫번째 이유로는 굴곡이 많은 건축으로는 매끈한 도시 공간을 만들기 어렵기 때문이다. 건축은 내부 공간을 만드는 것과 동시에 그 외부 벽면을 통해 공적인 도시 공간도 함께 만든다. 두번째 이유는 도시 공간을 보다 많은 건축이 나누어 쓸 수 있는 방법이기 때문이다. 광장에 면한 건물을 생각해보자. 광장의 형태를 위해 광장을 구성하는 건물들이 일정하게 양보를 해야 하는 것은 물론이다. 이때 건물이 좁고 긴 형태일 경우 훨씬 많은 건물들이 광장에 면할 수 있으며, 건물은 필연적으로 뚱뚱해질 수밖에 없다. 광장만이 아니다. 공원이나 강변 또는 도로의 경우도 마찬가지로 도시 공간에 보다 많은 건축물들이 접하게 하는 것이 도시적 건축의 태도다.

17세기 영국 국민들이 나라에 내야 했던 '창문세window tax'는 이러한 도시 건축의 특성을 잘 나타낸다. 창문세란 창문의 개수에 따라 내던 세금을 말한다. 지금은 이해할 수 없는 세금 제도이지만 그 이면에는 나름대로 합리성이 있었다. 광장이나 공원, 가로 같은 도시 공간에 면한 창문의 개수만큼 도시의 혜택을 누리는 것이기 때문에 그만큼의 세금을 더 부과하겠다는 개념이 깔려 있었다. 전면이 좁고 앞뒤가 뚱뚱한 도시적 건물의 탄생으로 이어진 것은 자연스런 결과다.

뚱뚱해진 건물은 내부에 암실, 즉 창이 없는 방을 갖게 되며 이러한 불리한 조건이 건축의 내부 공간에 새롭게 도전하는 계기가 되기도 한다. 창이 없으니 다른 방법으로 조명과 환기를 해결하는 것이다. 프렌치도어처럼 방문을 유리창으로 만들어 빛을 들이거나 작은 중정中庭을 만들어 해결하기도 했다. 바로크 시대의 응접실같이 네 면이 모두 벽으로 된 우아한 공간을 만들어내기도 했다. 그렇게 해서 비로소 진정한 건축의 내부 공간이 탄생하는 것이다.

건축은 외부에서 내부 공간을 향하는 장치를 정교하게 배치한다. 우리 전통 건축의 우수성은 그 과정이 매우 섬세하고 극적이라는 데 있다. 자연을 이용하기도 하고, 멀리 있는 경치를 끌어들이기도 하며, 문창호지를 사용해 공간의 깊이를 만들어내기도 한다.

그러나 이 모든 공간의 절묘함은 마지막 목적지라 할 수 있는 내부 공간을 돋보이게 하기 위한 과정이다. 건축의 목적은 인공의 동굴, 즉 완벽한 내부 공간을 만드는 것이기 때문이다. 돌이켜 보면 우리 전통 주택의 안방도 남쪽이 항상 부엌으로 막혀 있었다. 공간이 깊고 어두워서 낮에도 불을 켜야 하는 공간이 생긴다면, 그것이야말로 도시 공간을 위해 몸을 사리지 않는 도시 건축의 영광스러운 단점이다.

도시의 건축이 갖춰야 할 조건

트윈트리타워는 도시의 건축은 어떻게 달라야 하는지를 보여준다. 혁신적인 기술의 진보를 보여주진 않지만 주어진 조건에서 최대의 효과를 얻기 위해 평범하지 않은 시도를 했다. 50미터 높이 제한이 있는 지역이다 보니, 그 안에 최대의 층수를 넣기 위해 최대의 기술을 동원했다. 되도록 구조를 얇게 만들어서 17층의 건물을 완성했다.

전면의 곡면을 처리한 방법도 창의적이다. 이중 곡면의 면을 만들기 위해 한 층을 여섯 개의 칸으로 나누고 각 칸의 면은 단일 곡면으로 만들었다. 이는 수평적으로 강력한 형태 요소이자 기술적인 해결 방식이다.

트윈트리타워가 도시적으로 완벽한 것은 아니다. 가장 아쉬운 점으로 지하 공간을 들 수 있는데, 이는 건축가의 의지라기보다는 건축주의 의사에

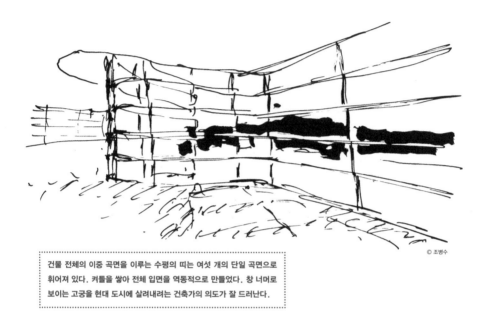

© 조병수

건물 전체의 이중 곡면을 이루는 수평의 띠는 여섯 개의 단일 곡면으로
휘어져 있다. 커튼을 쌓아 전체 입면을 역동적으로 만들었다. 창 너머로
보이는 고궁을 현대 도시에 살려내려는 건축가의 의도가 잘 드러난다.

따라 만들어진 듯 보인다. 트윈트리타워를 지하 8층까지 파내려가 주차장을
쑤셔 넣은 것은 도시 전체의 입장에서 바람직하지 않을 수도 있다. 지하는 법
규상 용적의 제한을 받지는 않지만 지상 층과 마찬가지로 교통이나 환경에
실제로 영향을 주는 건축 공간이다. 법규의 빈틈을 악용해 거의 지상 층과 같
은 면적의 건축물을 지하에 만드는 것에 대해서는 생각해볼 필요가 있다.

트윈트리타워는 무엇보다도 도시의 다양한 자산을 최대로 활용하기 위해 어떻게 몸을 낮춰야 하는지를 보여준다. 역사적인 대지에서 스스로를 흐트러뜨려 랜드마크를 돋보이게 해서 도시적인 경관을 만들었다. 그러고는 그 경관을 가장 잘 즐길 수 있는 곳에 스스로를 가져다놓았다. 스스로를 낮추고, 북향으로 자리하고, 대칭을 피하고, 뚱뚱해지기를 자처하는 것은 일종의 입장료다. 그 입장료를 제대로 지불하고서 가장 전망 좋은 로열석을 차지하는 것이다. 도시의 책임 있는 일원이 되는 것이다. 아무 비용 없이 혜택만 챙기고 제 모양을 다 갖추려는 주변의 건물들을 형태적으로 그리고 도덕적으로 압도한다. 도시의 건축은 깨어 있는 시민의 건축이다. 도로를 달리기 위해 신호를 지키는 파리의 자전거처럼.

트윈트리타워는 도시 건축이 갖춰야 할 조건을 보여준다. 역사와 도시의 역동적인 힘에 몸을 맡겨 스스로 제 형태를 깎아내고 개별적인 건축의 입장에서는 매우 불합리하고 불리하더라도 도시라는 공동체를 위해 기꺼이 양보한다. 그 양보를 통해 '공공의 선'이 생겨나고 이 혜택을 누구보다도 가까이서 누리는 입장권을 확보했다. 그리고 그 공공의 선은 도시 전체의 자산이 되었다.

역사와 현재, 도시와 시민을 잇는 인터페이스가 되기 위해 기꺼이 불편함과 불리함을 감수하는 건축, 이것이 도시의 건축이다.

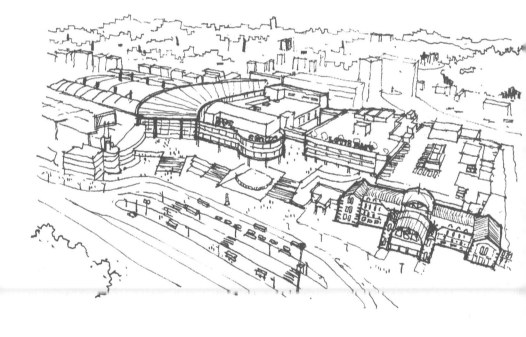

서울역

시골 소년에게 기차는 설렘이었다. 육중한 쇳덩어리가 덜컹덜컹 달려오면 소년의 가슴은 주체할 수 없이 덩달아 두근거렸다. 기차가 사라진 지평선 너머의 세상은 마냥 궁금한 미지의 세계, 동화 같은 세상이었다. 기차를 타본 건 외가로 가는 하행선이 전부였다. 북으로, 위로 '올라가는' 상행선 열차는 내 궁금증만 잡아채어 미루나무 사이로 사라질 뿐이었다. 거기엔 서울이 있었다. 서울은 가보지 못한 세상을 대표했고, 도시를 가리키는 별천지의 이름이었다.

서울은 그 이름만큼이나 특별했다. "서울에서는……", "서울 사람들은……"으로 시작되는 어른들의 대화를 엿들으며 내 마음속에다 서울을 만들어냈다. 서울에 다녀온 아버지와 서울 아저씨의 과장 섞인 이야기 속에서 서울은 커져만 갔다. 서울은 세련되고 냉정하지만 때로는 기괴하고 무서운 곳이었다. 그렇지만 흙바닥이 보이지 않게 완벽하게 포장된 도로와 그 위를 달리는 자동차가 있고, 밤이 대낮처럼 환한 환상적인 공간이었다. 서울은 멀고 먼 도시이며 이상향이었다.

　수술 후 회복 중인 어머니를 대신해 이모가 우리 형제를 서울로 데려갔다. 서울 나들이는 방학 동안에 할 수 있는 최고의 경험이었다. 적어도 일주일 동안은 친구들에게 으스대며 자랑할 거리가 될 테고, 늘 서울을 오가는 '서울집' 아들에게 주눅 들 일도 없을 터였다. 지금은 서울까지 출퇴근해도 될 거리이지만 당시에는 기차로 두 시간이 걸렸다. 전날부터 잠을 설친 데다 새벽부터 일어나 서두르느라 몽롱한 상태에서 가는 내내 졸았다. 기차의 스팀 난방 소리가 졸음을 부추기고 창밖 풍경들은 흐릿하게 뒤로 뒤로 달려갔다. 멀미와 졸음을 오가는 사이 기차의 맥박 소리가 차분해지더니 경쾌한 가락으로 변하며 한강 철교가 나타났다. 철 구조물 사이로 뒤편에서 조각 난 서울이 성큼성큼 다가왔다. 아! 그 첫 대면의 순간에 소년의 심장은 기차 소리보다 더 크게 울렸다. 드디어 서울에, 진정한 20세기 문명에 도착했다.

　서울에 간 것은 남산의 어린이회관을 구경하기 위해서였다. 어린이회관은《어깨동무》잡지를 통해 익히 알고 있었다. 전면에 부조되어 있는 월면도, 계단의 개수, 층별 배치까지 완벽히 외우고 있었다. 그걸 실물로 만난다는 것은 굉장한 일이었다. 훗날 뉴욕에 가서 잡지에서만 보던 구겐하임 미술관을 처음 마주했을 때도 이때가 떠올랐다. 세계 어디서나 멋진 건물에 들어서는 순간이면 어린이회관이 떠오른다. 형은 실내 수영장을, 나는 천체과학관을 보고 싶어 했다. 건물 안에 물을 가두고 헤엄을 치고, 우주를 사방 벽에 가둬두고 바라보다니…… 이 얼마나 근사한 일인가. 어린이회관은 꿈과 상상이 이중 삼중으로 얽힌 공간이었다. 서울역에서부터 남산을 오르는 가파른 계단을 군말 없이 사뿐히 뛰어올랐다. 뒤돌아보는 남산 아래로 서울의 건물들이 삐죽삐죽 솟은 채로 후끈한 김을 피워 올리고 있었다. 도시는 입체였다.

고층 건물과 고가도로의 도시는 높이이자 입체였다.

어린이회관에서 내게 가장 큰 충격을 안겨준 것은 실내 수영장도 천체 과학관도 아니었다. 엘리베이터였다. 옥색으로 칠해진 작은 방이 움직이는 광경은 놀라움 그 자체였다. 문이 양쪽으로 열리면서 새로운 공간이 나타나 사람들을 싣고 사라지는 광경은 한 편의 SF영화였다. 그 안에서 수직 이동하면서 느꼈던 그 중력의 느낌은 어디서도 경험해보지 못한 미끈하면서도 물컹한 외계의 것, 혹은 21세기적인 것이었다. 시골 아이에게 엘리베이터 탑승은 진땀이 나면서도, 그때껏 경험해본 것 중 가장 황홀한 여행이었다. 하지만 그 짧은 여행의 와중에도 촌티를 내지 않으려고 터져 나오는 감탄을 연거푸 속으로 삼켰다. 아, 서울이란, 미래란 이런 것이구나!

정작 서울역을 제대로 본 것은 돌아갈 때였다. 그때 본 서울역은 또 다른 모습이었다. 플랫폼에서 구름다리를 오르면서 바라보았던 뒷모습과는 달리, 광장을 앞에 두고 버티고 선 모습에는 위엄이 서려 있었다. 도시의 거대함과 화려함, 그 위대함을 벽돌마다 새긴 채 크게 팔을 벌리고 서 있었다. 그때껏 내가 본 것 중에서 가장 컸던 군청 건물을 비웃기라도 하듯 당당한 위용을 자랑하며 이 촌놈을 두 팔 벌려 반겨주는 듯했다. 그것은 서울의 모든 것을, 깍쟁이 같은 쌀쌀함과 해묵은 푸근함, 다가가기 쉽지 않은 적당한 이질감이 오래되고 조금은 뭉뚝해져서 오히려 친근함이 되어버린, 알 수 없는 모순과 대립의 요소를 모으고 압축해서 보여주는 관문 그 자체였다.

그 이국적인 형태와 재료로 보아, 마치 그 안에 불편한 드레스를 입은 노랑 머리 공주가 살 것만 같이 느껴지는 성이요 궁전이었다. 새로운 속도로, 새로운 세상으로 안내하는 궁전이었다. 서양이었고, 미래였으며, 현실 세계에

서울역사는 여행의 설렘과 상경의 꿈을 담은 환상
의 공간이었다. 이국적이지만 친근하고 오래되었
지만 늘 새로운 서울의 상징이었다. 그런데 지금의
서울역은 그 모든 상징이 지나치게 축소되어 있다.

존재하지 않는 동화 속 건축물이었다. 오래되었지만 앞선 듯했고 날렵하면서
근엄했다. 서울역은 신비와 현대, 그리고 로맨틱한 꿈의 장소였다. 미래와 미
지의 공간으로 안내하는 타임머신이었다. 서울 그 자체였다. 모든 이들이 꿈
을 안고 상경해 처음으로 마주하는 건축, 말 그대로 서울의 관문이었다.

절충의 시대에 태어난 구 서울역사

서울역은 일제강점기에 지어졌다. 동경 대학의 건축학과 교수가 암스테르담의 기차역을 참고해 설계했다고 하지만, 건축가도 참고가 된 건물도 분명하지는 않다고 한다. 다만 비슷한 시기에 동경 역사가 암스테르담의 기차역을 본 떠서 지어졌고 그 건물을 설계한 건축가가 서울역도 같이 설계했을 것으로 추측할 따름이다.

그러나 서울역은 동경이나 암스테르담의 기차역과는 많이 다르다. 붉은 벽돌과 돌을 번갈아 벽을 쌓았다는 것만 빼고는 중앙의 돔이나 그 아래의 반원형 창 같은 중요한 형태 요소가 동경이나 암스테르담과는 별로 관계가 없어 보인다. 좀 더 작지만 보다 장식적이다.

서울역은 신르네상스풍이라고도 하고 신바로크풍이라고도 하지만, 한마디로 이도 저도 아닌 잡종 양식이다. 19세기에 세계적으로 유행했던 건축 양식이다. 절충주의라고 부르는 이 시기의 건축은 시대의 여러 상황이 만들어낸 결과다. 산업혁명 이후 기술이 비약적으로 발전하고 사회가 급변하면서 새로운 건축의 필요성이 대두되었다. 수천 년 동안 사람의 집과 신의 집(종교 건축)과 왕의 집(궁궐) 같은 건물은 지어보았지만, 기차역은 역사가 불과 2백 년 남짓한 건축의 형태다. 2백 년 전 건축가들은 이 새로운 건축을 어떻게 감당할지 당황스러웠겠다. 기차역 짓는 게 무슨 대수냐고 반문할 수도 있겠지만, 당시에는 우주정거장을 만드는 것만큼이나 어렵고 새로운 도전이었을 것이다. 그것도 도시 한가운데 짓는 기차역이라니. 당연히 기차라는 새로운 교통수단이 요구하는 기술상의 문제 해결이 필요했고 기존의 도로 체계와 관련해 처리해야 할 문제도 많았지만, 그보다 더 어려운 것은 이미지를 그려내는 것이었다. 선례가 없는 건축, 익숙한 이미지가 없는 건축의 첫 시도는 그야말로 도전이다.

19세기에 활발한 도시화가 일어나고 시민사회가 성립되면서 비슷한 고민이 잇따랐다. 호텔, 사무소, 미술관, 박물관 같은 새로운 용도의 건물들이 생겨나고, 그 형태에 대한 고민은 여러 시도를 거쳐 결국 궁전의 화려한 이미지를 가장 적합한 것으로 채용한다. 건축사에서 절충주의 시대라 부르는 이 시기의 건축은 이름 높은 고전적 건물들을 모방하는 데 열중했다. 유명한 건물(대개는 왕궁이나 귀족의 저택)을 규모만 키워서 통째로 옮겨놓는가 하면 장난감 레고 블록처럼 여러 건물에서 마음에 드는 부분만 따로 떼어다가 모아놓기도 했다. 궁전을 짓는 양식은 어느 용도의 건물에나 이름을 갖다 붙이기에 좋아서 가장 많이 사용되었다. 시청은 시민의 궁전, 미술관은 예술의 궁전, 박물관은 역사의 궁전……. 실제로 루브르 박물관처럼 공화정이 성립된 뒤 궁전을 박물관으로 사용한 예도 있다. 음악당이나 은행 같은 건축의 형태도 이때 생겨났는데, 마찬가지로 용도에 맞는 의미를 가진 고전 건축 양식의 예를 빌려서 조립하는 방식이었다. 음악당에는 예술을 상징하는 여성적인 이오니아 양식이, 신뢰가 중요한 은행에는 단순하며 견고한 느낌의 도리아 양식이 쓰이는 식이었다.

기차역 역시 신종의 건축이기는 하지만 다른 것들과는 또 다른 성격을 띠었다. 당시에는 최첨단 기술이 집약된 결정체였다. 기차는 시간과 공간을 비약적으로 변형시키는 테크놀로지였고, 기차역은 시공간의 혁명이 머무는 공간이었다. 공항 건물 안으로는 비행기가 들어오지 않지만, 기차역은 기차를 실제로 품기도 하고 다른 교통수단과 연결시키기도 하는 특이한 건축 형태다.

여기서 새로운 테크놀로지에 대한 미국과 유럽의 태도가 나뉜다. 미국에 비해 기술 지향적이며 그 첨단의 기술을 재현하는 데 주저하지 않았던 유럽의 건축가들은 일종의 하이테크 전략을 취한다. 강철로 만든 구조물을 그대로 노출하기도 하고 새로운 구조 시스템을 과감히 도입해 이전까지는 꿈꾸지 못했던 장대한 공간을 만들어내기도 했다. 고전적인 장식보다는 강철 구조의 새로운 공간을 만들고 이것에 환호하게 된다. 물론 백 년이 지난 지금의 눈으로 바라보면 여전히 장식적이기는 하지만 도전과 기술을 통한 전진 같은 근대주의적인 색채가 강하다.

이에 비해 미국의 건축가들은 소극적으로 강박과 열등감을 드러낸다. 뉴욕의 그랜드센트럴 역이나 워싱턴의 유니언 역처럼, 그들은 한결같이 장중한 대리석 건물을 만드는 데 열중했다. 강철이 골조를 지탱하고는 있지만 마치 2천 년 전에 지어진 궁전처럼 모든 구조를 은폐하고 반들거리는 대리석으로 위장했다. 왕이 없는 나라, 따라서 왕궁도 없는 나라에서 기차역은 그들이 만들 수 있는 유일한 왕궁이었는지도 모른다.

역사가 플랫폼까지 건물로 뒤덮고 있는 거대한 유럽의 기차역에 비해, 서울역사는 선로 한 켠으로 비켜나 도시 한복판을 바라보게끔 지어지다 보니 규모가 작아졌고 전체적인 조형도 유럽식이라기보다는 미국식에 가깝다. 즉 새로운 기술을 드러내놓고 표현한 것이 아니라 꼭꼭 감춰두고 고전적인 궁전의 이미지를 강조한다.

기차역이었던 파리의 오르세이 미술관
내부. 건물이 플랫폼까지 덮고 있는데
이 공간을 미술관으로 리모델링했다.

토끼굴 전략의 새천년 서울역

새천년이 되어 고속철도 시대가 열리면서, 서울역은 옛집은 그대로 두고 좀더 남쪽으로 이사를 했다. 기술적인 이미지를 강조하는 이른바 '하이테크' 경향으로 새롭게 역사를 지은 것이다. 건축의 기술적인 측면을 강조하고 이를 조형의 중요한 모티프로 삼는 태도를 '하이테크 건축'이라고 한다. 물론 공항이나 기차역 같은 교통 시설이 반드시 하이테크적일 필요는 없다. 다만 많은 사람이 들고 나는 데 필요한 대공간을 경쾌하게 처리하려다 보니 하이테크하게 건축물을 짓는 것이 교과서 같은 지침이 되기는 했다.

　새 서울역사가 취하는 태도 역시 하이테크적이다. 아슬아슬할 정도로 가늘고 높은 기둥이 지붕을 받치고 온 벽을 유리로 만들어 내부를 외부만큼이나 밝고 산뜻하게 만들려고 노력했다. 덕지덕지 붙어 있는 광고판들만 아니라면, 공간의 역동적인 형태와 재료가 잘 어우러져 보이기도 한다. 그러나 문제는 디테일이다. 신도 악마도 디테일에 산다고 했다. 전체적으로는 하이테크하지만 꼼꼼히 살펴보면 군데군데 용접으로 매운 것이 진부하다 못해 로우테크하다. 거기에 다시 억지로 끼어든 전통의 요소들은 내부공간을 혼란스럽게 만든다.

　새 서울역사는 도통 밋밋하다. 기차역이, 그것도 수도 서울의 기차역이 갖춰야 할 궁전 같은 위용은 온데간데없고, 지하철역으로 들어가듯 슬쩍 스며들면 그만이게 만들어졌다. 어디부터가 역의 내부이고 어디부터가 외부인지 분간할 수 없게 부지불식간에 매표소 앞에 서게 되는 것이다.

　여행은 새로운 세상으로 들어가는 일일진대, 서울역에서는 그 방법으로 거창한 대문이나 궁전을 통과하는 것과 같은 화려하고 제례적인 의식을 거치지 않는다. 지극히 평범하고 일상적이며, 심지어 비루하기까지 하다. 바로 옆에서 네온 불빛을 반짝이는 백화점에 비하면 더욱 그렇다. 여행의 설렘이나 고속열차가 상징하는 첨단의 상징 또한 없다. 무엇보다 수도 서울의 관문이라는 상징이 작고 어설프게 축소되었다.

어찌 보면 현명한 선택일 수도 있다. 초가집들이 늘어서 있던 백 년 전과는 주변 환경이 크게 달라졌다. 주위에 고층 건물들이 대거 들어서서 웬만한 덩치로는 경쟁이 되지 않을 정도다. 게다가 옛 서울역사도 있다. 이제는 그저 작고 오래된 건물로 보이지만 형태나 재료가 특이해서 나름대로 포스force를 내뿜는다. 거기에 새 역사 건물마저 경쟁하듯 요란한 형태와 크기로 덤빈다면 서울역 앞 광장은 그야말로 난장판이 될지도 모른다. 드러내기보다 수줍은 듯 감추고 시속 3백 킬로미터의 고속철도 여행쯤 이제 일상 아니냐며 태연한 척 시치미를 떼고 있는 것이 현명한 태도일 수도 있다.

여기서 택한 것이 '토끼굴' 전략이다. 대부분의 동화에서 새로운 세계로의 진입이나 전환은 관문을 열어젖히는 데 있다. 관문을 열기 어려울수록 이야기도 흥미로워져서, 불 뿜는 사나운 용이 지키고 있거나 주문을 외워야 열수 있는 경우도 있다. 그 관문의 수가 열 개가 넘어가기도 한다. 인터넷을 사용할 때 맨 처음 열리는 페이지를 '포털portal'이라고 한다. '현관문', '관문'이라는 뜻의 '포털'은 인터넷이 실제 세상과는 다르지만 독립된 하나의 세상이고 여기로 드나든다는 의미에서 붙인 명칭이다. 실체 없이 개념으로만 존재하는 사이버 공간, 즉 인터넷을 쉽게 이해하도록 '인터넷 세상'이라 칭하고 이를 인공의 공간 환경, 즉 건축에 비유해 부르는 것이다. 이처럼 다른 세상으로 넘어가는 데는, 치열한 공성전을 치르고 여는 성문부터 정보를 얻기 위해 열어젖히는 인터넷의 한 페이지까지도 관문이 필요하다.

이러한 전형적인 이야기 구조와 달리《이상한 나라의 앨리스》에서 앨리스는 시계 토끼를 따라가다가 토끼굴에 빠지면서 새로운 세상을 경험하게 된다. 대문이나 지붕이나 어떤 두드러지게 드러난 요소도 없이 뭔가 수동적으로 감춰진 동굴이며 우물이 새로운 세상으로 이끄는 통로의 전부다. 사람이 들어갈 수 없을 정도로 작은 토끼굴이 입구의 기호이며 관문은 네거티브하게 축소되어 있다.

분명 서울역은 기차역의 전통적 관문 역할을 포기하고 토끼굴 전략을 취하고 있다. 그런데 아쉬운 점은 이 토끼굴이 의도되었다기보다는 다른 의도의 부산물이라는 데 있다. 쇼핑센터에 밀리고 주차장에 치여서 자투리 건물처럼 되어버렸다. 그 전략이 일관성 있게 전개되어 있기보다는 다른 것들에 우선순위가 밀리면서 그저 혼란스럽고 산만하게 입구를 내밀고 있을 뿐이다.

서울역 입구는 왜 옆구리에 있을까?

서울역의 평면 형태는 활 모양이다. 즉 위에서 내려다보면 남쪽으로 배가 부른 원호를 그린다. 그런데 KTX 고속열차를 활시위에 끼워 당기는 듯하다는 설명은 너무 유치해서 건축가의 설명이라고는 믿어지지 않을 정도다. 그렇다면 부산역은 과녁의 형태여야 한다는 말인가? 그보다는 건축이 무언가의 형태와 직접적으로 연관이 있어야 한다고 믿는 관료의 페티시적 상상력에서 나

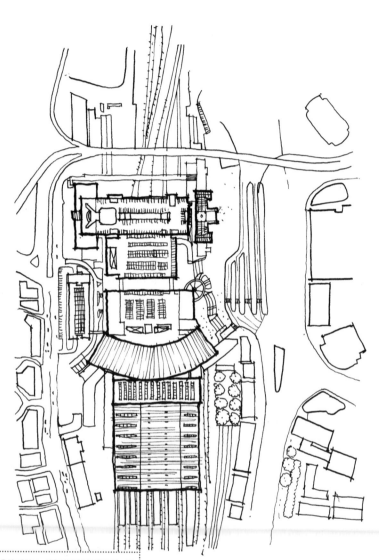

서울역 배치도. 서울역이 활 모양이라는 설명은 너무 유치해서 건축가의 설명이라고는 믿어지지 않을 정도다. 건축을 구체적인 대상과 연관지어 설명해야 직성이 풀리는 관료의 페티시적 상상력일 가능성이 크다.

온 말일 가능성이 크다.

건축의 형태는 언어와 마찬가지로 그 형태와 의미가 선천적으로 결부되어 있지는 않지만 오랜 역사를 거치면서 어느 정도 기호의 작용을 하게 된다. 대형 아치는 입구가 여기 있다 알려주고, 좁고 긴 통로는 빨리 지나가라 말한다. 화려하게 장식된 계단은 한걸음에 달려 내려가기보다는 우아하게 고개를 들고 천천히 내려가라 명령한다. 물론 맨벽에다 가파른 비상계단에서는 누구나 빨리 내려가게 마련이다. 이렇게 공간의 지시 작용이 없거나 허약한 건축에서는 이를 보완하기 위해 평면적, 문자적 기호가 쓰이는데 간판이 대표적인 예다.

누구에게나 친근한 형태를 가져다가 건축을 설명하는 것은 나무랄 일은 아니지만, 사실 건축의 형태가 일정한 지시 작용을 한다는 것은 다른 차원에서 가능한 일이다. 잠실 경기장을 청자에, 상암동 월드컵경기장을 방패연에다 빗대는 것은 추상화를 깍두기 국물에다 비유하는 것처럼 모욕적일 수 있다. 건축이 항상 활이나 소반이나 부채 같은 형태 요소에 비유되는 것은 때로 절망스러울 정도다.

서울역을 활이라는 형태에 빗대는 것에는 크게 두 가지 문제가 있는데, 첫째는 서울역의 전체 형상이 활의 비율과는 다르다는 것이다. 고속열차의 길이는 열차 20량을 연결했을 때 4백 미터에 육박하므로 플랫폼의 길이는 그 이상이다. 서울역은 선로 방향으로 기다란 모양이지만 이를 가로지르는 연결 통로의 폭은 1백 미터에 불과하다. 따라서 어림잡아도 남북 방향, 즉 선로와 나란한 방향이 장변이 되는 직사각형의 비율이다. 대개 기차역은 선로를 좀 넓히고 그 위에 지붕을 덮는 구조인데, 시발역으로서 서울역이 강력한 상징성을 가져야 한다는 듯 구부러진 활 형상을 띠는 것은 전체 공간과 딱 맞아떨어지지는 않는다. 그렇다 보니 플랫폼은 그저 평범한 덮개가 되었고 연결 통로는 허공에 떠서 억지로 활 모양새를 하고 있다. 초승달 모양이나 반원도 아닌 원호가 활에서 시작되었지만 그 모서리는 도시 쪽으로 튀어나왔고, 여기에 출입문을 만들었다. 그러면서 활의 옆구리가 본의 아니게 중요한 역할을 하게 되었다. 즉 활의 옆구리가 도시와 역사를 연결하는 주 통로이자 입구가 된 것이다.

두 번째는 대칭의 문제다. 넓은 정면이 아니라 옆구리를 통해 건물로 들어서는 것은 한국 전통 건축의 방법이 아니다. 그렇다고 서양의 방법도 아니다. 역사라는 공간과 기능이 가진 고유의 비율에 맞지 않는 활이라는 형태 요소가 무리하게 적용되어, 그 옆구리를 도시 쪽으로 삐죽 내밀고는 손님을 반갑게 맞아들이기보다는 못 본 척 불친절하게 딴청을 피우는 형국이다.

동양이든 서양이든 중요한 건물의 주된 입구는 대칭으로 설계되어 있다. 경복궁이 그렇고 대부분의 사찰이 그렇고 노트르담 성당이 그렇다. 파르테논 신전이 그랬고 로마 시대 판테온의 입구도 대칭이었다. 옛 서울역도 그랬다. 현대 건축에서까지 입구가 반드시 대칭으로 놓여야 한다는 말은 아니다. 하지만 서울역이 가진 대칭의 중심을 가르며 들어서는 것은 날렵한 고속열차와 백화점뿐이다. 물론 열차 안의 승객이나 기관사조차도 의식할 수 없는 대칭의 장엄함이 공간을 통해 대한민국의 수도 서울로 진입하게 된다. 그렇다면 애써 만든 그 대칭의 공간은 누구를 위해 그렇게 버티고 있는 것일까? 어째서 도시와 시민은 그 화려한 대칭의 공간을 옆구리에서만 바라보고 들어설 수 있는가?

기단 위의 서울역. 편의성을 강조하는 토끼굴
과 기단은 어울리지 않는다. 토끼굴은 단순하
고 손쉬운 유입을 의도하는 반면에 기단은 주
변으로부터의 분리를 의미하기 때문이다.

　　활의 조형과 토끼굴 전략은 의도된 것이라기보다는 어쩔 줄 몰라 되는
대로 끼워 맞춘 듯한 인상을 풍긴다. 활 모양의 역사 옆구리로 드나들게 되다
보니 이를 근사한 관문으로 만드는 것이 부담스럽고, 그렇다 보니 '굴'처럼
누구의 시선도 끌지 않는 단순한 문이 되기를 의도한 것으로 보인다.

　　그러나 그 앞에 펼쳐진 기단은 이질적이거나 심지어 모순적이기까지
하다. 그 건축 방법이 진부할 정도로 전통적이다. 건축물이 놓이는 대지의 일
부를 돋워놓은 것이 기단이다. 사실 기차가 머무는 플랫폼은 도시의 가로와
같은 높이에 있다. 서울역은 기단을 통해 모두를 한 층 들어 올린 후 다시 한
번 3층의 출발 대합실로 안내한다. 그러고는 다시 기다란 에스컬레이터를 통

해 두 개 층 아래에서 기다리는 기차에 도달하게 한다. 두 개 층이라고는 하지만 실제로는 5층 정도의 높이를 오르락내리락하는 것이다. 아마도 수직으로 출발 공간과 도착 공간을 분리하는 공항의 구조를 적용한 것이 아닌가 싶다. 그러나 공항은 도심에서 멀찌감치 떨어진 벌판에다 그 자신의 구조를 완성해놓은 것이다. 자동차와 비행기라는 이질적인 교통수단을 연결하며, 걷는 사람은 아예 고려 대상에서 제외시키는 시설이다. 그에 반해 기차역은 어떤 경우에도 사람이 걸어서 들어서야 한다는 사실을 생각해보면 공항과는 그 접근의 관점부터가 다르다.

실질적이고 기능적인 차원을 떠나서도 문제는 여전하다. 건축물을 단위에 올려놓는다는 것은 매우 상징적인 일이다. 광장과 기단이 함께 있는 경우에는 그 의미가 중첩되어 더 큰 상징성을 띤다. 마치 중요한 조각품을 미술관 바닥에 놓지 않고 전시대 위에 올려놓는 것과 같은 태도다. 여기서 두 가지 중요한 암시를 엿볼 수 있다. 첫째는 그 작품, 그 조각품이 예술품으로서 바닥에 내려놓지 못할 만큼 매우 중요하다는 것이다. 둘째는 그 조각품이 특정한 장소의 제약을 받지 않는다는 것이다. 받침대만 있다면 세계 어느 미술관의 어떤 전시실에서도 전시할 수 있다는 의미다.

건축의 경우도 마찬가지다. 기단이 있다는 것은 그 건물이 매우 중요하다는 의미인 동시에 반드시 그 자리에 있을 필요는 없다고 말하는 것과 같다. 중요한 건축물을, 마치 조각품의 전시대처럼 기단을 만들어 그 위에 올려놓는다는 것은 주변 환경으로부터 분리하고자 하는 의도를 나타낸다. 서울역이 도시에 참여하거나 봉사하기보다는 '나는 중요하다'를 속절없이 외치며 한 단 위 높은 곳에 뛰어올라 쭈그려 앉아 있는 형상이다.

참고로 그 기단은 주차장 때문에 만들어진 것이다. 스며들듯 자연스럽게 진입할 수 있다는 토끼굴의 편의성은 다시 기단에 의해 상쇄된다. 관문과 궁전을 포기했건만 그 대가도 없이 오르락내리락을 반복해야 하는 것이다. 이 얼마나 기막히고 억울한 배치인가. 서울역이 토끼굴과 기단 사이에서 좌충우돌하며 헤매는 사이, 건축을 향유하는 주체인 시민과 여행객은 옆구리로 밀려났다.

허상이 빚어낸 복합 역사의 재앙

서울역은 이른바 '복합 역사'로 개발되었다. 기차역 부지라는 게 도시의 노른자위 땅이게 마련이다. 혹은 한산했던 지역도 순식간에 도시의 중심으로 만드는 마력을 가지고 있다. 이런 노른자위 상권을 자본의 권력이 놓칠 리 없으니, 사람이 많이 다니는 길목에 쇼핑센터를 복합적으로 만들자는 것이 복합 역사의 개념이다. 기차역을 이용하기 위한 대중교통이 이미 연결되어 있으니 이러한 사회적 자산을 보다 효율적으로 활용한다는 측면에서 일리가 있기도 하지만, 이는 여러 차원의 문제를 야기할 수밖에 없다.

우선 복합 역사는 매우 일본적인 생각이다. 전국의 도시가 철도로 촘촘하게 연결되어 있어 기차를 이용한 여행이 보편화된 일본의 소규모 도시에서는 효율적인 개념이다. 그러나 용량이 초과될 경우 효율적이라고 생각했던 장점이 단점으로 돌변한다. 기차역이라는 단일 기능만 소화하기에도 벅찬 시설과 주변 여건에 쇼핑센터라는 복잡한 기능이 겹쳐지면서 예상치 못한 문제

서울역의 주차장. 서울역과 쇼핑센터 방문객을 위한 주차램프를 통해 주차장의 규모를 짐작할 수 있다. 도심의 기차역에 대규모의 쇼핑센터와 주차장을 두는 일은 전 세계적으로 흔치 않다.

가 발생하는 것이다. 더구나 기차와 연결되는 버스나 지하철 같은 대중교통만 주변으로 끌어들이는 것이 아니라 승용차를 위한 주차장까지 갖춰야 하는 복합 역사는 '재앙'이 될 수밖에 없다.

역사가 이렇게 비대해지면, 여행자나 쇼핑하는 사람 모두 물리적으로나 심리적으로 이곳에 접근할 엄두를 내지 못하게 되는 것은 당연한 일이다. 기차 여행의 여유나 낭만 따위는 애초에 접어야 한다. 출근 시간에 늦은 회사원처럼 빠르게, 이정표를 놓치지 않기 위해 긴장하고 걸어야 한다. 환송이나 배웅 같은 구시대적 의례는 잊고 쇼핑센터 바겐세일의 유혹에서 자신의 발길을 돌려세워 기차가 있는 플랫폼으로 향해야 한다. 이 기묘한 조합, 즉 한

데 뒤섞인 여행과 쇼핑은 공항 면세점에서 일어나는 일과 비슷하기는 하지만 그 양상이 전혀 다르다. 공항 면세점 쇼핑은 너무 빨리 나온 탓에 겪어야 하는 '시간 죽이기'에 효과적인 보완적 기능이 있다면, 기차역 쇼핑은 시간과 공간 양면에서 여행과 경쟁한다.

그런데 복합 역사에는 공항과 닮은 점이 있다. 둘 다 일종의 초공간이라는 점이다. 즉 어디에나 있지만 어디에도 있을 수 없을 것만 같은 '장소를 초월한' 공간이라는 것. 마치 라면처럼 기차역과 쇼핑센터라는 두 가지 재료만 있으면 어디에나 비슷하게 지을 수 있는 일종의 만능 레시피다. 효율적이고 표준화되어 있기는 하지만 '손맛' 같은 도시의 특색을 기대하기는 어렵다. 이는 여느 쇼핑몰이 가진 난폭한 속성과 크게 다르지 않다. 그런데 기차역이라는 낭만적인 건축과 '복합'되어 그 폐해가 증폭된다. 도시의 소중한 자산이어야 할 기차역이 부담스러운 짐이 되고 마는 것이다.

서울역 광장은 절대로 명소가 될 수 없다

서울역 앞 광장은 특별하다. 광화문광장이 제례적이며 국가적인 차원의 광장인 데 비해 서울역 광장은 일상적이며 서민적이다. 서울의 얼굴인 시청 앞 서울광장은 화장하듯 매 순간 치장하고 이벤트를 벌이지만, 서울을 나머지 도시들과 연결하는 발인 서울역 앞 광장은 너무 바빠서 화장할 틈도 없는 장사꾼 아낙의 모습이다. 대통령 선거 무렵이면 그곳에 모인 사람들을 상대로 선거 운동이 벌어지기도 하고, 명절 때면 귀성객들이 인산인해로 모여들기도 한다.

명절마다 벌어지는 민족 대이동의 핵심 길목인 셈이다. 그중에서도 가장 특별한 것은 노숙자들을 위한 천막과 밥차들이다. 대통령 선거가 없는 때라도, 월드컵 경기가 열리지 않는 날이라도 항상 무언가 움직임이 있고 사람들이 모여드는 공간이다.

서울역 광장은 지금은 문화 공간으로 쓰이는 옛 서울역사에서 시작해 남쪽으로 백화점을 지나 새 서울역사까지 남북으로 긴 모양이다. 예전에 비하면 규모는 커졌지만 모양은 길쭉해져서 광장이라기보다는 인도가 좀 넓어진 느낌이다.

대규모 공공시설 전면에다 광장을 조성하는 데는 상징적인 이유도 있지만 실용적인 이유가 더 크다. 중요한 건물의 '사진발'을 위해 앞을 비워두기도 하지만 순식간에 사람들이 쏟아져 나오기도 하고 들기도 하는 인파, 그야말로 사람들의 파도를 담기 위해서는 필수적인 공간이다.

그런데 새로 조성한 서울역 광장은 몇 가지 문제를 안고 있다. 우선 그 비율이 그렇다. 실제로 인구 유입이 가장 많은 건물은 고속철도가 출발하는 새 서울역사인데 그 앞의 광장은 여느 건물 앞과 별 차이가 없을 정도로 매우 좁다. 새 역사를 지을 때 충분히 예견할 수 있는 사항이었는데도, 복합 역사라는 구호 아래 역보다는 쇼핑센터에 방점을 찍고, 역사 앞 광장은 광장이라기보다는 빈 땅, 공지 정도로 지위가 격하되었다.

이곳 광장을 광장 대신 공지라 부르는 것이 어울리는 이유는 더 있다. 이곳은 돌이나 흔한 보도블록이 아니라 아스팔트로 포장되어 있다. 그래서 그 위를 걸으면 왠지 잘못 내려선 도로인 듯한 느낌을 갖게 된다. 군데군데 서 있는 노숙자들을 위한 배식 차량과 거기서 시작된 긴 줄을 피해 걷다 보면 그느낌은 더 선명해진다. 게다가 백화점을 드나드는 자동차들이 이 공지의 흐름을 군데군데에서 뚝뚝 끊어놓는다. 그 공지나마 새 역사로 이어지는 좁고 삐죽한 계단이 한 자리를 차지해, 마중이나 배웅같이 역 앞 광장에서 벌어질 법한 광경조차 보기 어렵다.

　　이곳에서는 여행의 욕망이 승인되지 않는다. 여행이 떠들썩하게 환영하거나 환송할 것 없는 평범한 일상이 되었다고는 하지만, 기차 여행은 여전히 특별한 경험일진대 그 경험에 환호할 만한 아무런 공간적 장치도 없이 뭉개져 있다. 그렇다고 우울할 때 하릴없이 나가 거닐다 보면 활기를 느끼고 에너지를 얻게 되는 도시의 광장이 된 것도 아니다.

　　고전적인 건물과 그 앞의 넓은 광장은 여행의 설렘을 상징하는 중요한 건축적, 도시적 장치였다. 20세기의 궁전이었던 역사 대신 쇼핑센터에 짓눌린 초라한 토끼굴에서 시작해야 하는 여행은 그때와 같을 수가 없다.

　　서울역은 사라졌다. 기차 여행을 한 편의 모험으로 만들던 동화 같던 건축이 사라졌다. 나의 도시 서울을 상징하며 여행에 지친 나를 맞아주던 고전의 힘도 함께 사라졌다. 그 자리를 쇼핑센터와 자동차에 밀려 왜소해진 토끼굴 기차역이 힘겹게 채우고 있다. 마치 이것이 당신이 꿈꾸던 여행이며 당신이 사는 도시라고 말하고 있는 듯하다. 도시의 삶이 팍팍하고 고단한 것은 끝난 줄만 알았던 여행이 아직 끝나지 않았고 여전히 집으로 돌아가지 못했기 때문일지도 모른다.

과연 누가 남대문을 망치고 있을까?

남대문

그것은 영화의 한 장면이었다.

남대문이 밝은 조명 아래 무너져 내렸다. 생방송으로 중계되는 사이, 영화보다 더 비현실적으로 무너졌다. 누군가 정교하게 만든 영화였기를 바랐지만, 소방 호스의 물줄기 아래 남대문은 검댕이 숯으로 변했다. 조악한 재난 영화처럼 허무맹랑했다. 5백 년을 버텨온 남대문이 작은 불씨 하나를 이기지 못해 주저앉은 것이다.

남대문의 소실은 뉴욕 세계무역센터의 붕괴와 비슷하면서도 달랐다. 두 사건 모두가 상징적인 건물이 무너졌다는 점은 같지만 그 결과는 매우 달랐다. 그날 아침의 뉴욕 하늘은 맑디맑았다. 지나치게 따뜻하고 채도가 높은, 도무지 이 세상의 것 같지 않은 가짜같이 파란 하늘이 배경이었다. 연기를 내보내고 곧 숨을 돌려 상처를 다독이며 툭툭 털고 일어날 줄 알았던 세계무역센터 건물 형제는 허망하고 야속하게 무너졌다. 남대문을 비추던 조명처럼 비현실적인 하늘을 배경으로 무너졌다. 세계무역센터는 참혹하게 무너졌고 그 후 더 참혹한 전쟁이 벌어졌다. 3천여 명이 사망한 9·11 테러 사건은 전쟁으로 이어져 지구 반대편 양치기들에게 폭탄으로 돌아갔다. 남대문 화재에서는 아무도 죽지 않았다. 치미는 화를 누르지 못한 한 노인이 구속된 것이 전부였다. 남대문은 화려한 단청을 그을리며 꽃잎처럼 고개를 숙였다. 그저 고요하게 털썩 주저앉았다.

세계무역센터가 무너진 자리는 미국인의 자존심을 건 재건의 현장이 되었다. 소방관의 용맹스러움을 표상하는 미국식 애국심의 공간이 되었다. 어떻게 다시 지을 것인가를 놓고 논쟁이 벌어졌고 여러 가지 설계안이 서로 경쟁했다. 5년이 지나도록 폐허의 자리는 그대로 남겨졌다. 그에 반해 남대문의 재건은 일사불란하게 이뤄졌다. 범인은 손쉽게 검거됐고 모두가 죄인을 자처했다. 재건은 당연히 복원이었고, 이참에 잘려나간 주변 성벽을 복원하는 정도가 논쟁거리라면 논쟁거리였다.

여기서 건축이 갖는 힘이 선명하게 드러난다. 건축은 실용적인 기능을 가지고 형태로 존재하지만 그 이상의 의미를 갖는다는 것. 이 단순하고도 분명한 사실은 서 있는 것이 아니라 무너짐을 통해 드러났다. 건축물은 자존심이자 애국심이며 온갖 기억의 상징이었던 것이다. 도시의 기억 그 자체였고, 그 기억은 집단적인 것이기도 하고 개인적인 것이기도 했다. 대한민국은 제일가는 국보를 잃었다. 서울은 이 도시가 5백 년 역사 도시임을, 그것도 성곽도시였음을 증거하는 아이콘을 잃었다. 우리는 늦은 밤 TV 방송이 끝날 때 울려 퍼지는 애국가의 단골 배경이었던 남대문을, 각자의 기억의 소중한 보물 창고를 잃었다.

남대문 소실 사건은 또 다른 차원의 상징의 겹을 보여준다. 남대문이 무너진 후 공사장 가림막이 세워졌는데 시민들의 항의로 투시형 가림막으로 바

가장 가까이 서 있는 신한은행 본점 건물이 숭례문에 옆구리를 내밀고 있다. 크기, 형태, 색상, 재료, 어느 것 하나도 남대문을 의식하지 않고 있다. 여의도나 강남의 테헤란로에나 더 잘 어울릴 건물이다.

꿰었다. 이 사건을 믿을 수 없고, 앞으로는 똑똑히 지켜보겠다는 의지의 표현인 듯했다. 죽은 사람은 아무도 없었지만 추모의 글귀가 가림막 담장에 빽빽이 붙고 제사상이 차려졌다. 심지어는 49재가 치러지기도 했다. 집안 어른이 돌아가신 분위기였다. 집단이나 민족과 특별한 혈연관계가 있다고 여겨 신성하게 믿는 대상을 토템이라고 한다면, 남대문은 분명 토템이었다. 성황당의 수령이 오랜 나무나 장승이 토템이 된 일은 있지만 건축물이 이와 같은 신앙의 지위를 가진 일은 본 적이 없기에 무척 흥미로웠다. 그것은 일반적인 문화재에 대한 경의나 서구의 랜드마크라는 개념과는 다른 사고다. 오래된 것을 신성시하고 숭배하는 데는 그 대상이 자연의 것이고 우주의 원리와 에너지를 간직하고 전달한다는 배경이 있을진대, 숭례문 같은 건축물, 즉 인공의 창조물에 대한 숭배는 처음 접하는 것이었다. 이는 자연과 인공의 이분법만으로는 설명할 수 없는 제삼의 형태 요소가 존재한다는 것을 증명하는 사건이었다.

　이탈리아의 건축평론가 안토니 비들러Anthony Vidler는 세상의 모든 형태는 세 가지 유형에서 기원한다고 말한다. 첫째는 자연의 유형이다. 사람이 무엇을 만들든 자연의 구조, 자연의 형태 원리를 모방하게 마련이고 이는 마땅히 본받아야 할 지고지선의 가치라는 생각이다. 여기에는 자연이 신에 의해 창조되었으므로 자연이야말로 신의 자취를 엿볼 수 있는 유일한 실마리라는 생각이 깔려 있다. 자연의 유형에 속하는 형태는 유기적이고 변화무쌍하며 아름다운 정도를 넘어 미의 기준과 척도를 제시한다. 둘째는 시계, 자동차 같은 기계적 원리가 표출되어 만들어내는 인공적, 기계적 형태다. 특정한 기능을 목표로 동작에 충실하게 만들어졌고 사람이 '만든'(인공적인) 대상으로서 자연과는 다른 형태의 실마리를 준다는 점에서 하나의 유형으로 자리 잡는다.

그러나 이 두 가지만으로는 설명할 수 없는 세 번째 형태 요소가 있는데, 바로 도시다. 도시는 분명 사람이 만들었지만 사람의 의지대로 통제할 수만은 없는 유기성과 생명을 가지고 있다. 마치 주식시장처럼 예측할 수는 있지만 언제나 예측대로 움직이지는 않는 생명력이다. 이 예측 불가능함이 도시라는 것의 매력이기도 하다. 그 때문에 도시는 자연 또는 기계와 마찬가지로 많은 예술가들의 영감의 원천이 되기도 했다. 이 세 번째 유형의 예가 남대문이다.

남대문이 이처럼 특별한 대우를 받게 된 것은 그 자리 때문이다. 자연도 인공도 아닌 도시의 오랜 랜드마크이기 때문이다. 월정사 대웅전이 무너지거나 심지어 해인사가 불에 탔더라도 추모의 열기는 이와 달랐을 것인데 그 이유는 남대문이 서 있는 장소에 있다. 남대문은 서울의 사대문 중 하나지만 그 주변은 서울의 배꼽, 대한민국의 배꼽이라 할 만하다. 남대문은 한양으로 진격하는 일본 장수 고니시 유키나가의 깃발을 힘없이 바라보았으며, 정조의 화성행차를 배웅했다. 소련제 탱크의 뒷모습을 목격했고, 1987년 6월항쟁을 함께한 주인공이다. 프랑스 철학자 질 들뢰즈는 그의 철학의 핵심 개념으로 '주름'을 들었다. 그는 함축된 사건과 계기, 시간 등이 특이점을 이루는 것을 주름이라 불렀다. 일반적인 의미가 뭉쳐서 주름이 되고 그 주름이 응어리져서 모이고 옹이가 진 곳이 배꼽이라면, 남대문은 대한민국의 배꼽에 서서 대한민국 배꼽임을 표상하는 중요한 상징 그 자체다.

문화재를 품는 도시적인 건축

"대한민국의 자부심, 숭례문!
우리 모두의 정성과 사랑으로 다시 일어서기를 기원합니다."

남대문 화재 사건 이후 남대문과 이웃한 신한은행 본점에 내걸렸던 문구다. 조명까지 넣어서 퇴근 시간에도 눈길을 끌었던 정성스러운 격려문이다. 다시 '세우기'가 아니라 '일어서기'를 희망하는 이 격문은 남대문이 단순한 건축물이 아니라 의인화되고 신앙화된 존재임을 일깨운다. "관심"과 "사랑"이란 단어 또한 그 안타까움과 미안함이 묻어나는 말이다. 이 격문의 진정성을 의심하는 것은 아니지만, 신한은행 본점 건물의 도시적 태도는 그 말과 다르게 느껴진다. 특히 남대문에 대한 태도는 안타깝다 못해 섭섭할 정도다. 남대문이 '살아 계셨다면' 섭섭했을 태도다. 말도 못하고 격문도 직접 써 붙일 수 없는 건축물이 도대체 어떻게 주변에 대해 태도를 드러낼 수 있는지 살펴보자.

　　건축물은 격문이 아닌 물리적 실체로서 발언하고 존경을 표시한다. 남대문 주변의 건축물을 살펴보려면 우선 도시에서 문화재가 갖는 의미와 그 의미를 선명하게 드러내는 방식을 살펴봐야 한다. 남대문이 성벽에서 잘려 섬으로 고립되어 있다고 안타까워하는 심정은 이해하지만, 이는 문화재가 현대 도시와 관계를 맺는 방법이기도 하다. 수원 화성처럼 남대문이 성벽 전체가 잘 보존되어 애초의 역사적 환경에 놓여 있다면, 이는 다른 문제다. 그러나 고층 건물들 사이에 아슬아슬하게 서 있다는 것은 역사 문화재를 돋보이게 하는 방법일 수도 있다. 주변으로부터, 그것도 이질적인 주변으로부터 독립된 건축물은 그 자체로서 주변 건축물과는 다른 지위를 갖는다는 것을 말해준다. 역사 유적은 실용적인 목적은 없지만 복잡한 도시의 이정표로 작용하며, 당신이 지금 서 있는 이 장소는 수백 년의 역사가 깔려 있는 역사의 현장임을 일깨워준다.

도시 건축에서 문화재가 도시의 중심이 될 수 있다는 생각은 비교적 근대에 들어 생겨났다. 근대를 지나면서 충분히 '오래된' 건물이 생겨났고, 이것을 낡은 것이 아니라 '가치 있는' 것이라고 다시 보기 시작했다. 문화재를 주위의 도시 조직에서 떼어내 다른 건축물과는 다른 중요성을 부각시키는 것이 근대 도시의 중요한 건축 수법이다.

예를 들어 중세의 파리는 역사적 건물과 불량 건축물들이 한데 뒤섞인 도시였다. 노트르담 성당 주변을 따라 그 성당 벽에 기대어 간단하게 지붕과 벽만을 걸친 주택들이 즐비했다. 파리 시는 19세기의 대대적인 도시계획을 통해 이러한 불량 주택을 철거하고 성당 같은 문화재를 주변과 분리시켜 예전의 위엄을 돌려주었다. 그리고 그 문화재를 서로 연결하는 광로Blouvard를 새롭게 건설했다. 개선

남대문의 소실 직후에 신한은행 본사 벽에 내걸린 격문. "대한민국의 자부심, 숭례문! 우리 모두의 정성과 사랑으로 다시 일어서기를 기원합니다"라고 적었다. 주변에서 가장 못된 건축물이 숭례문 지킴이인 셈이다.

문, 에펠탑, 콩코르드 광장의 오벨리스크 등이 그 예다.

한국전쟁 직후 서울의 사정도 파리와 별반 다르지 않았다. 창덕궁 주위로 궁궐 담의 형태를 알아볼 수 없을 만큼 담장에 기대어 벽과 지붕만 간신히 걸친 피란민들의 간이 주택들이 줄을 잇고 있었다. 불법이고 무허가였지만 당시의 상황에서는 불가피한 것으로 받아들여졌다.

남대문처럼 주변에서 분리해 형태적으로 다른 것들과 구분하고 독립적으로 자리 잡게 한다는 것은 그것이 예술 작품의 지위를 갖는다는 것을 의미한다. 평범한 물건도 전시대에 혼자 덩그러니 놓여 조명을 받으면 남다른 지위를 갖게 되는 것과 마찬가지 이치다.

지구상의 어느 공간이든 장소라고 부를 수 있지만 사건과 역사의 배경이 되는 장소는 특별한 의미를 갖는다. 이탈리아 건축가 알도 로시Aldo Rossi는 '장소의 혼genius loci'이라는 용어를 통해 "도시의 장소는 집단적 기억의 장치"라고 말한다. 그리고 그 장소는 혼을 가졌는데 이는 물리적, 물질적 차원을 넘어선 신앙의 경지라고 주장한다. 또한 도시의 건축이란 그 혼을 일깨우고 새로운 장소를 창조하는 일이라고 강조한다.

남대문 주변은 사건과 역사와 시간이 얽히고설켜 주름을 이루다 못해 배꼽이 된 장소가 아닌가. 대한민국의 배꼽이라는 장소가 그 무엇보다도 이러한 차원의 의미를 가졌으리라는 것은 자명하다. 강남, 여의도, 또는 한적한 시골 마을에 서 있더라도 별 무리가 없거나 외려 더 잘 어울렸을 건축물을 남대문 주변에 짓는 것은 도시적 건축이 아니다. 도시적 건축은 이러한 도시의 중요한 자산에 합당한 태도로 지어야 하는 것임은 말할 나위도 없다.

역사가 가진 이야기 하나하나를 바닥과 벽에 새기며 만들어가는 것이 도시적 건축의 특징이자 장점이라고 본다면 남대문 주변의 건물들은 사뭇 아쉽다. 남대문을 토템이나 조상으로 여기는 입장에서 보면 패륜적이기까지 하다. 아무 기억이 없는 벌판에 새로운 도시를 세운다면 얼마나 한심하고 따분하겠는가? 이에 비하면 도시의 문화재란 얼마나 소중한가?

파리 개선문과 서울 남대문의 결정적 차이

도시의 여러 장소가 하나같을 수는 없다. 평범하고 일반적인 장소가 있는가하면, 의미가 뭉쳐진 곳도 있다. 장소마다 다른 태도로 대하는 것이 기본적인 도시계획의 수법이다. '기-승-전-결'로 이어지는 문학이나 음악의 구조와 같다. 광장은 도시라는 음악의 절정부에 해당한다. 숨죽이고 달려오던 모티프가 그 생명력을 마음껏 뿜어내는 최고 절정의 파트가 광장이다. 도시가 밀도라면 광장은 밀도가 없어서 생기는 특이한 공간이다. 이 빈 공간에서는 여러 행태의 일들, 심지어 예기치 못한 일들까지 벌어지기도 한다.

광장은 '공화'라는 도시의 이상이 가시적, 형태적, 공간적, 건축적으로 구현된 장소다. '공공', '공화'와 같이 막연한 개념, 이상으로만 머물던 사실이 육신을 얻게 되는 장소다. 도시는 개인의 양보를 전제로 하지만 결과적으로는 공공뿐 아니라 양보의 주체인 개인에게도 이득이 된다. 함께 모여 사는 법을 발전시킨 현대 도시는 공화가 물리적으로 실현된 예다. 도시에서 교통신호를 지키는 작은 양보를 통해 모두가 신속하게 움직일 수 있는 것과 마찬가지다. 공화는 도시의 성립에 대한 철학적 설명이며, 도시 건축이 어떻게 달라야 하

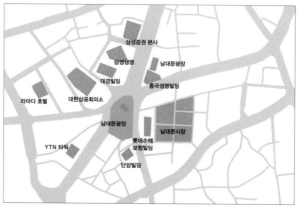

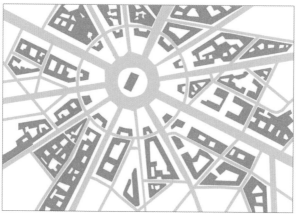

서울 남대문과 파리 개선문 주변의 건축 비교. 남대문과 파리의 개선문 주변의 건축은 극명한 대조를 이룬다. 건축이 스스로를 낮추고 찌그러뜨려서 문화재를 돋보이게 하는 것이 도시적 경관을 만드는 방법이다. 그 혜택은 도시 전체와 인접한 건물로 돌아온다.

는지를 설명하는 출발점이기도 하다.

이는 서울의 남대문과 파리의 개선문 광장 주변을 비교해보면 분명해진다. 같은 '문'이고 여러 개의 도로가 만나는 지점에 섬처럼 독립되어 있다는 점도 같아서 비교하기가 쉽다. 개선문 광장 주변의 건물들은 광장을 만들기 위해 스스로를 희생한다. 제 몸을 낮추기도 하고 찌그러지기도 하고 물러서기도 한다. 이렇게 만들어진 광장은 도시의 숨통을 틔워주는 역할을 하는 중요한 자산이기도 하지만 그 혜택은 단연 광장 주변의 건물들에 돌아가게 마련이다. 그 양보와 희생으로 광장 앞의 한자리를 오롯이 차지하는 것이다.

남대문 주변에 가장 먼저 지어진 건물은 북측의 흥국생명 사옥이다. 전설처럼 전해지는 얘기로는, 5층 높이로 이 건물을 지을 때 다른 나라 건축가 협회에서 항의를 했다고 한다. 한국 제일의 문화재 코앞에다 이렇게 높은 건물을 지어서는 안 된다고. 그런데 지금에 와서는 남대문 주변에서 가장 키 작은 건물이 되었다. 건물의 형태는 차분하다. 남대문을 특별히 의식하고 있지는 않지만 달리 무엇을 하지 않음으로써 남대문을 의식한다. 두 개의 가로가 갈라지면서 만든 땅의 모양을 따라 정렬되어 특별히 주의를 기울이지 않는 한 그 존재를 의식할 수 없을 정도다. 건축역사학자 안창모 교수에 따르면, 이 건물은 1950년대에 미 공병단이 상가주택으로 설계해 지었다고 한다. 요즘식으로 말하자면 주상복합 건물인 셈인데 1층에 상가가 있고 2~5층은 아파트였다. 1960년대에는 호텔로 바뀌어 한동안 서울에서 호텔로 이름을 떨치다가 1980년대에는 상업은행으로, 그 후에는 흥국생명 건물로 이름표를 바꾸었다. 몇 차례 보수를 했는데 외장 재료 정도만 바뀌었을 뿐, 전체적인 형태는 처음 그대로다.

그 후 얼마 지나지 않아 생긴 건물이 단암빌딩인데, 건축 당시에는 도큐호텔로 지어졌다. 남대문에서 남산 쪽으로 올라가다 보면 오른편에 보이는 25층짜리 건물이다. 이 건물 현관에서 보면 남대문의 정수리가 훤히 내려다보일 정도로 높은 데 자리 잡고 있다. 일본계 호텔로 지어져 한동안 고급 호텔이었다가 1980년대에 일반 사무소 건물로 바뀌었다. 해방된 지 얼마 되지 않은 시기에 일본계 건물이 그토록 위압적인 태도로, 그것도 남대문 주변에 들어섰다는 것이 지금의 정서로는 이해되지 않지만 당시에는 이보다 더한 일도 벌어졌다. 노출콘크리트로 단순하고 길쭉한 형태로 지었는데, 건물의 사면이 각각 남대문과 남산과 서울역과 도심을 향하고 있는 것이 하나같이 똑같은 모습이다. 사방이 똑같다는 것은 얼마나 폭력적인가. 그것도 대한민국의 배꼽이라는 남대문 광장에서. 일제가 민족의 정기를 끊기 위해 명산마다 철심을 박았다고는 하지만 이보다 거대하고 견고한 철심은 없었을 것이다. 한국의 대표적인 건축가 고故 김중업이 설계했다.

길 건너편의 롯데손해보험 건물은 나 혼자가 아니니 괜찮지 않느냐는 투의 태도를 보인다. 기둥이 수직으로 강조된 조형에서 남대문의 높이 따위 고려하지 않은 것은 말할 것도 없고 높이며 방향, 축, 재료 모두 제멋대로다. 제 땅에서 제 욕심 채우기에 급급했다. 주위를 의식하지 않고 염치없이 제 땅에서 제 욕심 채우기에 급급하다 보니 모서리를 남대문을 향해 삐죽 내밀고 있다. 법에서 정한 제한 사항을 어긴 것은 아니지만 그 태도가 못내 섭섭하다.

시청 방향으로 오른편에는 그만그만한 건물들이 있고 그 건너편에는 삼성생명 건물이 자리하고 있다. 이 건축물은 주변에서 그나마 남대문을 의식해주었다. 가장 덜 못된 건물이다. 색상과 재료의 선택에서 다분히 남대문

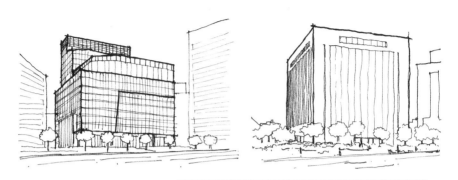

상공회의소의 현재 모습(왼쪽)과 증, 개축 이전(오른쪽)의 모습. 단순하고
정확하게 대칭을 만들어 남대문을 향하던 단정한 모습이 흐트러졌다.

을 배려한 듯, 배꼽의 의미를 의식한 듯 보인다. 더 중요한 것은 전체 형태의
처리다. 건물 전체를 두 개의 덩어리로 나누어, 아래쪽 덩어리는 바로 앞에 면
해 있는 가로, 즉 태평로와 나란히 두었고, 위쪽 덩어리는 배꼽을 향하고 있
다. 주변의 가장 중요한 장소나 건물, 또는 상징을 바라보게 배치하는 것 이상
으로 건축이 할 수 있는 게 또 있을까, 하고 묻는 듯하다. 부끄럽게도 외국 건
축 설계 회사에서 설계했다.

　　상공회의소 건물은 가장 아쉽다. 증축된 건물인데 이전에는 분명 훨씬
나은 도시적 태도를 가졌기에 더더욱 아쉽다. 재료와 조형이 절제되어 있었
는데 증축을 거치면서 훨씬 난잡하고 비도시적인 것으로 개악되었다. 게다가
이전의 건물은 커다란 아치 형태로 대칭을 이루며 정확히 남대문을 향해 있

상공회의소

신한은행 본점

흥국생명 사옥

남대문

단암빌딩

롯데손해보험빌딩

남대문 주변 조감도. 남대문 주변의 건물들은 제각각이다. 가까이 있는 국보 1호 남대
문은 의식하지 않고 저마다 자신들이 가장 중요하다는 듯 반듯한 모양새를 갖추었다.

었다. 그 하얀 아치 사이를 짙은 색 유리로 막아 생긴 공간을 사무소로 만들었다. 대칭이 갖는 힘이 있다면 이런 것이다. 대칭은 중앙에 강력한 의미의 지점을 만든다. 그 중심에 놓이는 것은 무엇이든 힘을 갖게 마련인데 거기에 남대문이 있었다. 숭례문을 숭고하게 만드는 일을 말이 아니라 몸으로, 건축으로, 형태로 보여주었다. 건물의 모양은 정갈한 육면체였지만 방향과 태도를 통해 국보 1호에 대한 경의를 표하고 있었다. 같은 건축 사무소에서 30년 만에 증축과 개축을 했는데 전체 재료를 유리로 바꾸고, 대칭을 이루며 남대문을 향해 있던 전체적인 조형을 의도적으로 흐트러뜨렸다. 우리가 과연 전진하고 있는지 묻지 않을 수 없는 대목이다.

남대문을 위한 건축은 없다

이런 관점에서 남대문 주변에서 가장 패륜적이고 반공화적이며 따라서 가장 반도시적인 건축물은 신한은행 본점이다. 힘은 거리의 제곱에 반비례한다고 하지 않던가. 제아무리 남대문을 의식하고 배려했다 한들 멀리 떨어진 건물이라면, 남대문에 미치는 영향력은 미약할 수밖에 없다. 반대로 남대문과 가까이 면해 있는 건축물은 작은 몸짓 하나로 이 배꼽과 도시의 광장을 만들 수도 있고 파괴할 수도 있다. 신한은행 본점 건물은 남대문은 아예 존재하지도 않는다는 듯 무시하고 있다. 아니면, 자신이 지금 어디에 서 있는지 모르는 듯하다. 방향감각을 아예 상실한 채, 장소의 의미나 전체의 균형 같은 것에는 매우 무심한 모습이다.

이 건물은 남대문을 향해 그 옆구리를 흉하게 내밀고 있다. 땅 모양이 그러했고 그 안에서 최대의 용적을 찾다 보니 그리 되었다고 말할 것이다. 그러나 공화의 개념과는 단단히 어긋나며, 앞서 말한 삼성생명 본사의 사례에서 볼 수 있는 최소한의 노력도 찾아볼 수 없다. 격문을 내건 바로 그 건물이, 숭례문 지킴이를 자처했던 건물이 말이다. 남대문이 '사망한' 후, 다시 말해 화재로 붕괴한 후, 이 건물은 남대문의 쾌유를 비는 요란한 발광 간판을 내걸었다. 국민과 함께 남대문의 쾌유를 빈다고. 악어의 눈물인가? 제가 잡아먹는 먹잇감을 애도하는 악어의 눈물. 식욕 때문인지 연민 때문인지 모른다는 악어의 눈물 말이다.

위선적으로 배려하기보다는 문화재를 도시의 중요한 자산, 다시 만들어낼 수 없는 자산으로 보고 도시를 조직하는 중심 요소로 활용하는 것이 중요하다. 그래야 도시는 역사와 문화의 자부심을 한껏 높이면서 새롭게 발전할 수 있다. 이는 도시가 역사적 연속성을 놓치지 않으면서 현대적인 삶의 공간으로 기능할 수 있는 방법이기도 하다.

남대문이 다시 살아났다. 5년간의 힘겨운 투병을 끝내고 살아 돌아왔다. 남대문은 다시 애국가의 배경이 될 테고 제일의 볼거리가 될 것이다. 나이는 어리지만 다시 조상이 될 것이다. 그러나 퇴근길에 바라볼 때마다 불편한 것은 남대문 기와를 적시는 근처 전광판들의 불빛이다. 바로 옆 건물에 붙어 있는 전광판에서 출발한 빛이 우리 조상의 머리를 보라로, 노랑으로, 분홍으로 물들인다. 마치 우리 할아버지를 홍등가에 버려둔 듯 꺼림칙한 기분이 든다. 이제 모욕하는 짓은 그만둬야 한다. 인근 건물들을 모두 새로 지을 수 없는 현실을 이해해달라고 한다면, 적어도 이 빛의 모욕은 그만둬야 한다. 남대문은 방화 때문이 아니라 이 모욕을 견디지 못해 스스로 무너졌던 것인지도 모른다.

랜드마크는 도시의 소중한 자산이다. 더구나 역사적인 랜드마크는 신생 도시의 번쩍이는 초고층 건물과도 맞먹는다. 새로 만들 수 없다는 점에서 오히려 훨씬 소중하다. 문화재, 그것도 국보 1호가 도시의 한 가운데에서 도시의 역사를 드러내고 문화적 전통을 과시하는 것은 서울만이 간직한 자산이다. 이것을 드러내고 지키는 방법이 세련되어야 한다. 수백 년 전 문화재를 21세기의 첨단 도시에 되살려서 함께 사는 것은 말이나 구호로 되는 일이 아니다. 주변의 도시적, 물리적 환경으로 그 가치를 구체적으로 만들어 빛내야 한다. 즉, 주변의 건축이 문화재를 위해 스스로를 낮추며 도시적으로 실천할 때 비로소 역사와 현대가 공존하는 도시가 된다. 이렇게 가꿔진 서울의 이미지는 도시 전체의 혜택으로 되돌아오며 주변의 건축물들은 그 혜택을 가장 크게 입는 주인공이 된다. 건축의 도시적 자각은 도시와 건축 모두 풍요롭고 가치 있게 만든다.

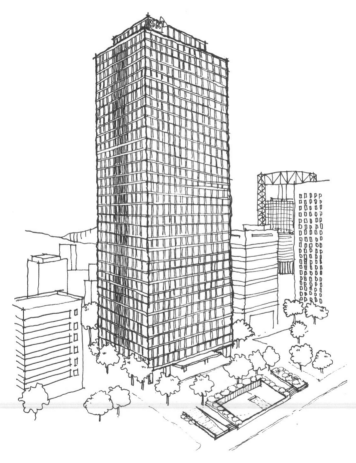

서린빌딩

무교동은 막걸리 냄새로 기억된다. 간밤의 취객들이 벌여놓은 난장판을 청소부가 부지런히 쓸어내는 동안에도 막걸리 냄새는 가실 줄 몰랐다. 종로가 입시에 시달리는 고등학생들의 공간이었다면, 명동은 입시에서 벗어난 대학생들의 공간이었다. 분식집 대신 술집이 있고 학원 대신 카페가 있었다. 음악다방, 나이트클럽, 맥주홀……. 그 환상적인 공간은 대학생들의 것이었다. 그리고 무교동이 있었다. 무교동에는 나이트클럽과 분식집과 낙짓집과 해장국집이 오손도손 모여 있었다. 고등학생과 대학생과 나이 든 어른들이 한데 섞이는 통합의 공간, 공용의 공간이었다. 거나하게 취한 어른들이 밤늦게 돌아다닌다며 어린 학생들에게 호통을 치기도 했고, 대학생들이 술을 이기지 못해 웅크린 채 구토를 하고 있기도 했다. 그곳을 고등학생들이 바삐 스쳐 지나갔다. 무교동은 모든 세대를 포용하는 공간이었다. 좁은 골목길을 돌 때마다 나타나는 곳곳의 색다른 분위기는 미로를 연상케 했다.

백과사전에서 소개하는 무교동은 다음과 같다.

명동明洞 · 다동茶洞 등과 더불어 4대문 안의 대표적 환락지구로 꼽힌다. 술집 · 음식점 등이 즐비하게 늘어서 있고, 골목길이 많아 교통이 불편하였으나 광교廣橋에서 세종로까지 큰 길이 뚫리면서 면목을 일신하였다. 1980년대 이후 도심지 재개발지구로 지정되어 대형 건물들이 들어섬에 따라 점차 옛 모습을 잃어가고 있다. 본래는 무교동과 을지로1가가 하나의 마을이었는데 모전다리 부근에 있는 모교동毛橋洞과 구별하기 위하여 무교동이라 하였다고 한다. 또는 서울 시청 자리에 군기시軍器寺가 있었고 무기를 제조하는 관아가 있었기 때문에 그런 이름이 붙었다고도 한다.

그랬다. 강북의 사대문 안이 세상의 중심이던 시절에 그냥 무교동으로 불리던 서린동, 청진동은 환락지구라고 불릴 만큼 여러 가지 기억을 담고 있는 공간이었다. 환락지구의 기억은 이제 낚싯집 이름에만 남아 있다. 정작 무교동은 재개발을 통해 몇 개의 고층 빌딩으로 말끔하게 정리되었다.

서린지구 개발이 시행된 이후 이 지역은 대형 건물 여섯 채가 들어서는 것으로 끝이 났다. 막걸리 냄새가 진동하던 골목길들은 깨끗이 정리되어 그 흔적조차 사라졌다. 대신 잘 포장된 공공 보행로와 공개 공지가 자리를 잡았다. 청계천 복원과 맞물려 공지와 현대식 오피스 빌딩이 들어섰다. 무교동의 환락은 그렇게 끝이 났고, 밤낮으로 붐비던 골목길들은 밤이면 어두운 녹지만이 웅크린 도심의 커다란 구멍, 공동空洞이 되었다.

서린지구 재개발의 결과물 중 하나인 SK서린빌딩은 2000년에 준공되었다. 검은 금속 재질로 만들어 단아한 느낌을 주고, 대번에 눈에 띄는 형태는

서린빌딩(왼편)과 삼일빌딩(오른편)은 분간할 수 없을 정도로 유사하지만 표절이나 모작은 아니다. 그 자체로 현대 건축의 새로운 종을 의미하기 때문이다. 대지나 기능과 무관하게 어디서나 같은 조형이 의미를 가질 수 있다고 믿는 '국제주의 양식'이 그 종의 이름이다.

아니지만 평범함과 겸손함으로 자신감을 표현하는 건물이다. 어디선가 본 듯도 하다. 이 건물의 원조는 청계천을 따라 아래쪽으로 내려가다 보면 나온다. 1979년에 완공된, 형제처럼 닮은 삼일빌딩이 그것이다. 그 앞을 지나는 도로의 이름이 삼일절을 기념하는 '삼일로'여서 31층으로 지어졌고, 여의도 63빌딩이 생기기 전까지는 서울에서 가장 높았던 빌딩이다.

금속 재질, 가로세로의 정돈된 격자, 투명한 유리, 군더더기 없는 형태가 비슷해 보이기는 하지만 이것을 모작이라고 말하기는 어렵다. '국제주의 양식International Style'이라는 것이기 때문이다. '스타벅스'처럼 세계 어느 도시에나 하나씩은 있는 양식의 건물이다.

그렇다 하더라도 20년 동안 인류에게 아무런 진보도 없었다는 듯 두 건물은 비슷해 보인다. 지난 20년간 왜 아무 일이 없었겠는가? 그사이 휴대전화가 생겨났고, 인터넷이 세상을 지배하게 되었다. 건축사에서의 진보는 더욱 눈부시다. 새로운 구조와 공법이 등장해 사람이 꿈꾸는 것이라면 모두 지을 수 있게 되었다. 하지만 21세기에도 여전히 옛것과 비슷한 건물이 지어지는 것은 원본이 가진 고전의 힘이라고 말할 수밖에 없을 것이다. 세상의 모든 검은색 오피스 빌딩과 삼일빌딩과 SK서린빌딩의 원작이라 할 만한 건물은 뉴욕에 있다. 바로 1958년에 완공된 시그램 빌딩Seagram Building이다.

국제주의 양식의 시그램 빌딩

뉴욕에서 내가 가장 가보고 싶었던 건물은 구겐하임 미술관Guggenheim Museum

이었다. 미국의 건축가 프랭크 로이드 라이트Frank Lloyd Wright의 작품인데, 내 학부 시절에 은사님이 라이트를 최고의 건축가로 여기셨던 까닭에 라이트의 최고 작품인 '구겐하임 미술관은 곧 최고의 건축'이라고 내 머리와 가슴에 각인되어 있었다. 그런 만큼 뉴욕에 도착해 어렵사리 지하철 타는 법을 배우자마자 그곳부터 내처 찾아가게 된 것은 당연한 일이었다. 고전적인 건축물들 사이로 조금은 옹색하게 끼워져 있는 흰색 콘크리트 덩어리 건물은 사진에서 볼 때와 다르지 않았다. 사진도 숱하게 보았고 스케치도 무한 반복해서 보았던 건물인데도 막상 두 눈으로 보니 생각보다 규모가 작아서 기대한 만큼 감동적이지는 않았다. 뉴욕 도착 후 사흘이 지난 촌사람에게는 오히려 밍크코트를 걸치고서 개를 데리고 산책하는 동네 아주머니가 더 인상적이었다. 내가 머물던 곳이 뉴욕 최고의 부촌이라는 것은 나중에야 알았다. 주위의 화려한 건물들, 센트럴파크, 리무진, 고급 아파트 경비원의 제복 같은 부자 동네의 화려함이 내겐 더 큰 볼거리였다.

다음으로 찾아간 곳이 시그램 빌딩이다. 낮게 내려앉은 구름이 맨해튼의 마천루들 꼭대기를 감싸고 있던, 비 오는 봄날이었다. 엠파이어스테이트 빌딩Empire State Building은 이미 반쯤 구름에 가려져 날렵한 자태보다는 뚱뚱하고 기괴한 비율만 내보이고 있었다. 검은색 금속재 건물이 한두 개가 아니어서 거리 모퉁이를 돌 때마다 이걸까 저걸까 하며 찾아보았지만 시그램 빌딩은 한참 발품을 판 뒤에야 찾을 수 있었다.

그래도 시그램 빌딩은 서로 어슷비슷해 보이는 다른 검은색 건물들에 비해 찾기 쉬운 편이다. 사진에서든 그림에서든 항상 부록처럼 따라다니던 광장이 딸려 있기 때문이다. 비에 젖은 대리석 광장에 서서 바라보는 시그램

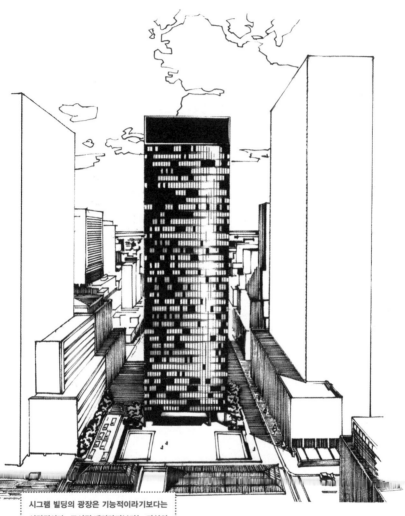

시그램 빌딩의 광장은 기능적이라기보다는
시각적이다. 도시적 배려라기보다는 자신의
사진발을 위한 공간으로 머물기 때문이다.

빌딩은 그야말로 한 점의 작품이었다. 몬드리안이 제작을 의뢰받았다면 기꺼이 만들었을 법한 조각품. 건물로 치면 하나의 궁전이자 사원이었다. 수많은 모작이 만들어졌지만, 그 원작에는 범접할 수 없는 위엄이 서려 있다. 광장의 대리석 바닥이 건물 내부로 이어지면서 벽을 세우고, 앞을 막아서는 투명한 유리, 그리고 그 유리를 지탱하는 브론즈(청동)의 날렵한 선들이 수많은 수평과 수직의 격자를 만들며 우아하면서도 사뿐하게 서 있었다. 경쾌하지만 가볍지 않고 진중하지만 투박하지 않은 이 묵직한 느낌은 걸작이라는 말로밖에는 달리 표현할 길이 없다.

　　나중에 딸들을 뉴욕에 데려와 이 건물을 보여주었을 때 딸들의 반응이 시원찮아 섭섭했던 기억이 있다. 거리를 걷는 이들에게, 특히 어린아이들에게는 다른 고층 빌딩들과 딱히 구분되지 않을 정도로 평범한 건물일 수도 있겠다. 하지만 이 명작에 대해 아무리 열띠게 설명해도 시큰둥하기만 할 뿐, 그 옆의 아이스크림 가게에 한눈을 파는 딸들이 야속할 지경이었다.

　　흔히들 말하기를, 건물이나 그림은 음악을 들을 때만큼의 감동과 눈물을 주기 어렵다고들 한다. 가까운 선배는 그림 중에서는 유일하게 로마의 시스티나 성당Cappella Sistina 천장 벽화가 그런 감동을 주었다고 한다. 울컥 눈물이 쏟아지는 감동 말이다. 하지만 나는 시그램 빌딩을 처음 대한 순간 그런 감동을 받았다.

　　시그램 빌딩은 '시바스리갈'로 유명한 양조 회사의 본사 사옥으로 건축되었다. 회장의 딸이 이름난 예술 애호가였는데, 그 딸의 생일 선물이었다고 한다. 회장이 딸에게 마음껏 건물을 지어보라고 했고, 그 딸은 가장 좋아하는 건축가에게 일을 맡겼다. 그 일의 조건이 놀라웠다. 아무런 조건이 없었다. 건축가 마음대로, 세계에서 가장 훌륭한 건물을 만들라는 것이 조건이라면 조건이었다. 결과적으로 이 건물은 건축가에게도 가장 커다란 선물이 되었다. 건축가 자신이 꿈꾸던 최고의 건물을 설계한 것이다. 평범한 강철 대신 조각 작품에 쓰이는 브론즈로 건물 전체를 만들었다. 건물은 뒤로 물려 짓고 넉넉한 광장을 만들어, 대리석으로 단순하면서도 호사스럽게 마감을 했다. 덕분에 다른 건축에 비해 공사비가 2.5배나 들었지만 건축주는 그런 '작품'을 소장할 수 있게 된 데 크게 만족했다.

이 '작품'의 건축가는 독일 출신으로 2차 대전 때 미국으로 망명한 루트비히 미스 반 데어 로에Ludwig Mies van der Rohe다. 'Miesian'이라는 영어 단어가 있는데 이것은 '미스적' 또는 '미스풍'이라는 뜻이다. 영어에서 사람 이름으로 형용사를 만드는 것은 그만큼 그의 영향력이 컸다는 증거일 것이다. '칸트적', '데카르트적'이라는 말이 그들이 철학, 수학의 역사에 남긴 막대한 영향력의 무게를 한마디로 압축해 표현한 것이듯 말이다. 건축의 역사에서 이렇게 형용사에도 이름을 남긴 사람은 고대 로마의 건축가 비트루비우스Vitrubius나 르네상스 시대의 건축가 팔라디오Andrea Palladio 정도다. 현대에 와서도 르 코르뷔지에Le Corbusier와 미스 반 데어 로에 정도를 들 수 있다. 그만큼 그들이 현대 건축에 끼친 영향이 크다는 뜻이다.

독일의 유명한 건축 디자인 학교인 바우하우스Bauhaus에서 교편을 잡기도 했던 미스는 미국 이주 초기에는 주로 시카고에서 작업을 하며 학생들을 가르쳤다. 일리노이 공대 캠퍼스의 거의 모든 건물을 설계했으며 다른 유명한 작품들도 대부분 시카고 시내에 남겼다. 시그램 빌딩은 미스의 뉴욕 데뷔작이다. 당시 뉴욕은 상당히 보수적인 도시였다. 미국의 다른 모든 도시를 눈

아래로 보기도 하고 다른 도시 출신들은 발붙이기 어려울 정도로 배타적이기도 했다.

　이미 이름을 떨치고는 있었지만 뉴욕에서는 아직 신인에 불과한 미스의 작품은 많은 논란을 불러일으켰다. 낯선 독일인보다 더 낯선 건물이 뉴욕에 세워졌기 때문이다. 논란의 내용은 크게 두 가지였다. 이제까지 보지 못한 지나치게 단순한 형태에 관한 것, 그리고 건물 앞 광장에 관한 것.

시그램 빌딩은 도시적인 건물이 아니다

그전까지 뉴욕에서 건축이란 대리석과 테라코타로 유럽의 유명한 건축물들을 복제해 위아래로 잡아 늘린 것에 불과했다. 또 이런 건축물들을 모아 근사한 유럽 거리를 모방해 만들어놓은 것이 맨해튼의 풍경이었다. 그런데 정작 유럽의 건축가들은 "아이들의 장난"이라며 비아냥거렸다. 특히 프랑스 건축가 르 코르뷔지에는 맨해튼의 마천루들이 건축의 재앙이라며 이렇게 말했다. "몸통은 그대로 놔둔 채 다리만 열 배, 스무 배 늘려놓은 기형적인 건축이다."

　유럽의 시샘과 비판에도 아랑곳하지 않고 맨해튼의 건축물들은 커지고 높아져만 갔다. 시그램 빌딩이 들어선 곳은 파크 애비뉴Park Avenue다. 뉴욕에서도 가장 번화한 곳, 세계적인 기업들의 사옥이 모여 있는 곳이다. 호화롭게 치장한 고전적인 대기업 건물들 사이에 단순하고 강력한 형태의 금속재 건물이 한자리를 차지한 것이다. 이에 뉴요커들이 충격을 받았던 것은 어찌 보면 당연한 일이다.

미스의 혁명은 강철이라는 새로운 재료에 맞는 기술을 접목해 고유의 형태를 찾는 것이었다. 강철은 미국에서도 쓰이기는 했지만 돌기둥에다 하듯 장식을 조각해 매다는 게 전부였다. 군더더기 없이 매끈한 금속 막대들로 가로세로로 격자를 만들고 그 사이사이에 유리를 끼운 게 다인 이 새로운 건축에 뉴욕은 경악하면서도 환호했다.

그런데 건축 전문가 그룹들 사이에서는 시그램 빌딩의 형태를 놓고 조금 다른 차원의 논의가 벌어졌다. 미스가 다른 도시에서 붐을 일으킨 이른바 '국제주의 양식'에 대한 것이었다. '국제주의'는 현대성에 대한 이해가 부족한 데서 나온 시대착오적인 개념이다. 20세기에 이르러 급격히 변화한 건축의 형태를 르네상스나 바로크 같은 하나의 양식으로 오해한 것이다. 새로운 흐름에 적합한 이름을 찾지 못한 탓에 전 세계적으로, 보편적으로 적용될 수 있다는 의미에서 국제주의라고 칭한 것이다. 이것은 사실 지역적 여건을 무시한 대단히 폭력적인 의미로 사용되기도 했다. 세계 도처에서 비슷한 건물이 지어졌고, 그때마다 도시는 고유의 정체성을 살리기보다는 국제적 보편성, 즉 '글로벌 스탠더드'라는 이름 아래 획일화되었다. 게다가 이런 건물은 다국적 기업의 본사로 쓰이는 경우가 많았다. 의도하지는 않았겠지만 다국적 기업의 철학적 뿌리와 국제주의 양식은 절묘하게 맞아떨어졌다.

한국 또한 국제주의 양식 혹은 미스풍의 건축에서 비켜나 있지 않았다. 이는 미스의 제자였던 건축가 김종성에 의해 주로 실현되었다. 남산의 힐튼호텔, 종로의 서울역사박물관이 대표적인 사례다.

1980년대에 들어서면서 국제주의 양식, 특히 미스풍의 국제주의 양식에 대한 비판이 크게 두 가지 측면에서 거세졌다. 첫째는 건축이 대지와는 무

일리노이 공대의 예배당. 예배당과 보일러하우스를 구분할 수 없을 정도로 미스의 건물은 무미건조한 외관을 갖는다.

관하게 설계되었다는 것이다. 국제주의 양식의 정의상, 건축물이 서는 장소는 고려되지 않는다. 세계 어느 곳에 들어서든 상관없는 조형이니 말이다. 도시든 산골 마을이든 구분 없이 지을 수 있으며, 바로 옆에 먼저 들어선 건물과도 상관없이 세울 수 있다. 이른바 도시의 맥락은 전혀 고려하지 않고 건물을 세울 수 있는 것이다. 여기에는 기본적으로 이 새로운 20세기적 조형에 대한 강한 자신감과 신뢰가 깔려 있다.

두 번째 비판은 건축의 기능에 관한 것이다. 국제주의 양식은 다른 말로 '기능주의'라고 불리기도 한다. 국제주의 양식의 입장에서 보면, 19세기 건축은 장식이나 역사적 반복 같은 무의미한 요소에 에너지를 낭비했다. 그러니 그보다는 건축의 근본 목적인 '기능'에 충실하자는 선언이다. 그런데 모순되게도 국제주의 양식에서 기능에 대한 고려는 찾아볼 수 없다. 어떤 기능에도 어울리지 않게 공간을 최소로 꾸며놓고, 보편적인 공간이니 어느 기능에나 어울린다는 식의 주장이다. 그 결과, 사무소 건물이나 아파트나 호텔이나 모두 같은 원칙으로 설계되었다. 심지어는 미술관과 학교, 예배당과 보일러 하우스도 서로 구분되지 않을 정도로 같은 형태로 지어졌다.

미스의 대표작으로 꼽히는 베를린국립미술관Staatliche Museen zu Berlin은 흥미로운 실례다. 베를린국립미술관은 앞서 말한 두 가지 문제점, 즉 대지와 무관하게, 기능에 대한 고려 없이 설계되었다는 문제를 한꺼번에 안고 있는 건축물이다. 원래는 브라질에 있는 시그램 사의 본사 사옥으로 설계되었다. 우여곡절 끝에 설계의 실현이 좌절되자 독일 정부는 독일 출신의 세계적인 건축가 미스를 위해 이 설계안을 실현해주기로 하고, 베를린의 한 공원에 미술관으로 건립했다. 사무소 건물 용도로서 투명한 유리 상자로 설계되었던 터라 미술관으로는 적합하지 않았다. 그림을 내걸 수 있는 벽 하나 없는 건물이었다. 전시를 위해 중간중간 벽을 가로질러 매달고 거기에 그림들을 걸기는 했지만 실제로 대부분의 전시 공간은 창이 없는 지하에 마련되었다. 유리 상자는 결국 지하 전시장을 위한 거대한 로비가 되어버렸다.

건축에서 가장 중요한 요소는 대지와 기능이다. 국제주의 양식은 대지와 기능 모두를 강조하지만, 사실은 일종의 표준설계를 만들어놓고 이것이 세계 어느 장소에나 어울릴 것이며 어떠한 기능도 담을 수 있다고 말하는 것이다.

미스가 설계한 베를린 미술관의 외관과 내부 모습. 미술관으로
는 적합하지 않은 공간과 형태여서 주된 전시실은 지하에 있다.

뉴욕의 흐름을 끊어버린 광장

앞서 언급했듯이 뉴욕 시민들 사이에서 시그램 빌딩을 둘러싼 또 한 가지 논란거리는 광장의 존재였다. 사실 광장이라고 부르기에는 다소 작은 면적의 공지다. 게다가 벤치나 화단 같은 시설도 전혀 없이 텅 비어 있는, 그야말로 빈 땅, 공지다. 미스의 추종자들은 파크 애비뉴의 금싸라기 땅을 그만큼이나 비워놓는 것은 대단한 일이라고 치켜세우고는 한다. 하지만 뉴욕의 도시적 맥락을 이해하지 못한 결과라는 지적도 있다. 그 이유를 살펴보자.

뉴욕의 건물들 1층에는 상점이 매우 발달해 있다. 특히 남북으로 긴 맨해튼 섬의 길이 방향으로 파크 애비뉴 같은 대로가 뻗어 있고, 그 대로를 따라 한 건물도 빠짐없이 상점이 들어서 있다. 심지어는 도서관이나 박물관, 시청 같은 공공건물도 1층에 상점이 있거나 상점의 분위기를 자아내는 쇼윈도가 있다. 도서관에서는 신간 서적을 서점처럼 진열해놓고, 박물관은 포스터나 기념품 가게를 거리 쪽으로 배치한다. 건물들이 여유 간격 없이 어깨를 맞대고 있고, 건물마다 1층에는 예외 없이 상점이 들어서 있는 것이다. 상점이 지하나 2층에 있는 경우는 매우 드물다. 화재 시 비상통로 확보 등의 문제가 직접적인 이유이기도 하지만, 한 도시에는 감당할 수 있는 상업의 총량이 있고 이를 건물 1층에 고르게 펼쳐 배치하려는 전략이기도 하다. 몇 층짜리 건물 전체가 상점으로 이루어진 쇼핑몰이라는 것은 뉴욕 시내에서는 찾아볼 수 없다. 지하로 몇 층이나 파 내려간, 건물 전체가 상점인 건물은 도시의 것이 아니다.

이렇게 연속된 거리가 도시의 얼굴을 만드는데, 이를 가리켜 '스트리트 월Street Wall'이라고 부른다. 마치 미술관의 전시 벽면처럼, 거리라는 공적인 공간의 한쪽 면을 구성하는 중요한 요소라는 의미다. 거리를 따라 걷는 것은 이 스트리트 월을 느끼는 일이다. 쇼윈도의 상품을 구경하고, 거기에 비친 자신의 모습을 구경하고, 그 상점이 식당이라면 그 안의 사람을 구경하는 것이다.

　　상점은 거리에 볼거리를 제공한다. 거리를 청소하며 밤이면 거리를 밝힌다. 그야말로 도시적인 상호작용을 하는 것이다. 물론 스트리트 월을 제대로 느끼려면 차를 타기보다는 걷는 것이 좋다. 뉴욕이 선진국 도시 중 대중교통의 비율이 가장 높은 도시가 된 데는 스트리트 월, 즉 상점들의 쇼윈도가 결정적인 역할을 했다.

　　여기서 한 가지 더 중요한 것은 스트리트 월의 연속성이다. 도시의 거리는 광장과 마찬가지로 도시에서 비워져 있는 것으로 그 역할을 한다. 그 비움을 통해 햇볕이 들고 바람이 지나다닌다. 그러면서 비워진 공간은 일정한 형태를 갖게 된다. 건물이 형태이며 채워진 것, 즉 양陽의 것이라면, 거리는 건물이 들어서고 남은 나머지의 것, 즉 음陰이며 말 그대로 공간이다. 하지만 건물들이 연속되어 있는 도시 풍경에서는 건물 하나하나의 형태보다는 이 비워진 거리의 형태가 중요하다. 다시 말해 보이지 않는 선으로 만들어내는 일정한 볼륨이 명확한 형태를 띨 경우, 개개의 건물보다는 공적인 공간인 거리가 돋보이게 된다. 그 돋보이는 거리를 향해 있는 건물들이 다시 그 혜택을 골고루 나누어 갖게 되는 것은 말할 것도 없다.

　　네덜란드 출신의 건축계 거장 렘 콜하스Rem Koolhaas는 그의 저서《정신착란의 뉴욕》에서 자본주의와 마천루가 빚어낸 독특한 도시 현상으로 맨해튼을 꼽았다. 그는 도저히 불가능할 것만 같은 밀도로 고층 건물들이 뉴욕에 들어서면서 새로운 프로그램과 시민의 행동 양식이 생겨났다고 주장한다. 이 특징적 현상이란 가로에 드리워진 스트리트 월과 이를 배경으로 벌어지는 상업적인 활동을 말한다.

그런데 시그램 빌딩의 공지는 이 스트리트 월의 연속성을 해친다. '나머지', '비움'으로 이루어진 보이지 않는 가로 공간의 정형성을 흐트러뜨리는 것이다. 스트리트 월이 만나고 교차하면서 도시 광장을 만드는 것도 아니다. 앞에서도 말했지만 시그램 빌딩 광장에는 아무런 편의 시설이나 장치, 하다 못해 벤치 하나, 풀 한 포기도 없다. 사람의 발길도 반갑지 않다는 듯 깊지 않은 연못 두 개가 고요히 자리 잡고 있을 뿐이다. 이 광장은 건물을 시각적으로 돋보이게 하는 것으로 만족한다. 시그램 빌딩이 뉴욕의 다른 건물들과 달리 사진 속에 그 전체의 날렵한 자태로 온전히 담길 수 있는 것은 순전히 이 광장 덕분이다. 건물들 높이에 비해 거리의 폭이 좁은 뉴욕에서는 특수한 카메라를 사용하더라도 이런 풀샷을 찍는 게 매우 어려운 일임에 비추어 보면, 시그램 빌딩 광장의 역할은 사진발뿐이다. 제 주인을 궁전이나 사원처럼 보이게 하려고 놓인 광장이니, 이를 도시의 것이라고 말하기는 어렵다.

공공에 공지를 제공하고자 하는 선의는 충분히 이해할 수 있다. 그러나 그 순수한 의도와 달리 결과는 파괴적이다. 거리의 중요한 인프라인 스트리트 월을 해치면서 당장에 걷는 사람들의 수가 줄어드는 결과를 가져왔으니 말이다. 시그램 빌딩 주변을 살펴보면 맞은편 길이나 다른 건물들 앞과 비교해, 보행자의 수가 눈에 띄게 적은 것을 실감할 수 있다. 그 이유는 사람이 걸어서 찾아가야 할 목적지, 즉 상점이 하나도 없기 때문이다. 60미터 정도의 짧은 구간이긴 하지만 황량한 공지를 걷느니, 사람들은 길 건너편의 쇼윈도를

시그램 빌딩 앞의 광장은 아무 시설 없이 두 개의 연
못만이 자리를 잡고 있어서 사람이 모이지 않는다.
그래서 거리의 연속성을 깨뜨린다는 비판을 받는다.

구경하며 즐겁게 걷는 쪽을 택한다.

처음 시그램 빌딩을 찾아가기 위해 지나쳤던 엠파이어스테이트 빌딩은 그 옆을 지나면서도 놓치는 경우가 많다. 여느 건물과 다를 것 없게 처리된 1층 상점들 때문이다. 1백 층이 넘는(정확히 102층) 이 건물의 1층에는 편의점, 약국, 식당, 선술집, 기념품 가게가 빽빽이 자리 잡고 있다. 그 풍경은 이웃한 5층짜리 건물과 크게 다르지 않다. 웬만한 도시 하나를 품어 안다시피 한 건물이지만 요란 떨지 않고 태연하게 도시의 한 벽면을 만드는 일에 참여하고 있는 것이다. 이것이 뉴욕의 거리를 만드는 방법인데, 미스는 이를 간과했거나 무시한 것이다. 도시에서는 길을 따라 건물을 짓고 스트리트 월에 참여하는 것이 중요하다.

시그램 빌딩은 그 자체로는 예술품이다. 그런데 그 예술품을 과시하겠다고 도시의 중요한 스트리트 월을 잘라내고 공지를 두었으니, 뉴요커들의 반응이 크게 엇갈렸던 것도 어찌 보면 당연한 일이었다.

거리가 도시를 활기차게 만든다

우리나라의 피맛길은 스트리트 월의 좋은 예다. 나란히 걷기엔 어깨가 닿을 듯 좁은, 공지 없는 골목길이다. 피맛길은 종로와 나란히 달린다. 달린다기보다는 흐느적거리며 삐뚤빼뚤 힘겹게 걸어간다. 이 골목길의 나이가 5백 살이 넘었다. 서울이 생겨나면서부터 종로는 제1의 간선도로였고 통행이 빈번했다. '높은 사람의 말馬을 피避한다'는 데서 그 이름을 얻은 '피맛길'은 고관대

작의 가마가 지날 때마다 허리 굽혀 인사해야 하는 서민들이 번거로움을 피하기 위해 스며들어 지나다니던 것이 역사적 기원이다. 종로야 항상 막혀 있는 듯 보이는 번화한 도로이지만, 피맛길의 혼잡함은 그 열 배쯤 된다. 마주 오는 사람을 비켜 가기에도 좁은 길이어서, 일행과 얘기하며 나란히 걷는다는 건 애초에 포기해야 한다. 출근길 지하철 안에서처럼 몸을 납작하게 세워 게걸음을 쳐야 하는 일이 한두 번이 아니다.

게다가 골목 양쪽 가게들에서 내놓은 화덕이며 진열장, 쓰레기까지 가뜩이나 좁은 길에서 한자리를 차지한다. 그래도 사람들은 이 골목으로 몰려든다. 탁 트인 종로 대로를 놔두고 골목으로, 골목으로 숨바꼭질하듯 몰려든다. 골목은 이미 숨 막힐 정도로 혼잡한데, 여기에 호객하는 가게 아주머니들의 고함과 행인들의 발소리까지 더해진다. 초등학생 열 개 반을 모아놓은 강당과도 같은 분주함과 산만함으로 가득 차 있다. 어디 그뿐인가. 생선 굽는 연기와 투박한 간판과 허름한 건물 외벽이 전체 풍경의 디테일을 지우고 뿌옇게 흐려놓은 것이 마치 스푸마토sfumato 기법의 회화 같은 장면들이 끝없이 이어진다.

우리는 피맛길을 사랑한다. 커다란 건물이 떡 하니 막아서며 피맛길을 끊어버린 것을 서울 도시계획의 수치라 부르며 목이 아프도록 피맛길의 보존을 외친다. 왜일까? 우리는 왜 피맛길을 사랑하고, 왜 이 추레한 골목에서 편안함을 느끼고 다시 찾게 되는 것일까? 피맛길을 살리자고 핏대를 올리며 말하지만 사실 그건 감상적인 차원의 외침일 뿐이다. 다시 돌아서는 도시에 공지가 없어 답답하다며 비워낼 것을 요구하니 말이다.

피맛길이 5백 년 이상 되었다고는 하지만 그렇다고 피맛길을 조성하는

서린빌딩은 청계천을 남쪽에 두고 있지만
녹지와 선큰가든(지상보다 낮게 조성된 공원)으
로 분리하려고 노력하고 있다. 도시적 자산
을 외면하는 전형적인 '나홀로 건축'이다.

건축물들이 5백 년이 된 것은 아니다. 아무리 오래되어 봤자 일제강점기 전후에 지어진 건물들이 대부분이다. 피맛길이라는 공간, 길, 장치가 오래되었다는 뜻이다. 즉 건물들 사이의 공간이 오랜 시간 동안 비워져 있었다는 얘기다. 그 안에서는 공간과 사람의 관계가 어깨가 맞닿을 정도로 가깝다. 결국 도시란 사람과 건축, 공간의 관계가 긴밀한 환경이다.

피맛길의 바닥이 무엇으로 포장되어 있는지 기억하는가? 혹은 포장이 안 된 맨땅은 아니었는지 기억할 수 있는가? 옆에 들어선 건물들은 몇 층 높이였는지, 전신주는 있었는지 기억하는가? 도시 공간에서는 도시적 경험이 압도하는 까닭에 다른 것에 신경 쓸 겨를이 없다. 이것이야말로 도시의 공간이며 도시의 경험이다. 도시는 탁 트인 공지가 아니라 건축물 간의 긴장감 있는 '사이 공간'으로 기억된다.

미스의 시그램 빌딩은 40년이 지나 서린동에서 다시 부활했다. 그리고 그 공지도 함께 따라왔다. 서린동도 파크 애비뉴 못지않은 서울의 도심이지만, 꽃과 나무로 그 공지를 채우고 있다는 것이 차이라면 차이라고 할 수 있겠다. SK서린빌딩은 종로에 가까이 붙어 있지만 종로 쪽으로 난 문은 후문이다. 북쪽이기 때문이다. 남쪽으로 청계천과 녹지를 지나 주 출입구가 놓여 있다. 그곳에서는 자동차가 미끄러지듯 들어와 중요한 윗사람들을 입구에 내려놓는 전근대적 광경이 펼쳐진다.

옛 무교동을 만들었던 스트리트 월은 기대할 수 없게 되었다. 따라서 매력적인, 무엇보다 걷기에 매력적인 도시 공간을 만드는 데 실패했다. 외려 밤이면 그 으슥함에 머리털이 쭈뼛 곤두서 빠른 걸음으로 지나쳐야 하는 어두운 공지가 되었다.

　매력적인 도시는 거리의 벽면과 걷는 사람이 긴밀하게 연결되어 있다. 이는 건축물과 상업 공간, 자연 공간, 공공 공간 등이 촘촘하게 연결되어 있는 것을 말하며, 여기서 도시 특유의 긴장감과 생산적 관계가 생겨난다. 긴밀함은 물리적 거리의 최소화에서 시작되며, 여기서 건축물은 도시와 사람이 상호작용하는 인터페이스가 된다. 그런데 이때 공지가 사람과 도시 공간에 불필요하게 개입하면 이러한 도시 특유의 연결 관계를 해치게 되는 것이다.

　상하이의 푸동 지역이 좋은 예가 될 수 있겠다. 하루가 다르게 올라가는 마천루를 보면서 사람들은 상하이가 아시아의 맨해튼이며 곧 뉴욕을 따라잡을 것이라고 말하지만, 이는 망원경으로 바라보는 관측에 불과하다. 미국의 한 건축가는 이러한 부러움 섞인 우려를 자신의 경험을 들어 일축한다. 푸동의 근사한 1백 층짜리 건물에서 바로 옆의 건물로 가려면 20분은 족히 걸리는데 반해 맨해튼의 엠파이어스테이트 빌딩에서 열 블록이나 떨어진 기차역까지는 10분이면 족하다는 것이다. 전자의 경우, 마천루의 어마어마한 상주인구를 계산해 이들이 드나들 수 있는 주차장을 만들고, 그 주차장을 드나드는 구내 도로를 만들고, 주변 건물들을 배려해 공지를 만들었기 때문이다. 건물과 건물, 공간과 공간 사이의 간격이 벌어지다 보니, 자동차든 보행자든 바로 옆 건물로 이동하는 데 불필요한 시간을 낭비하게 된다는 것이다. 이는 도시가 가진 기본적인 편익을 외면하고, 교통, 환경, 안전, 치안 등에서 부정적인 문제만 만들어내어 부각시킬 수밖에 없다.

　건축 법규를 보면 공개 공지에 관한 조항이 있다. 일정한 규모 이상의 건물을 지을 때 대지 면적의 5퍼센트 이상을 공공의 용도로 내놓게 하는 것에 관한 조항이다. 일부 지역이나 조건의 경우, 공개 공지 면적에 따라 건축 면적에 인센티브를 부여하기도 한다. 공지의 소유권은 여전히 건물주에게 있고, 공지의 지하 등을 이용할 수 있다는 점에서 기부 체납과는 다른 조항이다.

과밀한 도심에 숨통을 틔운다는 취지에서 만든 제도이지만 그 쓰임새는 다시 생각해볼 일이다. 빈 땅으로 놔둬야 한다는 조건 때문에 바닥 포장을 제외하고는 건축가가 할 수 있는 일이 거의 없는 까닭에 공개 공지는 말 그대로 공지로 남아 있는 경우가 대부분이다. 기껏해야 건물에서 쫓겨난 애연가들이 모여 담배를 피우는 용도로 쓰이는 정도다. 이러한 공개 공지가 스트리트 월을 깨뜨리는 것은 물론이다. 거리의 연속성 또한 단절되어 사람과 건축은 다시 멀어진다. 뉴욕 시그램 빌딩의 광장이 여기 서울에서는 아예 제도화되어, 그 폐해 또한 반복되고 있는 것이다.

젊은 건축가들이 모여 공공성을 논의하다가 한 가지 결론을 얻어냈다. '도시에서 가장 공공적인 시설은 상점'이라는 것. 이 결론을 말한 건축가도, 거기에 적극적인 동의를 표했던 토론자들도 모두 놀랐다. 상업은 도시의 기본 속성이지만 '자연'이나 '환경' 앞에서는 늘 주눅이 들었기 때문이다. 게다가 '사농공상'의 오랜 전통이 있어서인지 왠지 속물스럽고 천박해 보이는 결론이어서 모두가 조심스러워한 말이었다. 하지만 그것은 사실이다. 상점이야말로 도시를 도시답게 만드는 시작이자 마무리다. 상점은 건축과 사람을 연결하는 도시의 인터페이스다. 도시에서, 그것도 무교동 같은 도심에서 정작 필요한 것은 공지보다는 상점이다. 도시를 걷게 하는 것은 공지나 녹지가 아니라 상점이 연속된 스트리트 월이기 때문이다.

고급 호텔

네 글자로 이루어진 이 명령이 왠지 섬뜩하다. 유신 시절 반공 표어처럼 전후 사정 없이 단정적이며 단호하다. 어릴 적 시골에서 가슴팍에 붙이고 다니던 표어였던 "쥐를 잡자" 이후로 가장 자극적이고 폭력적이다. 물을 가져다줄 것을 기대하지 말고 각자 알아서 떠다 먹어야 한다는 말을 이렇듯 압축적으로 표현할 수 있는 것은 한국어와 영어 혼용의 미덕이라고 해야 하나. 영문법상의 문제가 있다든지 우리말의 순수성을 훼손하는 나쁜 표현이라고 항변한들, 그 자체로 이 네 글자가 가진 힘에 대한 무기력한 저항일 뿐이다.

붉은 글씨에 눈길이 가 닿는 순간, 용수철처럼 튀어나가 스테인리스 컵을 정수기에 들이댈 수밖에 없다. 음식을 잘라준다고 들이대는 어른 팔뚝만한 가위에 몸이 움찔하기도 하지만 그것도 금방 익숙해지고, 식탁에 떡하니 놓인 두루마리 화장지의 불친절함도 견딜 만하다. 그러나 "셀프!"의 구호에는 익숙해지지 않는 폭력적인 면이 있다.

물을 직접 떠 먹고 플라스틱 통에 어지럽게 들어앉은 수저를 직접 꺼내놓아야 하는 현실은 한국 서비스산업의 현주소를 보여준다. 외식이 어째 서비스라기보다는 구걸에 가까운 것 같다. 시장에서 직접 장을 봐다가 한 끼를 마련해도 이보다는 싸게 먹을 수 없을 테니 서비스 따위 기대하지도 말고 각자 알아서 챙겨 먹어라, 하고 말하는 듯하다. 그러고는 그것도 모자라서, 싸게 잘 먹었으면 어서 나가라고 재촉하는 듯하다.

　음식 값이 꽤 나오는 제법 근사한 식당도 사정은 비슷해서 숟가락을 놓아 상을 차려주는 외식업의 기본조차 기대하기 어렵다. 모든 식당을 셀프서비스 카페테리아로 만들어버리는 이 한마디 구호가 한국 서비스산업의 표준이 되어버렸다. 명예퇴직한 소자본가들이 노후 대책으로 택한다는 요식업에서 "물은 셀프"야말로 가장 먼저 배워야 할 사업 운영의 노하우가 되었다. 한국에서 서비스란 외국인이나 터무니없는 가격을 기꺼이 치르는 고객에게만 주어지는 특별한 혜택인 셈이다. '손님'과 '고객'이 구분되는 지점이다.

서비스 문화는 도시화의 상징이다

외식은 도시와 밀접한 관련이 있다. 따라서 열악한 외식 서비스 역시 그 도시와 관련이 있다고 할 수 있다. 내가 아는 한 영국인은 영국의 내세울 것 없는 요리 문화에 대해 이렇게 말했다. "내 아버지, 할아버지, 그리고 할아버지의 할아버지도 도시에서 태어났어요. 바쁘고 비좁은 도시에서는 요리보다는 외식으로 식사를 해결하는 게 보통이죠. 그러니 영국의 요리가 다른 나라에 비해 덜 발달할 수밖에요. 요리는 매우 전원적인 행위예요." 그는 도시를 전원에 비해 우월하거나 열등한 장소로 여기기보다는 다른 특성을 가진 등가적인 존재로 받아들이며 담담하게 말했다.

이탈리아는 피자와 파스타 외에도 서양 음식의 기본이랄 수 있는 거의 모든 요리를 만들었고, 프랑스는 이를 눈으로 즐기는 미식의 경지로 끌어올렸다. 스페인은 남국풍의 요리를 더했고, 다른 여러 나라들은 제 풍토에 맞는 메뉴를 추가했다. 영국의 요리라고는 생선을 툭툭 잘라 튀겨서 감자와 함께 먹는 '피시앤칩스'가 전부다. 그마저도 고급스러운 요리와는 거리가 멀어서, 콧대 높은 영국인들이 유독 요리와 날씨 얘기에는 할 말을 잃는다.

영국은 가장 먼저 근대적 산업화를 이루었고, 최초로 고밀도 인구가 집중된 도시화를 보여준 나라다. 이미 18세기에 산업혁명을 완성했으며 '세계의 공장'이라는 별칭도 이때 얻었다. 밀려드는 노동자들로 인해 도시적 삶의 환경은 열악했으며, 사정이 나은 중산층도 전원에서의 생활에 비하면 비좁고 옹색할 수밖에 없었다. 근대 도시가 탄생한 것이다. 팍팍한 도시 생활에서 맞벌이를 해가며 좁은 부엌에서 요리하는 것이 힘들다 보니 외식이 일상적인 일이 되었다.

우리의 삶도 마찬가지였다. 한 세대 전만 해도 외식은 일 년에 몇 번 할까 말까 한 행사였다. 기껏해야 졸업식, 입학식, 어린이날, 그리고 부모님 결혼기념일 정도였다. 생일 때는 대개 집에서 음식을 장만해서 먹었다. 그런데 도시화가 진행되면서 점차 외식이 잦아졌고 접할 수 있는 음식의 종류도 많아졌다. 서구의 스테이크나 파스타는 기본이고 남미에 가지 않더라도 그 지역 특유의 바비큐를 맛볼 수 있다. 동남아의 맵고 강한 향의 음식도 서울에서 쉽게 맛볼 수 있다. 인도, 아랍, 터키 같은 나라의 이국적인 식문화 취향을 이 도시에서도 경험할 수 있다. 도시에서 누릴 수 있는 식도락 문화의 장점이다. 도시경제학자 에드워드 글레이저Edward Glaeser의 말처럼, "도시는 자원이 모이는 장소"다. 인재도 자본도 모이고, 예술과 다양한 문화도 모인다. 이국적인 요리도 모인다. 외식이 도시적인 행위라면, "물은 셀프"로 대변되는 척박한 서비스 문화는 척박한 도시화를 표상한다.

　한 끼 식사 값을 커피 값으로 지불할 용의가 있다면, 그 '손님'은 '고객'으로 지위가 격상될 수 있다. 그런 일이 일어나는 곳이 바로 고급 호텔이다. 서비스란 무형의 용역이고, 돈으로 환산되는 가치이며, 당신도 돈만 있다면 서비스를 살 수 있다는 것을 보여준다. 이곳에서 물은 '셀프'가 아니라 '워터'다. 고급스러운 유리잔에 성에가 촉촉히 맺힌 채로 가져다준다. 물을 나르는 종업원의 복장과 세련된 매너가 고객 자신을 그곳 주인의 친구로 착각하게 만든다.

　근대적인 고급 호텔은 유럽의 귀족이나 부호가 자신의 집에 손님을 묵게 하는 관습을 모방하면서 탄생했다. 주인의 취향으로 꾸며진 저택을 과시하며 잘 훈련된 집사가 손님을 응대했다. 19세기에 들어서 기차 여행이 늘고 도시 간 인구 이동이 폭발적으로 증가하면서 숙박 시설의 수요도 늘어났다. 여인숙만으로는 감당하기 어려워지면서 근대적인 호텔이 생겨났다. 이미 19세기 초반에 미국 대도시에는 객실 수가 1천 개가 넘는 초대형 호텔이 등장했고, 런던이나 파리의 상황도 마찬가지였다. 냉온수의 현대적 욕실 설비와 전통적인 서비스가 결합해 일종의 표준 호텔이 자리를 잡은 것도 이 시기다.

　호텔의 목표는 '또 하나의 집'이다. 집 떠난 여행객에게 집과 다름없이 편안한 거주 공간을 제공하겠다는 것이다. 식사, 청소, 세탁, 주변 관광 지리

안내의 서비스는 물론이고 사무실이나 회의실과 같은 제반 시설도 제공했다. 이를 위해 커다란 부엌과 세탁 공장, 제빵 공장까지 갖춘 호텔도 많다. 이런 곳에서는 수천 개의 물품이 배달되고 다시 수거된다. 하나의 작은 도시인 셈이다.

서양의 호텔은 부호나 유명인들의 주거 공간이 되기도 한다. 그들은 최고급 호텔에서 최고급 서비스를 받으며 살다가 죽음을 맞이하기도 한다. '샤넬'의 창시자 코코 샤넬Coco Chanel은 파리의 리츠 호텔에서 30년을 지내다가 죽음을 맞이했다. 은퇴한 맥아더 장군 또한 뉴욕의 최고급 호텔에서 노후를 보내다가 생을 마감했으며, 그의 미망인은 그 후로도 30여 년을 같은 호텔에서 살았다. 2010년 대처 영국 전 수상도 호텔에서 거주하다가 사망했다.

이처럼 호텔의 기능은 크게 '숙박'과 '사교'다. 우리나라 옛이야기에 등장하는 주막과도 같다. 과거를 보기 위해 한양으로 향하던 선비는 도중에 주막에 묵게 되고, 대개 이야기 속 사건은 여기서 벌어진다. 중요한 정보를 얻어듣기도 하고 여주인과 눈이 맞기도 한다. 현대 호텔은 숙박에서 점차 사교의 기능이 강화되는 쪽으로 변화했다. 투숙객을 위한 부수적인 기능에 머물던 식당과 주점이 투숙객이 아닌 외부인까지 맞아들이는 장소로 변화하고 발전한 것이다.

호텔은 가장 강렬한 도시의 기억을 남긴다

호텔은 기본적으로 숙박이라는 초단기 주거의 형태다. 따라서 그 도시의 주거 문화를 압축적으로 보여주며 그 도시가 가진 문화적 역량을 맛보기처럼 접할 수 있는 곳이다. 실제로 여행을 하다 보면 한 도시에 대해 가장 강렬한 기억을 남기는 것이 호텔인 경우가 많다. 여행 중 묵었던 호텔 중에서 가장 인상 깊은 곳은 프랑스 몽생미셸Mont Saint Michel의 작고 허름한 호텔이었다. 파리 북쪽에 위치한 화가 모네의 집을 둘러보느라 시간이 지체되어 밤에야 노르망디 해안에 도착했는데, 바다 가운데서 불빛이 나타났다. 그 불빛이 두 배, 세 배로 커지더니 거대한 불덩이같이 보이는 산이 나타났다. 마치 전체를 촛불로 두른 결혼식용 5단 케이크 같았다. 신랑 신부의 인형이 놓일 자리께에는 금빛 조각상이 날개를 펼치고 있다. 미카엘 천사다. 몽생미셸은 지명이자 성당의 이름이다. 원래는 육지의 곶이었는데 육지에서 점차 잘려나가 작은 섬이 되었다. 조그만 봉오리 같은 나선형의 거리를 따라 집들이 줄지어 있고 그 봉오리 꼭대기에 몽생미셸 성당이 자리하고 있다.

　　전설에 따르면 그 지역의 대주교가 천사를 만났는데 천사가 그곳에 수도원을 세울 것을 명했다고 한다. 수도사들은 하늘에 더 가까이 가기 위해 토대를 높이 쌓고 산 정상에 수도원과 성당을 건설했다. 수도원은 성당으로 확장되었다가 영국과의 백년전쟁 동안에는 그 입지 조건 때문에 요새가 되었다가, 프랑스혁명 이후에는 감옥으로 쓰이기도 했다. 수도원이 감옥으로 쓰이는 것을 두고 프랑스 대문호 빅토르 위고는 "흉측한 두꺼비를 보석함에 넣어둔 것과 같다"라고 비난했다. 19세기 말에 다시 수도원으로 복원되었고, 1979년 세계문화유산으로 지정되었다.

　　섬 입구에서 산꼭대기의 수도원까지 시계 반대 방향으로 올라가는 거리가 이어져 있다. 매년 수백만 명의 관광객들이 중세 도시와도 같은 이곳의

몽생미셸은 섬 전체가 문화 유적이다. 중세의 정취가 그대로 남아
있고, 산 정상의 수도원을 제외한 대부분의 건물이 호텔로 쓰인다.
몽생미셸의 내부는 중세 성에서의 생활을 짐작하게 해준다. 성문이
닫힌 후 비좁고 고립된 환경에서 도시의 역사가 시작된다.

성 전체가 부정형의 거리와 집들로 이루어졌지만 정상에 오르면 단정하고 반듯한 정방형의 뜰을 만난다.

거리들을 가득 메운다. 피맛길을 두 배쯤 넓힌 듯한 폭의 거리를 따라 상점과 식당이 줄지어 있고 산 정상의 성당에 이르면 천년의 역사가 돌마다 새겨져 있다. 육지에서부터 화강암을 날라다가 하늘에 닿을 듯 높이 지어 올린 성당의 구조물이 우람하다. 오랜 세월에 걸쳐 지어진 까닭에 건축 양식도 로마네스크, 고딕, 르네상스 등 다양하다.

그중 압권은 단정한 뜰이다. 지형을 따라 짓느라 어느 것 하나 반듯하지 못하고 길을 따라 제멋대로 생겼지만 이 텅 빈 공간만은 다르다. 땅 떨어지는 정사각형의 공터에 잔디를 심었다. 사방의 네 면을 따라 아치들이 연속되는 이른바 '클로이스터cloister'다. 열주와 중정이 함께 있는 공간을 일컫는 건축 용어다. 마치 이 뜰을 만들고 보여주기 위해 그곳의 다른 모든 건물들이 존재하는 것처럼 극단적인 대비를 보인다. 역동적이며 거칠기까지 한 성당과 성당 벽면은 잘 다듬어진 열주 위의 아치와 비교된다. 마치 세공품을 다루듯 구석구석에다 조각을 새겨놓고 정확한 아치로 이어놓은 모습이 이 섬의 가장 성스러운 장소는 여기라고 말하는 듯하다. 수사 한 명이 그곳을 지나가는 모습이 마치 시간을 천년 전으로 돌려놓은 것만 같다.

밤늦게 도착한 탓에 도시로 되돌아가기에는 늦어서 거리의 허름한 호텔 문을 두드렸다. 올라가는 길에 봐둔 작은 호텔이었다. 몽생미셸의 공식적인 인구는 40여 명이고, 그들이 사는 집과 상점을 빼고는 모두 호텔이다. 밤에도 창문마다 불이 밝혀져 있는 것도 그 때문이다. 그리 비싸지 않은 숙박료를 치르고 열쇠를 받아 들자 한 직원이 호텔 문을 나서더니 따라오라고 했다. 그는 골목으로 들어서서 계단을 오르고 좌로 우로 몇 번을 돌더니 미로 끝에 있는 방문을 열었다. 호텔 객실이 한 건물 안에 있는 게 아니라 온 동네에 퍼져 있는 것이다.

호텔 방 안 풍경은 그야말로 중세였다. 현대식 욕실을 제외하고는 투박한 가구며 납으로 만든 창문, 삐걱거리는 마루가 시계를 수만 바퀴 거꾸로 돌려 중세로 안내한다. 단번에 눈에 띄는 것은 천장의 대들보다. 톱이 발명되기 전인 중세 때는 나무를 도끼로 다듬었다. 면이 매끈해야 하는 장식재는 공들여 다시 다듬기도 했지만, 일반 서민 집의 들보는 거칠기만 했다. 들보에 새겨진 도끼 자국 하나하나에 사연이 있는 듯하고 창문 너머로 보이는 바다는 불빛 하나 없이 까맣고 고요했다.

다음 날 아침은 가히 중세의 아침이라 부를 만했다. 작은 쪽창 사이로 옆집 지붕이 보이고 그 사이로 노르망디의 갯벌이 햇빛 아래 반짝인다. 인천공항으로 향할 때 보았던 그 갯벌이 중세의 지붕들 사이에 끼어 빛나고 있었다.

객실이 뚝뚝 떨어져 있기는 해도 호텔에서 받을 수 있는 서비스는 모두 이용 가능했다. 룸서비스도 가능하고, 식당에서 식사를 하는 것도 가능했다. 마을 전체가 호텔인 셈이었다.

도심형 호텔과 리조트형 호텔

몽생미셸은 호텔로는 매우 예외적인 경우다. 호텔은 크게 도심형과 리조트형 으로 나눌 수 있다. 이 밖에도 호텔 자체가 관광지인 경우도 있다. 크루즈 여 행에 쓰이는 대형 크루즈 선박이 이에 해당한다. 굳이 분류하자면 몽생미셸 은 리조트형과 크루즈형이 뒤섞였다고 할 수 있겠다.

리조트형 호텔은 유명한 휴양지에 현대적이며 서구적인 시설을 갖추고 있다. 최고의 요리사가 있는 식당이 딸려 있으며, 해안가 호텔인 경우 전용 백 사장까지 갖춘 곳도 있다. 서구의 소도시를 완벽하게 구현하는 것이다. 대개 는 제3세계에 이런 리조트형 호텔이 많은데, 이 얘기인즉 호텔 밖은 환경이 번잡하고 불결하며 관광객의 주머니를 노리는 현지인이 수두룩하다는 뜻이 다. 그래서 이곳 호텔들은 불결한 환경이나 위험한 현지인과 마주칠 일이 없 다는 것을 장점으로 내세운다.

이에 반해 도심형 호텔은 서로 다른 문화가 적극적으로 충돌하고 교류 하는 공간이다. 기본적으로 외국인 투숙객을 위한 '또 하나의 집'을 목표로 하기 때문에 그 도시와는 다른 외래의 문화적 특성을 갖출 수밖에 없다. 이러 한 이국적인 문화는 때로는 낭만적으로, 때로는 선망의 대상으로 받아들여져 자연스럽게 지역민들과의 교류가 일어나게 마련이다. 예를 들어 10여 년 전 할로윈 파티라는 우리에게는 생소한 문화가 호텔에서 외국인을 대상으로 소개된 후 점차 퍼져나가서 이제는 서울에서도 할로윈 복장을 파는 가게까지 생긴 것은 호텔의 기능이 단순히 숙박에만 머물지 않는다는 것을 보여준다.

　도심형 호텔은 지역의 체제와 특성을 따르지 않는다는 점에서 탈영토화된 공간이다. 세계화의 선두에 선 건축이며, 국적보다는 국제적인 건축 문법에 충실한 완충 공간이다. 세계 어느 장소에 가져다놓아도 비슷한 의미로 성립된다는 점에서 초공간이며, 어느 한 가지 문화의 지배를 받지 않는다는 점에서 보세구역保稅區域 같은 의미를 갖는다. 이색적인 문화를 보여주는 타자의 공간이며 문화의 중재자이기도 하다.

　도심형 호텔은 진화를 거듭해 새로운 유형의 호텔을 만들어냈는데, 이것이 부티크 호텔Boutique Hotel이다. 1980년대 중반에 뉴욕과 런던, 파리 등지에서 비슷한 시기에 생겨나기 시작했는데 그 창안자로 이언 슈레거Ian Schrager를 들 수 있다.

　슈레거는 호텔계의 스티브 잡스Steve Jobs와 같은 존재다. 브루클린에서 태어나 변호사가 되었지만 법률보다는 밤 문화에 관심이 많아 유명한 나이트클럽을 운영했다. 승승장구하던 그는 탈세 혐의로 복역하다 1984년 출소한다. 감옥에서 구상한 대로 허름한 호텔 두 곳을 사들여 새로운 사업을 시작했는데 이것이 부티크 호텔의 시초다. 뉴욕뿐 아니라 미국, 유럽 대도시의 밤 문화를 바꾸는 일대 혁명이 시작된 것이다.

　스티브 잡스가 디자이너는 아니었지만 디자인을 첫째가는 가치로 삼아 새로운 라이프스타일을 창조한 것처럼, 슈레거는 새로운 종류의 호텔을 창안하고 혁신적인 디자인을 그 바탕으로 삼았다. 잡스에게 조너선 아이브Jonathan Ive라는 걸출한 디자이너가 있었다면, 슈레거에게는 필립 스타크Philip Stark가 있었다.

　이전까지의 고급 호텔이 많고 넓은 객실과 호화로운 마감재를 뜻했다면, 부티크 호텔은 소규모의 고급 호텔을 의미한다. 슈레거는 우리나라로 치면 장급의 허름한 호텔들을 사들였다. 객실은 침대 하나 들여놓기에도 빠듯할 정도로 작고, 객실 수도 호텔에 비하면 많지 않았다. 부티크 호텔의 또다른 특징은 객실보다는 다른 시설의 비중이 높다는 것이다. 이전의 호텔, 특히 미국식 호텔은 1층 로비 말고는 죄다 객실이다시피 했다. 부티크 호텔은 로비뿐만 아니라 2, 3개 층을 레스토랑이나 바로 꾸며놓았다. 각 공간이 섬세하고 정교하게 디자인된 것은 물론이다. 특히 로비는 전혀 새로운 의미의 복합 공간으로 재탄생했다. 이에 대해 〈뉴욕 타임즈〉는 슈레거의 호텔이 도시에 새로운 사교 공간을 마련했다고 전했다. 건축평론가 폴 골드버거Paul Goldberger의 평론 제목은 '호텔이 이렇게 어두워도 되나요?'였다. 부티크 호텔이 밝고 가족적인 분위기의 호텔 로비를 조도가 낮은 로맨틱한 분위기로 바꾸는 데 앞장섰음에 주목한 평론이었다.

서울의 호텔은 도시에서 한 발 떨어져 있다

서울의 고급 호텔은 다른 도시들의 고급 호텔과 차별되는 특성이 있다. 호텔의 등급이 올라갈수록 외국인 투숙객 비율이 높다는 점이다. 특급 호텔의 경우, 전체 투숙객의 80퍼센트가량이 외국인인 데 비해 2등급 호텔은 60퍼센트, 그 아래 등급의 호텔은 40퍼센트로 낮아진다. 고급 호텔일수록 세계성이 강화되는 것이다. 또한 고급 호텔은 아래 등급의 호텔과는 다른 건축적인 태도를 보이는데, 이것을 살펴보는 일은 마치 외식과 도시의 관계를 살펴보는 것처럼 흥미롭다.

하지만 고급 호텔이 완벽하게 세계화의 기준대로만 지어지는 것은 아니다. 때로는 불가피한 이유로, 때로는 필연적으로 지역의 특성을 반영한다. 혹은 세계를 향해 내보이고 싶은 도시의 특성을 포함하기도 한다. 호텔, 특히 고급 호텔을 '세계의 창'이라고 하지 않던가. 호텔은 문화를 수입하는 통로이자, 세계에 도시의 문화를 선보이는 전시장이기도 하다.

서울의 고급 호텔을 살펴보려면 그 입구와 진입로를 보아야 한다. 호텔이 일종의 건축적 중간 지대의 성격을 가지고 있다면 그 경계가 되는 입구는 국경과 같기 때문이다. 호텔의 입구는 일반적인 건축물의 입구와는 다른 의미를 가지고 있다. 특히 보행자가 호텔에 접근하는 진입로를 보면 그 호텔이 도시에 얼마나 적극적으로 참여하는지를 판별할 수 있다.

서울의 대표적인 고급 호텔이라고 할 수 있는 호텔신라는 경사진 언덕에 남산을 배경으로 도심을 향해 자리를 잡고 있는 것이, 사찰의 배치와 비슷하다. 전통적인 문루門樓(궁문, 성문 따위의 바깥 문 위에 지은 다락집)가 분명하게 경계를 표시하는데, 이것부터가 사찰의 일주문을 닮았다. 현대적이며 국제적인 본관 건물에 대비되는 이 전통 문의 배치는 한국의 전통 건축에 대한 배려로 생각할 수 있지만 이 또한 매우 세계적이다. 지역의 전통적인 특성을 가미하는 것 자체가 국제적인 호텔들의 통상적인 수법이기 때문이다.

이 문부터 호텔 본관까지의 거리가 약 5백 미터다. 걷기에는 부담스러운 거리인 데다 심한 경사로를 올라야 해서 호텔 홈페이지에 나오는 대로 지하철역에서 내려 걸을 요량으로 나섰다가는 약속 시간에 늦기 십상이다. 호텔 투숙객이든 다른 시설 이용객이든, 걸어서 갈 생각을 해본 적이 있을까. 호텔 현관에는 여느 호텔과 마찬가지로 도어맨이 자동차 문을 열어주며 고객들을 맞이한다. 자동차에서 내려서 풍경을 바라보면, 현대적인 건물의 호텔과 반대편 녹지, 그리고 그 너머로 도심이 아득하게 보인다.

또다른 최고급 호텔인 하얏트호텔 또한 마찬가지다. 남산의 남쪽 기슭에 자리 잡고 있어 강남으로 전망이 탁 트여 있다. 진입 과정 역시 호텔신라와 비슷하다. 다만 대지의 조건이 달라서 그 과정과 거리가 축소되었을 뿐이다. 솟아오른 대문은 없지만 낮은 담장을 둘러 호텔의 경계를 분명히 하고 있다. 호텔 '경내'로 들어서면 커다란 화단을 중심으로 돌게 되는 것이, 자동차 중심으로 설계된 공간임을 확실히 알 수 있다. 걸어서 호텔로 들어가기가 쉽지 않은 것은 이곳도 마찬가지다. 인도와 차로가 구분되어 있지 않아 바쁘게 들락날락하는 자동차를 피해 저만치 돌아가야 하기 때문이다.

도심 한가운데 있는 롯데호텔의 경우는 입지의 특성을 완전히 잊고 있는 듯하다. 서울의 가장 중심부인 을지로에 자리하고 있지만 호텔 건물은 뒤로 쑥 물러나 있다. 도로와 거리를 두고서 주차장과 화단으로 공간을 채워놓았다. 마치 특급 호텔 이름값을 하려면 이 정도의 녹지는 거느려야 한다고 뽐내는 듯하다.

역시 도심에 자리한, 가장 오랜 역사를 자랑하는 조선호텔의 경우도 마찬가지다. 담장으로 경계를 짓고 좁은 공간이나마 건물 앞에 일정한 정도의

서울의 고급 호텔은 도심이라는 입지를 강조하면서도 도시와는 녹지로 분리되어 있다고 광고한다. 도시에 대한 이중적이며 모순된 태도가 못된 건축을 만든다.

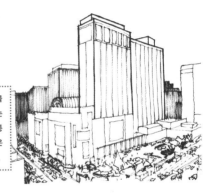

서울의 고급 호텔은 나무를 심고 건물을 뒤로 물려 지어 도시와 분리되려고 노력한다. 심지어는 도심인 을지로에서도 이런 태도가 이어진다. 모퉁이를 돌면 보이는 백화점은 길에 바짝 붙여 지은 것을 보면, 호텔은 확실히 특별한 대우를 받는다.

서울의 고급 호텔은 공통적으로 도심에 있지만 한적한 숲 속 호텔임을 강조한다.

뉴욕 도심의 전형적인 고급 호텔. 가로에 바짝
붙어 도시에 참여하고 있다. 그 결과, 리무진을
타고 들어가거나 걸어가거나 별 차이가 없다.

공지를 마련하려는 모양새가 안쓰러울 정도다.

서울 유일의 고급 부티크 호텔이라고 할 수 있는 W호텔의 경우에는 도시와 동떨어져 있다. 서울 외곽 끝의 산중에 자리한 이 호텔은 도시의 호텔과는 거리가 있다. 부티크 호텔은 객실보다는 부속 시설의 매출이 더 중요하다. 레스토랑, 술집, 나이트클럽에서 벌어들이는 수입의 비중이 훨씬 높고, 객실은 이런 장소에서 파티를 벌이는 사람들이 준비하고 잠시 쉬기 위해 빌리는 경우도 있다. 〈뉴욕 타임즈〉가 지적했듯이, 부티크 호텔은 숙박업소보다는 사교 공간으로서의 기능이 더욱 강조된 경우다. 따라서 서울에 있는 유일한 부티크 호텔이 도심이 아닌 시의 경계에 있다는 점에서, 젊은 여피족YUPPIE들이 퇴근 후에 들러 한잔하는 도시의 사교 공간과는 거리가 멀다. 그보다는 휴양지의 리조트 호텔에 가까워서 논의에 포함시키기조차 어렵다.

고급 호텔들이 서로 비슷할 거라고 생각할 수 있지만 다른 도시들의 고급 호텔은 이와는 양상이 다르다. 파리의 최고급 호텔이라 할 수 있는 리츠Ritz 호텔이나 르모리스Le Maurice 호텔은 번화한 거리에 자리하고 있다. 도어맨이 자동차 문을 열어줄 때 시야에 들어오는 것은 가로 건너편의 건물이다.

뉴욕의 최고급 호텔 월도프아스토리아Waldorf Astoria의 경우도 마찬가지다. 규모로는 호텔신라의 세 배에 이르지만 단 하나의 건물에 그 많은 객실과 부대시설을 들여 작은 도시를 이루고 있다. 하지만 도시의 다른 부분과의 관계는 여느 건물과 다를 바 없다. 도시에 참여해 거리를 가꾸는 데 한몫을 하고, 거리가 주는 혜택도 누린다. 가장 손쉬운 예로, 걸어서 호텔에 들어가는 것은 리무진을 타고 호텔 현관에 내려 영접을 받는 것과 아무런 차이 없이 일상적인 일이다. 이는 보행자를 보호한다는 당위적 원칙론과는 다른 차원에서 분명하게 도시와의 관계를 보여준다.

도시의 창, 호텔로 보는 서울의 욕망

호텔과 그 도시의 주거의 관계는 짚어볼 만하다. 호텔은 기본적으로 숙박 시설이며, 초단기 주거 시설이다. 따라서 도시의 주거 문화를 어느 정도 반영하며, 그 도시가 생각하는 이상적인 주거에 대한 단면을 엿볼 수도 있다. 반면에 호텔은 도시의 주거 문화에 영향을 미치기도 한다. '호텔식', '호텔 수준의 서비스' 등등의 아파트 광고에 나타나는 것처럼 호텔은 고급스러운 자재와 마감, 디자인이 전제된 선망의 공간이다. 호텔에서 유행하는 실내 장식과 마감재가 곧바로 고급 주거 시설에 적용되는 사례는 무수히 많다.

이처럼 호텔과 주거는 상호 참조적이며 서로가 욕망의 대상이다. 호텔은 그 도시의 주거 특성을 포함하기를 욕망하고, 주거는 호텔이라는 최고급 주거 형태의 최신 경향을 참조한다. 호텔은 외부 세계로 열린 '도시의 창'인 동시에 주거 문화를 스스로 비추는 거울인 셈이다.

서울의 고급 호텔과 주거의 욕망이 향하는 지점을 살펴보자. 첫째로 서울의 고급 호텔들이 공통적으로 힘끼지 이는 '고급 민족' 또는 '고급 주기'의 기호는 '고립'이다. 도심에서 가깝되 쾌적하다고 여겨지는 곳에 입지를 잡는 것이 고급 호텔의 시작이다. 도심에 있더라도 도시의 다른 부분과는 거리를 두고서 일정한 정도로 고립을 시도하는 것이다. 담장을 두르고 대문을 세워 경계를 표시한다. 본관의 위치는 이 경계점으로부터 되도록 떨어져 있는 곳으로 정하고 그 사이의 공간은 잔디와 나무로 채운다. 이런 태도는 심지어 도심의 금싸라기 땅에서조차 변하지 않는다. 정문이 열리고 드라이브웨이를 따라 도어맨이 기다리는 현관으로 진입하는 풍경이 고급 호텔들이 꿈꾸는 그림이다. 귀인들을 초대해 불러들이는 유럽 귀족의 저택과도 같은 모습.

둘째로 주목할 점은 고립에 대한 기호의 바탕에 깔려 있는 함의다. 그것은 도시 환경이라는 것이 그리 바람직하지 않다는 편견이다. 도시 환경으로부터 고립되고 절연되려는 태도에는 반드시 이러한 관념이 깔려 있게 마련이다. 리조트형 호텔에서 볼 수 있는 것과 마찬가지로, 호텔 밖의 도시는 혼란의 공간이며 호텔의 경내는 일종의 파라다이스로 묘사되는 것처럼 말이다. 이것이 서울의 고급 호텔들의 광고 대부분이 우거진 숲 속 궁전의 이미지를 내세우는 이유다.

광고의 다른 요소는 '시티 뷰City View'다. 도심을 향한 전망이 있음을 강조하는 것인데 여기서 도시에 대한 이중적인 태도가 나타난다. 즉 도시의 전경, 특히 야경은 자연만큼 자랑할 만하며 즐길 만한 가치가 있는 것이지만 그 도시에 뛰어들어 일부가 되고 싶은 생각은 없다는 것이다.

이러한 이중적 태도가 서울 고급 호텔들의 정체성을 혼란스럽게 한다. 입지나 성격은 분명 도시적 호텔이지만 건축의 태도는 리조트형에 가깝게 전개되는 것이다. 폐쇄적이며 자족적인 하나의 도시를 만드는 것이 리조트형 호텔이 추구하는 바다. 입지는 도심인데 건축의 성격은 리조트형이라는 불분명한 특성을 혼란스럽게 드러내는 셈이다.

마지막으로 주목할 점은 그러한 고립을 해소하는 수단이 오직 자동차뿐이라는 것이다. 걷는 이들은 자신들의 호텔을 이용할 리 없고 주된 고객층은 자동차로 움직일 것이라는 믿음이다. 이는 부분적으로는 사실이지만 그 결과로 나타나는 건축적 태도는 고립을 심화시킨다.

　　고급 호텔일수록 외국인 투숙객 비율이 높다는 사실을 되새겨볼 필요가 있다. 그들은 대개 휴가보다는 업무 때문에 서울에 머무르는 경우가 많다. 문제는 일과가 끝난 후의 밤이다. 호텔의 바람대로 그 호텔 식당과 바를 이용한다면 별다른 문제가 없을 것이다. 그러나 모험심과 호기심이 강한 투숙객이라면 어떨까? 십수 시간을 날아온 도시에 대해 더 알고 싶고 경험하고 싶어한다면? 편안한 복장으로 슬슬 걸어 나가 간단한 요기나 맥주 한잔을 하기를 원한다면? 그들이 어둠을 뚫고 숲을 지나 호텔 정문을 나서는 데는 엄청난 용기가 필요할 것이다. 그것은 거리가 위험하고 교통 서비스가 엉망인 제3세계의 어느 나라에서 길을 잃고 헤매는 것과 마찬가지의 경험일 것이다. 호텔을 이용하는 고급 자동차가 선진의 도시를 상징할 것이라는 기대는 여기서 깨진다. 어디든 편하고 쉽게 걸어 나갈 수 있는 곳이 도시이며 선진국이다.

　　안내하는 사람이나 차량 없이는 투숙객 혼자서 한 걸음도 움직일 수 없다는 것은 치안이 엉망인 제3세계의 리조트에서나 있을 법한 일이다. 또는 여행 내내 갇혀 지내야 하는, 바다 위의 작지만 호화로운 성과 같은 크루즈 호텔에서나 있을 수 있는 일이다.

　　사례로 든 서울의 고급 호텔들은 개발의 시대에 급하게 지어진 것들이라고 치부할 수도 있지만, 새롭게 계획되는 호텔의 경우를 봐도 당분간 서울 도심에서 도시적인 호텔을 기대하기는 어려울 듯하다. 공지를 내주고 거리에서 뒤로 물러나게끔 짓거나 주차장을 만들라는 시대착오적인 규정이 고립의 기호를 강요하는 경우가 많다. 호텔이 도시에 정박하지 못하고 녹지의 바다에 둥둥 떠다니게 만드는 것이다. 호텔은 도시와 가장 밀접하게, 최대한 열려 있어야 할 건축의 형태다. 대다수 여행자들은 대중교통을 이용한다는 점에서 호텔 역시 자동차 중심에서 걷는 사람 중심으로 생각을 바꾸어야 한다.

　서울에 있는 고급 호텔들이 제공하는 최상의 시설과 서비스는 고립된 성채 안에서만 고고하게 존재한다. 그 성을 나서는 순간 도시의 나머지 곳곳에서는 요란한 구호가 울린다. "물은 셀프!"

거
리
를

집
어
삼
키
는

진
공
청
소
기

대형 쇼핑몰

뉴욕에 처음 도착한 것은 1987년 1월의 마지막 일요일이었다. 다음 날인 월요일에 학교에 일찍 가야 해서 학교 근처의 싸구려 호텔에서 짐을 풀었다. 인터넷이 없던 시절이라 서울에서 뉴욕의 호텔을 알아보거나 예약한다는 것은 상상할 수도 없는 일이었다. 택시 운전사에게 양해를 구해 네온등이 켜진 호텔에 들러 방이 있는지 물어볼 요량이었다. 운 좋게도 첫 번째 호텔에 빈방이 있었다. 주인은 손님도 귀찮다는 듯 작은 흑백텔레비전에서 눈을 떼지도 않고 던지듯 열쇠를 내주었다. 미식축구 결승전이 있는 날이었기 때문이다. 이른바 '수퍼 선데이'였다. 영어 공부를 하겠다고 열심히 틀어놓곤 했던 AFKN에서 보았던 화려한 미식축구 유니폼이 손바닥만 한 화면에서 흑백으로 꾸물거리고 있었다.

엘리베이터를 타고 호텔 방으로 올라가는 여정은 태평양을 건널 때만큼이나 길고 지루하고 무서웠다. 엉성한 철망 문이 달린, 난생처음 타보는 수동 엘리베이터였기 때문이다. 청소부 겸 엘리베이터 안내인인 흑인 노인이 철망으로 된 문을 쓰윽 당겨 닫더니 엘리베이터를 작동시키기 시작했다. 나무 자루가 달린 커다란 바퀴를 좌우로 돌려 맞춰서 엘리베이터 몸체와 건물 바닥을 맞추었다. 세상에 이런 후진국이 있나! 엘리베이터 벽에 붙어 있는 흐릿하게 지워진 라벨의 제작 연도는 보니 1921년이었다! 방으로 들어서자마자 침대에 쓰러져 잠이 들었다. 비행기에서 한숨도 자지 못한 터라 따뜻한 방에 들어서니 긴장이 풀려서였다.

잠을 깨운 것은 스팀 소리였다. 난방이 어찌나 센지 방 안이 한증막이었다. 외투도 벗지 않은 채 서너 시간을 죽은 듯이 잔 모양이었다. 멍한 눈에 어리둥절한 채로 잠시 생각에 빠졌다. 여긴 어디지? 아! 그렇지, 뉴욕에 왔잖아. 여긴 변두리 호텔이고.

그러고는 날이 밝도록 다시 잠들지 못했다. 설렘 탓 반, 시차 부적응 탓 반으로 잠을 이루지 못했다. 팔굽혀펴기도 하고, 사전을 무작위로 펼쳐 벼락치기 영어 공부를 하다가 비행기에서 가지고 내린 잡지를 읽어보려고도 했지만 눈에 들어오지 않았다. 앞으로 펼쳐질 유학 생활에 대한 걱정에 겨워 창밖에 내리는 눈만 바라보았다. 주먹만 한 함박눈이 내리고 있었다. 대서양의 항구도시인 뉴욕은 겨울에 눈이 많이 내리는 편이었다. 그런데도 기록적인 폭설이라며 사람들이 호들갑을 떨던 공항의 풍경이 생각났다.

끝내 잠을 못 이루고 기다리다가 가게 문이 열리는 것을 확인하고는 거리로 내려왔다. 농트기 직전 희끄무레한 도시에 하나눌 불빛이 커지기 시삭했다. 밤사이 폭설은 그쳤지만 하늘의 수분이란 수분은 모두 모아 얼려서 뿌린 듯 무릎까지 눈이 쌓여 있었다.

나의 첫 도시, 뉴욕

뉴욕 거리의 첫인상은 에드워드 호퍼Edward Hopper의 그림 그대로였다. 거리를 따라 빈틈없이 들어찬 건물들과 거기서 새어 나오는 불빛들이 호퍼의 그림에서 묘사한 도시와 똑같았다. 그 동네 특성상 그림에 등장하는 사람들이 허름한 흑인들이고 건물이 그림에서보다 좀 더 낡은 게 차이라면 차이였다. 호퍼의 그림에는 황량함이 드리워져 있다면, 내가 서 있던 도시의 거리는 오래된 것들의 온기와 푸근한 눈 때문에 오히려 동화같이 따뜻했다. 어디선가 트럼펫 소리가 들리는 듯한 애잔함과 쓸쓸함, 처음 느끼는 도시의 맛이었다. 낯설었지만 친근했고 생각보다 무섭지는 않았다.

허름한 식당에서 달걀 두 개와 토스트, 작은 잔의 오렌지주스, 그리고 평생 처음 마셔본 묽은 커피로 뉴욕에서의 첫 아침을 때웠다. 아메리칸 브랙퍼스트와의 첫 만남이었고, 미국인과의 첫 만남이기도 했다. 뚱뚱한 흑인 아주머니는 실전 영어를 떠듬거리는 이방인에게 연신 커피를 가득 따라주었다.

에드워드 호퍼의 〈밤을 지새우는 사람들〉(1942). 뉴욕에서 첫날 밤을 보낸 거리는 그림 그대로였다. 애잔하면서도 황량해서 재즈 트럼펫 소리가 어울릴듯 했고, 오래된 것들의 온기가 푸근한 분위기를 만들기도 했다.

뉴욕에서의 첫날 밤을 보낸 뒤에 만난 스트리트 몰의 풍경. 도시의 재생 차원에서 기존의 거리를 보존하면서 대중교통과 편의시설을 늘렸다는 점에서 본격적인 미국의 전원형 쇼핑몰과는 차이가 있다. 주차장보다는 대중교통을 중심으로 한 도심형 쇼핑몰이다.

날이 밝으면서 거리는 분주해졌다. 출근하는 사람들에다 눈 치우는 장비와 고함 소리로 거리에는 활기가 넘쳤다. 몇 시간 전의 황량함과 정적은 연극 무대의 배경처럼 빠르게 걷히고 다른 세상이 나타났다. 배달 트럭이 몇 대 오가고 나서 상점들이 문을 열고 사람들이 지나다니기 시작하다가 구걸하는 걸인이 자리를 잡는 것으로 새로운 연극 무대가 완성되었다.

푸지게 내린 눈 덕분인지 겨울 아침인데도 거리는 포근했다. 레이건의 거품 호경기가 절정을 이루던 시기였고 처음 보는 상표를 내건 가게들이 빈

틈없이 거리를 메우고 있었다. 뉴욕의 거리를 조심하라던 경고를 잊은 채 무엇에 홀린 듯 거리를 따라 걸었다. 영화관과 커다란 신발 가게를 지나, 전자 제품 매장 앞에서 가득 쌓인 카메라와 신형 워크맨을 바라보느라 정신줄을 놓기도 했다. 어느새 시간이 꽤 흘러버렸음을 깨달았다. 아차! 오전 중에는 학교로 달려가 학생 등록과 수강 신청과 기숙사 문제도 처리해야 했다. 수북이 쌓인 만화책을 놔두고 학교에 가야 하는 어린아이의 마음으로 진열창 앞에서 돌아섰다.

나중에 알게 된 사실인데, 첫날 밤에 내가 묵은 곳이 말로만 듣던 쇼핑몰이었다. 그중에서도 '보행자몰'이라는 것이었다. 일반적인 쇼핑몰이 교외의 외딴 곳에 거대한 건물을 짓고 수백 개의 상점을 한데 모아놓은 것인데 반해 보행자몰은 주로 도심에 위치해 있었다. 대형 상가라기보다는 기존의 가로와 건물을 그대로 유지하기 때문에 '가로형 몰'이라고도 한다. 접근 차로의 수를 줄이기는 했지만 완전히 없애지는 않았다. 버스나 노면 전차 같은 대중교통이 편하게 지나가게 해주고 청소나 물품 배달용 트럭이 원활하게 통행하도록 하기 위해서였다. 아울러 인도에 벤치나 가로등 같은 시설을 설비해두어 걸으면서도 편하게 쇼핑할 수 있게 했다. 이를테면 최근에 신촌에 조성해놓은 대중교통 전용 거리 같은 것이다.

그때까지만 해도 쇼핑몰이란 개념은 생소해서 외국의 건축 잡지에서나 볼 수 있는 단어였다. 일본의 건축 교과서를 조악하게 번역한 책에는 '모르' 라고 일본식으로 표기되어 알 듯 모를 듯 했던 용어다. 웬만한 건축학도의 졸업 작품에는 반드시 등장하는 감초 같은 말이었지만 누구도 정확한 뜻을 모르는 듯했다. 한 선배는 그 뜻을 이렇게 가르쳐주기도 했다. "음…… 몰이란 말이지…… 사람이 많이 모이는 곳이야……." 사람이 많이 모이는 곳, 그들이 왜 모이는지, 어떻게 모이는지 영문도 모르고 그저 사람이 많이 모이는 곳으로만 기억하던 쇼핑몰과의 첫 대면이었다.

미국의 풍요를 만끽한 교외 쇼핑몰

진정한 미국식 쇼핑몰이라는 곳에 처음 가본 것은 한참이 지난 뒤의 일이었다. 봄방학이 시작되고 학교 기숙사가 텅 비어 혼자 지내는 것이 무료하기도 하고 미국 대륙이란 데가 어떤 모습인지 궁금하기도 해서, 몇 년 전 피츠버그로 이민을 간 사촌형을 찾아가기로 했다.

화장실을 갖춘 버스는 쉬지 않고 미국 대륙을 내달렸다. 세 시간마다 운전기사가 바뀌었다. 뉴욕은 섬이니, 내가 실질적으로 미국 대륙이란 데 발을 디딘 것은 그때가 처음인 셈이었다. 버스는 작은 도시마다 성실하게 들르는 완행이어서 열 시간 넘게 걸려서야 피츠버그에 도착했다. 사촌형은 여느 초기 이민자들이 그렇듯 하루에 열두 시간 넘게 고된 일을 해야 했기 때문에 형 대신 아르바이트로 고용한 학생이 나에게 도시를 안내해주었다.

피츠버그에서 맨 처음 찾아간 곳은 산 정상이었다. 도시 전체가 내려다보이는 아름다운 전망 때문에 탐색의 시작점으로는 더할 나위 없는 곳이었다. 세 개의 강이 굽이쳐 흐르면서 만나 도시를 이루고 그 강을 가로지르는 수많은 다리가 조각 난 땅덩어리를 꿰매는 형상이었다. 도심이 봉긋하게 솟아 있고 다시 낮은 집들 뒤로는 광활한 벌판이 펼쳐지는 전형적인 미국 도시였다. 적당한 규모에다 깔끔하고, 맨땅이 보일세라 구석구석 잔디를 심어놓은, 드라마에서 보던 미국 그대로였다.

하지만 산을 내려오는 길에는 폐허 같은 거리도 있었다. 이른바 게토, 빈민가였다. 대낮인데도 거리에는 사람이 없고 간혹 술에 취한 듯한 부랑아들만 모여서 지나가는 차들을 초점 없는 눈으로 바라보았다. 그 뒤로는 낙서가 요란한 건물들이 마치 뮤직비디오의 한 장면처럼 표정 없이 서 있었다. 뮤직비디오에서야 그 암울함이 한껏 분위기를 만들지만 실제로 그곳을 지날 때의 오싹함이란……. 차 문이 제대로 잠겼는지 슬며시 확인하고 그들과 눈을 마주치지 않으려고 애써 먼 곳을 바라보았다. 철강이 주산업이었던 피츠버그시는 당시 일본과 한국의 거센 추격에 쫓겨 점차 쇠락의 길에 빠져들고 있었다. 공장이 문을 닫고 노동자들이 떠나면서 한때 화려한 도심이었던 지역이 순식간에 황폐해졌다고 한다. 미국식 도시의 한가운데서 게토를 만난 것은 충격이었다.

다음 행선지는 쇼핑몰이었다. 마침 점심때였고, 내 안내인은 시간을 보내기에 가장 좋은 장소라며 쇼핑몰을 추천했다. 쇼핑몰은 거대했다. 고속도로가 뻗어 있는 벌판 중간에 상상의 크기를 뛰어넘는 규모로 우뚝 서 있었다. 놀라운 것은 주차장이었다. 끝이 보이지 않을 정도로 너른 주차장도 모자란 듯 쇼핑몰보다 커다란 주차 빌딩을 두 개나 지어놓았다. 과연 미국이었다. 진정한 미국. 드라마에서, 영화에서 보던 풍요롭고, 광활하며, 자동차 없이는 움직일 수 없다던 나라. 사실 내게는 양손 가득 쇼핑백을 들고 발로 차 문을 닫아야 하는 미국의 모습이 더 익숙했다.

그에 비하면 뉴욕은 초라했고, 생활은 보잘것없었다. 건물들은 낡았고

전형적인 미국 쇼핑몰의 풍경. 건물보다 훨씬 넓은 면적의 주차장을 마련하고 손님을 기다린다.

자동차는 굴리기에 너무 비쌌다. 어디든 지하철이나 버스로 가야 했고, 그마저도 사이사이 오래 걸어야 했다. 내가 가난한 유학생이어서가 아니라 보통의 뉴요커들의 생활이 그러했다. 학생도 교수도 평범한 시민도 부자도 모두 걸어 다녔다. 자동차가 없으니 쇼핑이라고 부를 것도 없었다. 거리 모퉁이마다 있는 야채 가게에서 당장 한 끼를 때울 식료품을 장만하는 게 쇼핑의 전부였다. 쇼핑몰에 와서야 드디어 아메리칸 드림, 미국의 풍경을 경험하게 된 것이다.

차를 세우고 다가가면서 건물도 실제 크기로 점점 커졌다. 전체적으로 화려하다기보다는 멍했다. 거대한 벽에 비해 입구가 작아서인지, 마치 공장이나 운동장에 들어서는 느낌이었다. 하지만 그 내부에는 놀라운 반전이 기다리고 있었다. 3층 지붕까지 확 트인 아트리움(고대 로마의 주택 건축에서 가로에서 옥내로 들어갈 때 처음 만나는 홀식 안뜰)을 가운데 두고 번쩍이는 대리석 복도가 내달리고 다시 에스컬레이터로 이어졌다. 상점들이 화려하면서도 절제된 모습으로 줄지어 서 있고, 옷, 화장품, 향수, 구두, 보석, 장난감, 스포츠 용품, 전자 제품이 넘쳐났다. 세상의 모든 상품을 한군데 모아놓은 듯 가게들의 끝이 보이지 않았다. 거기에 전자오락실과 여유롭게 놓인 의자들, 노천카페, 액세서리를 파는 손수레에 푸드코트까지 있었다. 로비에서는 작은 공연까지 열리고 있어 음악 소리가 낭랑하고 여유롭게 대리석 바닥을 울리고 있었다. 눈이 쌓여 미끄럽던 뉴욕의 보행자몰과는 비교할 수 없을 만큼 아늑하고 쾌적했다.

그야말로 천국이었다. 햇볕이 쏟아지는 온화한 분위기에 음악이 흐르고 진기한 상품이 넘쳐나며 행복한 표정의 사람들이 오가는 곳! 이것이 천국의 조건 아니던가! 미국인들은 신대륙에서 마침내 천국을 완성했다. 그렇다면 지나오던 길에 보았던 황폐한 옛 도심은 무엇이었나. 거기엔 거친 힙합과 암울함만이 있지 않았나. 한 도시에 그렇듯 다른 삶이 공존한다는 것이 놀라웠다.

자동차, 미국 쇼핑몰을 완성하다

쇼핑몰은 유럽의 거리에서 시작되었다. 고대부터 어디에나 있어왔던 시장을 그 기원으로 보기도 하지만, 그것은 원숭이를 인류의 조상으로 보는 것만큼 이나 먼 얘기다. 근대의 쇼핑센터 또는 쇼핑 아케이드가 가까운 조상이다. 고급 상점이 모인 거리에 지붕을 덮어 비바람을 피하면서 쾌적하게 쇼핑할 수 있는 시설이 아케이드다. 런던, 파리 같은 유럽의 대도시에 하나둘씩 생겨났는데 밀라노의 '갤러리아Galleria'가 대표적이다. 밀라노 대성당과 스칼라 극장을 잇는 거리에 유리 지붕을 덮고 바닥에는 대리석을 깔았다. 그 개방감과 당시의 최신 기술이 조화된 공간의 개념이 백여 년이 지난 지금도 여전히 새롭고 편리하며 품위가 있다. 여전히 고급 쇼핑 거리이며 '갤러리아'라는 이름은 쇼핑센터를 가리키는 일반명사가 되어 웬만한 도시에 하나쯤 있을 정도가 되었다.

갤러리아는 쇼핑몰의 조상이기는 하지만 쇼핑몰은 아니다. 인류가 불을 발견하면서 전혀 새로운 세상을 맞이했듯이, 쇼핑몰은 자동차를 만나면서 전혀 새로운 종種으로 다시 태어났다. 진정한 쇼핑몰은 자동차의 나라 미국에서 완성된다. 실내 공간에 온갖 상점이 입점해 있고 거대한 주차장을 갖춘 최초의 쇼핑몰이 1956년 미네소타 주에서 사우스데일 센터Southdale Center 라는 이름으로 태어난 것. 미네소타 주는 눈이 많고 몹시 추운 겨울이 길게 이어지는 지역이다.

이 쇼핑몰을 설계한 건축가는 오스트리아 태생의 빅터 그루엔Vcitor Gruen 이다. 그는 이후로도 비슷한 규모의 쇼핑몰을 미국 전역에 설계했고 그의 이

밀라노 갤러리아의 내부 모습. 밀라노 대성당과 스칼라 극장을 잇는 거리에 유리 지붕을 덮어 만든 쇼핑 아케이드의 원조 격이다. 여기에 자동차가 더해지면서 미국식 쇼핑몰이 태어났다.

름을 붙인 건축 설계 회사가 지금까지도 남아 세계 곳곳에 비슷한 시설을 설계하고 있다. 〈뉴요커〉 잡지는 다른 많은 세계적 건축가들을 제쳐두고 그를 "20세기의 가장 영향력 있는 건축가"로 꼽았다. 어느 때보다도 20세기에는 새로운 시도와 건축적 실험이 이루어졌다. 그 역동성은 21세기를 능가한다고 할 수 있을 정도였다. 또한 수많은 영웅적 건축가들이 활동한 시기이기도 하다. 그렇다면 그루엔은 어떻게 쇼핑몰이라는 세속적인 건축을 통해 '20세기의 가장 영향력 있는 건축가'라는 칭호를 얻었을까? 그것은 아마도 쇼핑몰이 미국 도시들과 미국인들의 삶을 송두리째 바꾸어놓았기 때문일 것이다. 그리고 이제 그 영향력은 세계로, 그리고 서울로 향하고 있다.

　미국식 쇼핑몰의 가장 큰 특징은 '크다'는 것이다. 이제까지 봐온 어떤 건축물들보다도 크다. 얼마나 큰가 하면, 웬만한 도시와 경쟁할 정도다. 멀티플렉스 영화관이나 백화점이 쇼핑몰에 들어선 많은 상점 중 하나일 정도로 크다. 이 점은 쇼핑몰이 자연발생적이거나 여느 기업이 감당할 수 있는 규모를 넘어선다는 것을 말한다. 이 말인즉, 대규모 자본을 장기간 투자할 수 있는 거대 기업만이 쇼핑몰을 만들어낼 수 있다는 얘기다.

　게다가 상점의 배치는 그들만의 문법으로 이루어진다. 수학 공식같이 엄밀하다. 푸드코트, 백화점, 영화관 같은 이른바 '앵커 테넌트anchor tenant'('키 테넌트key tenant'라고도 한다. 쇼핑센터의 핵심 점포라는 뜻. 미국에서는 제너럴머천다이즈 스토어, 백화점, 디스카운트 스토어, 슈퍼마켓 등의 대형 소매업이 이에 해당한다)의 위치를 세심하게 계획하고 그에 따라 매장을 적절히 섞어놓기도 하고 떨어뜨려 놓기도 한다. 그래서 쇼핑몰에 들어서면 항상 데자뷔의 느낌을 갖게 된다. 전에 와본 듯한 느낌, 똑같지는 않지만 익숙한 도플갱어 공간의 한가운데 서게 되는 것이다. '바나나리퍼블릭' 매장이 어디쯤 있을지 예측할 수 있게 되는 것이다. 서울 한복판에서도 위스콘신의 쇼핑몰을 그대로 느낄 수 있게 해주는 것이 쇼핑몰의 힘이다. 공간의 표준화인가, 아니면 세계화인가.

　미국식 쇼핑몰의 또다른 특징은 주차장이다. 쇼핑몰은 고대부터 있어온 상업 시설이 발전한 형태에 지나지 않으니 새삼스레 환호할 것도 없고 외면할 필요도 없다고 침착하게 말하는 이들이 있다. 그러나 앞에서도 말했지만 쇼핑몰은 자동차를 만나면서 비로소 새로운 건축으로 태어난 전혀 새로운 종이다.

　쇼핑몰에서 자동차를 위한 광대한 주차장은 필수 요소다. 쇼핑몰은 대개 상점의 면적보다 훨씬 넓은 주차장을 마련해두고 고객들을 기다린다. 이는 쇼핑몰의 위치가 기존의 도심에서 멀어졌음을 의미한다. 이전까지의 쇼핑센터나 아케이드는 흔히 도심에 자리를 잡았다. 따라서 대규모 주차장은 필요하지도 않았고 만들 수도 없었다. 자동차의 보급으로 미국에서의 탈도시화는 빠르게 진행되었다. '자동차의 왕'이라고 불리는 헨리 포드Henry Ford는 "우리는 도시를 떠나는 것으로 도시 문제를 해결해야 한다"고 말하기도 했다. 2차 대전 이후 미국의 도시들은 급격하게 쇠퇴하기 시작했고 대탈출이라고 부를 만한 교외로의 이전이 이루어졌다. 쇼핑몰은 미국의 이러한 사회변동의 결과이자 원인이기도 했다. 그 결과, 미국은 도시인구가 전체 인구의 절반이 되지 않는 유일한 선진국이 되었다.

　주차장으로 둘러싸인 쇼핑몰의 건축이 외관보다 내부에 치중하게 되는 것은 당연한 결과다. 건물을 중심으로 주차장을 빙 에둘러놓음으로써 주위로부터 스스로를 분리한다. 외관은 열려 있는 것이 아니라, 거대한 벽을 막아 세

쇼핑몰의 내부는 외부 공간처럼 보이려고 노력한다. 사적인 상점이 아니라 공공의 거리로 위장하려는 것이다.

우고 작은 입구만 만들어놓는다. 이는 주위 환경이 딱히 좋은 조건이 아니라는 증거다. 앞에 광장이 있고 거기에 힝닝 사람들이 오간다면 이를 외면하고 폐쇄적으로 건축물을 지을 리 없다. 쇼핑몰 주변은 대개 교외이거나 풍경이라고 해봐야 길게 뻗은 고속도로가 전부이니, 이러한 건축의 태도는 어쩌면 당연해 보인다. 따라서 쇼핑몰은 외관보다는 건물 안의 구매자들에게 친절하게 열려 있다. 《몰링의 유혹Call of the Mall》의 저자이자 마케팅 전문가인 파코 언

더힐Paco Underhill은 "현대 쇼핑몰의 외관은 거대한 담벼락에 난 쥐구멍"이라고 비난하며 적극적인 건축적 태도를 주문한다. 그러나 누가 자동차를 위해 건축물을 꾸미고 가꾸려 하겠는가? 쇼핑몰은 내부의 고객에게 집중한다. 건축을 경험하는 출발점부터가 다르고 새로운 태도인 것이다. 건축적 장치로 입구를 만들고 차양을 만들어 사람들을 끌어들이는 전통적이며 번거로운 배려는 주차장이라는 장치 하나로 말끔히 해결된다. 주차장의 화살표 하나가 그 풍부한 건축적 요소를 대신한다. 따라서 쇼핑몰은 태생적으로 내향적이고 자폐적이며, 도시보다는 교외에 적합한 건축의 형태로 발전한다. 또한 대지의 조건에 충실하기보다는 고유의 생성 문법을 가지고 세계 어느 곳에나 적용 가능한 일종의 표준설계대로 지어진다.

미국식 쇼핑몰의 또 하나의 특성은 실내 공간에 있다. 밀라노의 갤러리아는 기존의 거리에 지붕을 씌우기는 했지만 내부가 완벽하진 않았다. 출입문이 따로 있지 않아 광장의 비둘기가 날아들기도 한다. 즉 비는 피할 수 있지만 추위와 더위는 피할 수 없는 반외부의 성격을 띤다. 미국식 쇼핑몰은 이러한 거리를 통째로 실내에 집어넣어 냉난방을 한다. 긴 겨울의 추위로 유명한 미네소타에 최초의 쇼핑몰이 생긴 이유도 여기에 있다. 해당 지역의 기후 조건과 상관없이 쾌적한 온도에서 여유 있게 쇼핑을 할 수 있는 조건이야말로 쇼핑몰의 중요한 특성이 되었다. 도시의 거리에서처럼 지나는 차들의 경적소리에 놀랄 일도 없고 울퉁불퉁한 바닥의 돌에 걸릴 염려도 없다. 눈이 덜 녹은 보도에서 미끄러져 다칠 일도 없고 비 오는 날 우산을 펼칠 일도 없다. 그저 여유롭게 본래의 목적인 쇼핑에 집중하기만 하면 된다.

쇼핑몰에 들어서면 〈트루먼 쇼〉의 주인공이 된다

그런데 흥미로운 점이 있다. 쇼핑몰은 사람들이 이렇게 내부에 들어와 있다는 사실을 잊게 만들기 위해 부단히 노력한다는 점이다. 다시 말해 실내이지만 가급적 실내가 아닌 분위기를 만드는 데 최선을 다하는 것이다. 천창을 두어 햇볕을 끌어들이고, 흐린 날에는 인공조명을 더해 화창한 날을 연출한다. 사실은 복도인데 거리라고 부르며 끊임없이 도시의 거리를 모방한다. 가로수를 닮은 화분을 놓아두거나 가로등을 닮은 전등을 설치한다. 거리 공연의 분위기를 한껏 낸 연주회가 열리고 노점상을 닮은 수레에서 액세서리와 핫도그를 팔기도 한다. 즉 내부 공간에 도시의 모든 요소를 압축해 넣어 최대한 외부의 모습을 재현하려고 노력한다. 영화 〈트루먼 쇼〉는 이러한 현상을 냉소적으로 적절하게 지적한다. 현대인의 과도한 관음증에 초점을 맞춘 영화이지만, 공간적 배경은 쇼핑몰과 놀랍도록 닮아 있다. 영화는 가상과 현실, 현대의 공간에 대해 질문을 던진다. 주인공의 모든 일상은 태어날 때부터 텔레비전을 통해 중계된다. 그가 생활하는 공간은 커다란 방송 세트장에 불과하며 만나는 사람들도 부모를 포함해 모두 배우들이다. 날씨는 항상 화창하며, 사람들은 모두 친절하고 행복하다. 그러던 어느 날, 천장에서 느닷없이 조명등이 떨어지고 무선기에서 들려오는 낯선 사람들의 목소리를 듣고서야 주인공은 자신을 둘러싼 '현실'을 자각하기 시작한다.

쇼핑몰도 방송 세트장이라고 볼 수 있다. 도시의 거리와도 같은 배경을 만들려고 부단히 노력하는 거대한 규모의 세트장인 셈이다. 여기서 다시 크기가 중요해진다. 건축에서 내부 공간의 욕망은 항상 외부로 향했다. 그것은 답답하지 않고 해가 보이며 바람이 지나고 다른 사람들과 만날 수 있는 곳에 대한 기본적인 욕망이다. 그런데 쇼핑몰이 내부 공간이면서 끊임없이 외부처럼 보이게 하려는 노력의 배후에는 공간적 정체성에 대한 정교한 의도가 깔려 있다. 외부란 공공의 것이며 공짜 공간이기 때문이다. 쇼핑몰의 사적인 통로를 도시의 거리와 혼동하게 만드는 것이다.

따라서 쇼핑몰은 베푼다. 무료 연주회를 열기도 하고, 크리스마스에는 산타 할아버지가 지나가는 아이들에게 대가 없이 선물 공세를 펼친다. 종교 집회가 열리고, 정치 캠페인이 벌어지기도 한다. 도시의 광장과 마찬가지로 쇼핑몰이 일종의 공공의 공간으로 받아들여지는 것이다. 하지만 쇼핑몰은 엄연히 사유재산이다. 다만 그 주인이 이를 공공의 공간처럼 위장하는 것이다.

이러한 혼란스러운 인식 때문에 미국에서는 몇 건의 소송이 진행되기도 했다. 문제의 핵심은 쇼핑몰에서 공적인 행위를 제약할 수 있느냐 하는 것이었는데, 판결의 결과는 몇 갈래로 엇갈렸다. 그만큼 쇼핑몰의 공간적 성격이 혼란스러운 것이다. 그렇다면 이 거대 자본은 어째서 실내 공간을 외부처럼 보이려 하고, 더 나아가 공짜의 공공 공간으로 위장하려는 것일까? 이는 기업의 사회적 책임이나 선한 행동과는 다른 차원의 문제다.

그 배후에는 사적 도시를 향한 욕망이 강물처럼 흐르고 있다. 마치 디즈니랜드가 새로운 세상을 만들어 보이며 입장료를 거둬들이는 것과 같다. 쇼핑몰은 스스로가 편리하고 쾌적한 도시로 받아들여지기를 원한다. 진짜 도시처럼 춥거나 덥지도 않다. 그래서 사람들이 아무런 거부감 없이 이 사적인 상업 공간에 들어와 시간을 보내기를 원하며 구매가 일어나도록 유도한다. 잠자는 시간을 빼고는 모든 시간을 여기서 보내기를 바란다.

그러나 쇼핑몰은 단순한 소비 공간이 아니다. 교외에 있지만 도시와 경쟁하며 도시를 대체한다. 도시도 아니고 교외도 아닌 제삼의 공간이며 일종의 의사 도시다. 도시라기보다는 도시의 대안으로 받아들여지기를 원한다. 대기업 소유의 도시가 탄생하는 것이다. 도시와 거리를 사적으로 소유하고, 많은 사람들이 기꺼이 그 도시의 시민이 되고자 한다면, 자본의 입장에서는 생각만 해도 가슴 설레는 일이 아닐까?

코엑스와 우리나라 쇼핑몰의 사회사

"놀라워요! 위스콘신의 쇼핑몰에 와 있는 줄 알았다니까요! 호호."

미국의 한 박물관 관장이 말했다. 2005년 서울 코엑스에서 열린 세계박물관대회 마지막 날 만찬석상에서였다. 행사장 지하에 있는 코엑스몰에 가본 소감을 말하던 중이었다. 행사에는 고고학자, 역사학자, 박물관학자, 건축가, 전시기획자, 박물관 관장 등 세계의 유수한 박물관 관련 전문가들이 몰려들었다. 코엑스몰이라면 세계적인 유명 브랜드들이 거의 다 입점해 있고 거대한 멀티플렉스 영화관에 지하철까지 연결되어 있으니 미국의 어떤 쇼핑몰과 비교해도 손색이 없었을 것이다. 그 박물관 관장은 덕분에 자신은 편문점을 관광하는 하루 빼고는 일주일 내내 행사장과 코엑스몰을 벗어날 필요가 없었다고 덧붙였다. 그 말에는 서울이 자신이 생각했던 것보다 훨씬 발전한 도시이며 쇼핑몰의 원조인 미국을 능가할 정도라는 찬사가 짙게 담겨 있었다.

다른 참석자들은 거대한 수족관도 있다며 뿌듯함을 감추지 않았지만

나는 내심 불편했다. 우선은 서울을 아직도 우마차가 흙먼지 풀풀 날리는 거리를 지나다니는 제3세계 저개발국가 정도로 알고 있는 듯해 속상했다. 한편으로는 서울에 볼거리가 얼마나 많은데 이 지하에만 갇혀 있었나 싶어 안타까웠다. 마지막으로는 쇼핑몰이라는 미국의 발명품이 지구 반대편 도시에까지 침투해 있다는 것에 자부심을 느끼는 듯한 말투여서 살짝 심사가 뒤틀렸다. 세계 각지의 박물관 전문가들이 한국에 와서는 미국식 쇼핑몰을 바닥에 깔고 회의를 하고 만찬을 들었던 것이다.

코엑스몰은 2000년 새로운 천년과 함께 문을 열었다. 우리나라 최초의 미국식 쇼핑몰이었다. 실내이고 주차장을 충분히 갖춘, 그루엔이 창안한 완벽한 미국식 쇼핑몰이다. 그 후로 쇼핑몰은 우후죽순처럼 생겨났다. 영등포의 타임스퀘어, 신도림역의 디큐브시티, 고속버스터미널에는 센트럴시티가 생겼다. 여기에다 서울시에서 직접 기획해 만들어낸 가든파이브까지, 이름을 대기에도 혀가 꼬이고 숨이 찰 지경이다.

서울의 쇼핑몰은 20여 년 전 등장한 천국이었다. 온종일을 지루하지 않게 보낼 수 있는 장소다. 영화 보고 밥 먹고 쇼핑하고 잠시 쉬다가 다시 쇼핑하다가 '문화 행사'에 참여하기도 한다. 그동안 꿈꾸었던 도시적 생활이 무제한으로 가능하고, 여름에는 시원하고 겨울에는 따뜻하다. 이 쾌적한 공간에 아무리 오래 머물러도 아무도 간섭하지 않는다. 쇼핑 이외의 여러 가지 문화 생활로 쇼핑몰에 하루 종일 머물며 시크하게 지내는 것을 '몰링'이라고 부르며, 하나의 라이프스타일로 자랑스레 소개하기도 한다.

그런데 우리나라에서는 '쇼핑몰'이라는 말이 대형 매장보다는 전자상거래를 통칭하는 용어로 먼저 익숙해진 것이 흥미롭다. 우리나라의 경우, 본격적인 쇼핑몰이 땅 위에 지어지기 전에 초고속 통신망이 먼저 완성되었다. 이를 통해 활발한 전자상거래가 일어났는데 이를 대표하는 명칭이 쇼핑몰이었다. 추상적인 온라인 거래를 건축 형식에 빗댄 '쇼핑몰'이라는 말이 훨씬 일반적으로 통용된 것이다.

　땅이 넓고 인구가 상대적으로 많지 않은 미국에서는 이미 19세기부터 우편 주문을 통한 상거래가 유행했고, 인터넷이 보급되면서 이것이 자연스럽게 온라인으로 옮겨 갔다. 인터넷을 통한 사이버 공간이란 사람들에게 친숙한 공간과 건축의 개념을 끌어온 것이다. 다시 말해 인터넷 쇼핑몰이란 실제로는 가게도 없고 상품도 없이 숫자 코드로만 이루어져 있지만, 여러 상점이 모여 있고 다양한 상품을 취급한다는 의미에서 현실 세계의 쇼핑몰과 유사하다는 것이다. 인터넷을 사용할 때 처음 열고 들어가는 페이지를 '대문'이라는 뜻의 '포털'이라고 이름 붙인 것과 같은 개념이다.

　쇼핑몰은 자신의 경쟁자로서 다른 쇼핑몰이 아니라 인터넷 쇼핑몰을 지목한다. 미국에는 전역에 걸쳐 1100개가 넘는 대형 쇼핑몰이 있어 마치 학군처럼 구역을 확실하게 나누어 영업을 한다. 미국인들은 평균 25분간 자동차를 운전해 쇼핑몰에 도착하며, 주차장에서부터 자신이 원하는 물건이 있는 상점까지 가는 데 걸리는 시간도 상당하다. 그러니 이동 시간을 할애할 필요도 없고 무거운 물건을 집까지 들고 갈 필요도 없이, 컴퓨터에서 클릭 몇 번으로 물건을 뚝딱 주문할 수 있는 인터넷 쇼핑이 가장 큰 경쟁자라는 것이다. 물건을 직접 보지 못하는 불안감, 안전하고 확실한 배송에 대한 우려 같은 것도 다양한 제도적 보완을 통해 불식되어가고 있다. 우리나라 전자상거래 중 인터넷 쇼핑몰의 매출 규모만 해도 2012년 기준으로 13조 원을 넘어섰다. 이는 전체 백화점의 매출을 합친 것보다 많은 금액이다. 대형 마트와 1, 2위를 다투는 형국이다. 그런데 여기서 주목할 점은 오프라인 쇼핑몰에서의 구매나 온라인상의 구매나 크게 다르지 않다는 것이다.

"찾으시는 물건이 없으세요?"

"2만 원 나오셨습니다."

고객 응대 매뉴얼에 따라 어법에 맞지도 않는 괴상한 존대와 융통성 없이 무한 반복되는 판에 박힌 질문과 대답만 되뇌는 오프라인 쇼핑몰 종업원들이나, 컴퓨터 화면에 뜨는 온기 없이 딱딱하기만 한 고객 응대 멘트 글자들이나 무미건조하기는 마찬가지다. 그들과는 친해질 일도 싸울 일도 없고, 관계가 좋아질 일도 나빠질 일도 없다. 이러한 도시에서는 상업 활동을 통해 일어나는 상호작용이란 없다. 실제 쇼핑몰에는 판매 전용 인간 로봇이 있고, 인터넷 쇼핑몰에는 현란한 컴퓨터 화면 진열대와 구매를 유도하는 요란한 상품 광고 문구들이 깜박일 뿐이다.

쇼핑몰은 도시를 텅 비게 한다

한국인들이 맨 처음 경험한 쇼핑몰은 코엑스몰이지만, 그 이전에도 대형 마트를 통해 유사한 경험을 했다. 대형 마트 또한 사람들에게서 환호와 찬사를 끌어냈고, 높은 인기의 급물살을 타고 작은 시골 마을 한가운데까지 진출했다. 이제 부동산 정보에는 대형 마트가 가까이 있는지가 학군만큼이나 중요해졌다. 다양한 상품을 할인된 가격으로 판매하는 대형 마트는 주차장이 핵심 요소라는 점에서 쇼핑몰과 그 양상이 같다. 그러니 '미니 쇼핑몰'이라 부를 만하다. 기업형 대형 마트는 단순히 식품이나 생활용품만 판매하는 게 아니다. 몇 개 층을 비싼 값에 임대하기도 하는데 여기에는 미용실, 안경점, 옷가게, 작은 의원까지 다양한 편의 시설이 들어서서 한 번에 모든 걸 해결할 수 있게 한다. 광고대로 원스톱 서비스다. 좋은 상품을 보다 싼 값에 한곳에서 구매할 수 있는 대형 마트는 모더니티와 서구 문화, 세련된 라이프스타일을 상징했다. 소비자는 김이 모락모락 나는 식품 판매대에서 갓 조리되어 포장된 식품을 집어 카트에 담는 자신의 모습을 퍽 만족스럽게 여긴다.

문제는 다른 데서 생겨났다. 바로 재래시장이었다. 불결해 보이고, 주차 공간도 없고, 거친 날씨를 피할 수 없는 외부인 데다 카트도 끌 수 없는 재래시장은 손님의 발길이 끊길 수밖에 없었다. 사람들은 주인아주머니가 인심 좋게 덤까지 얹어주는 콩나물을 사며 흥정하는 대신 너도나도 깔끔하게 포장된 콩나물을 카트에 담고 계산대에 서는 쪽을 택했다. 쇠퇴하는 재래시장과 반발하는 상인들을 보면서 사람들은 그제야 자신들이 '트루먼 쇼'의 주인공이 되었음을 깨달았다.

그러나 때는 늦었다. 이미 너무 많은 마트가 도시 안으로 파고들어 생활의 일부가 되어버린 것이다. 영업시간을 제한하거나 품목을 줄이려고 시도해보지만, 기내 자본은 교묘한 논리로 그 탐욕을 멈추지 않는다. 세상에는 탐욕적인 자본, 그리고 그보다 더 탐욕적인 자본, 둘뿐이라고 하지 않던가? 자본이 탐욕스러운 것은 죄악이 아니다. 오히려 의무이며 사명이다.

기업형 마트가 재래시장을 파괴하는 과정은 우리 쇼핑몰과 도시의 장래를 보여준다. 다시 한번 말하지만 쇼핑몰의 가장 두드러진 특징은 '크다'는 것이다. 기업형 마트를 몇 배 뻥튀기한 듯한 훨씬 크고 강력한 쇼핑몰은 우리 도시와 도시의 거리를 텅 비게 할 것이다. 그리고 도시를 대체하는 새로운 공간으로 자리를 잡으려 할 것이다.

기본적으로 쇼핑몰은 우리 사회가 자동차 문화로 이행했음을 나타내는 표식이다. 50년 전 미국이 그랬던 것처럼 말이다. 서울의 쇼핑몰은 미국식으로 대단히 충실하게 지어졌지만 미국에서와는 다른 양상의 사회적 파장을 일으키고 있다. 그것은 쇼핑몰이 대중교통이 발달한 도심에 진출해 있다는 것이다. 반면 미국에서의 쇼핑몰은 대중교통을 철저히 배격한다. 즉 자동차를 소유할 정도의 경제력을 가진 구매자만을 대상으로 삼는다. 이를 상징적으로 보여주는 사건이 있었다. 1997년 한 흑인 소녀가 쇼핑몰에 가기 위해 자전거를 타고 고속도로를 건너다가 차에 치여 사망한 사건이다. 피해자 가족은 쇼핑몰이 의도적으로 대중교통을 배제했기 때문에 자신의 딸이 사고를 당한 것이라며 쇼핑몰을 상대로 소송을 제기했다. 법원은 이를 인정하고 쇼핑몰 측에 피해자 가족에게 2백만 달러를 배상하라고 판결했다. 쇼핑몰은 도시로부터 스스로의 고립을 추구하지만 고객을 분리시키기도 했던 것이다.

이것이 한국식 쇼핑몰이 미국의 것과 차별되는 지점이다. 미국에서는 쇼핑몰이 교외 생활에 필수불가결한 요소인데, 이는 쇼핑몰이 기본적으로 전원 생활을 위한 건축 형식이며 도시와는 맞지 않는다는 의미다. 오히려 반도시적이다. 반면 서울의 대형 쇼핑몰들은 삼성역, 영등포역, 신도림역과 같은 지하철역과 가까이 있거나 심지어는 직접 맞닿아 있어 블랙홀처럼 사람들을 빨아들인다. 쇼핑몰에 주차장이 딸려 있고 지하철과 바로 연계된다는 사실은 서울만이 가진 독특한 문제이며 역시 유례없는 파장을 일으킨다. 도시의 거리가 기본적인 상업적 기능을 잃고 쇼핑몰로 몰려드는 자동차들의 통로 역할만 하게 되는 것이다. 이것이 바로 대형 마트나 쇼핑몰 주변이 늘 교통 정체로 몸살을 앓는 이유다.

쇼핑몰의 폐해는 이것이 전부가 아니다. 쇼핑몰은 기본적으로 임대 수익에 의존하지만 아무 상점이나 입점할 수 있는 것은 아니다. 대개 체인점이 입점하는데 그것도 국경을 넘나드는 브랜드가 대부분이다. 패스트푸드점은 물론이고 '패스트 패션fast fashion'이라 부르는 상점의 지점들이 엇비슷한 모양새로 무한히 반복된다. 패션디자이너나 공예가의 숍, 요리 전문가가 낸 작은 식당 같은 것은 들어설 자리가 없다. '세상에 하나밖에 없는' 가게는 쇼핑몰에서는 볼 수가 없다. 쇼핑몰은 진공청소기처럼 거리를 집어삼킨다. 거리가 없어지면서 거리에 마땅히 있어야 할 상점들이 온라인에 가상의 점포를 내거나 쇼핑몰 구석에 박혀 있어야 하는 이유가 여기에 있다. 거리를 집어삼킨 쇼핑몰에는 아무런 혁신도, 창의성도, 자부심도 없다. 거리를 잃은 값비싼 대가다.

뉴욕의 기숙사를 나와 처음으로 구한 아파트는 첫눈과 함께 그 아침을 맞이했던 보행자몰에서 멀지 않은 곳이었다. 그곳에 대한 첫인상이 워낙 강하고 푸근했기에 보행자몰 가까이로 집을 알아봤지만 상업 지구라서 아파트가 많지 않았다. 그러다 방은 작지만 거리가 매력적인 아파트를 찾았다.

그곳 거리에는 수신 식당이 즐비했다. 그리스 사람이 하는 간이식당부터 프렌치토스트가 일품인 노천카페까지 있었다. 일식 전문점, 태국 식당도 있고 스테이크 하우스, 이탈리아인 아저씨가 직접 만드는 파스타 전문점도 있었다. 물론 종이상자에 밥을 담아주는 중국 음식점도 있었다. 서점도 있고, 레코드 가게도 있고, 문방구도 있고, 수백 가지 생일 카드를 파는 선물 가게도 있었다. 담배와 신문을 파는 한 평짜리 가게도 있고, 비교적 고가의 옷을 파는 가게도 있었다.

기본적으로는 쇼핑몰을 활짝 펼쳐서 거리에 늘어놓은 것과 같았지만, 물건을 산 후 주차장으로 황급히 빠져나가는 쇼핑몰과는 전혀 달랐다. 색다른 경험이었다. 그곳에서는 서로 안부를 묻고, 불경기를 걱정하고, 대통령을 흉보기도 하고, 이라크 정세에 대해 토론하기도 했다. 온 세상이 거기에 있었다. 그런 풍경은 내가 어렸을 적 살던 동네의 유일한 구멍가게 앞에 놓인 평상에서 벌어지던 일들과 똑같았다. 그곳에는 '사람들'이 살고 있었다. 누가 도시를 삭막하다고 했는가. 진정한 도시는 재래시장처럼 푸근하고 정겹다.

ECC (Ehwa Campus Complex)

두 살 위의 형이 대학에 진학했다.

친가, 외가를 통틀어 형이 첫째여서인지 온 집안이 흥분했다. 교복은 어찌 마련하며, 교과서는 무엇무엇을 준비해야 하는지, 수강 신청이라는 건 또 어떻게 하는 건지……. 학기 초의 흥분과 낯섦, 그 혼란의 와중에도 형은 대학 생활에 차차로 적응해갔다. 집에 돌아와서는 내게 별세계를 탐험하고 온 사람처럼 자신의 대학과 대학 생활을 묘사했다. MT, 미팅, 같은 과 여학생과 나이 많은 동급생……. 게다가 대학에는 고등학교 선생님과 달리 교수라는 '완벽한 인격체'가 있어 학생을 체벌하거나 훈계하기보다는 함께 토론하고 학생들의 뜻을 존중한다고 했다. 형이 들려주는 모든 얘기가 고등학생의 경험을 뛰어넘는 것이어서, 마치 영화 한 편을 보는 듯했다. 대학이란 곳은 국문학과에 다니던 형이 들려주는 묘사를 통해 구체화되었다. 그곳은 일종의 이상향이자 상상의 공간이었다. 수험생의 졸음을 물리치는 선생님의 죽비이자 달달한 당근이었다.

내가 대학 캠퍼스에 처음 들어가본 것도 형을 만나기 위해서였다. 두 살

터울이라도 형제의 신분 차이가 컸다. 대학생과 고등학생은 어른과 아이를 가르는 기준이었다. 온갖 자유를 누리는 형에 비해 갖가지 속박과 훈육의 대상이었던 고등학생은 교문에서부터 기가 죽어 있었다.

학교 정문을 통과하면서, 아무도 뭐라 하지 않는데도 발길이 저절로 수위실로 향했다. 학교에서 가장 무서운 수위 아저씨에게 출입의 허락을 구하는 것은 잘 훈련된 고등학생이 마땅히 밟아야 할 절차였다. 찾아온 경위를 설명하고 들어가도 되느냐고 최대한 예의를 갖춰 물어보았다. 예의라기보다는 주눅이었다고 하는 게 맞는 표현일 것이다. 수위 아저씨의 답은 싱거웠다. 고등학교 수위 아저씨와는 달리 멋진 제복을 차려입고 있던 아저씨는 생뚱맞게 무슨 허락이냐는 듯 들어가라고 말했다. 대학 정문은 아무나 통과할 수 있다는 걸 그때 알았다.

정문을 지나 걸어 올라가면서 난생처음 대학이란 곳을 구경했다. 수위실-운동장-교사로 이어지는 단순한 구성의 공간에서 지내던 고등학생에게 대학 캠퍼스는 높고, 거대하며, 고급스러운 공간이었다. 교문 밖 세상과는 전혀 달랐다. 말끔하게 청소되고 깔끔하게 정돈된 모습이었다.

무엇보다 첫 건물을 만날 때까지 이어지는 잔디밭은 대학 캠퍼스를 대표하는 공간이었다. 대학생으로서 할 수 있는 모든 지성인의 행동은 항상 그 잔디밭이 배경이었다. 적어도 내 상상의 세계에서, 대학생들은 잔디밭에서 책을 읽고, 공부를 하고, 토론을 벌이고, 노래를 부르고, 연애를 했다. 심지어는 막걸리를 마시는 일까지 대학 잔디밭을 빼놓고는 상상할 수 없는 이상향의 표식이었다. 당시에는 잔디밭을 구경하기가 어려웠고, 있더라도 하나같이 출입 금지 팻말을 문패처럼 달고 있어 그 안을 걷는다는 것은 엄두가 나지 않는 일이었다. 잔디밭을 누릴 수 있다는 것, 제 집 안방인 양 잔디밭에 거리낌 없이 들어가 털썩 앉을 수 있다는 것은 진정 대학생의 특권이었다.

마침내 잔디밭 너머로 강의동 건물이 나타났다. 그 견고하고 이국적이며 감탄을 자아내는 석조 건물을 마주하니, 마치 엄숙한 성소聖所에 온 듯 숙연해졌다. 콘크리트 더미에 불과했던 고등학교 교사와는 다른 위엄이 서려 있었기 때문이다. 푸르른 잔디밭과 그 뒤로 웅장하게 버티고 선 석조 건물은 그동안의 내 상상에 부합하는 완벽한 공간적 장치였다. 형의 묘사는 과장이 아니었고, 꾸벅꾸벅 조는 고등학생들에게 선생님이 내밀던 당근보다 더 달달했다.

그곳을 배경으로 교복도 입지 않고 머리도 제 맘대로 기른 대학생들이 오갔다. 급한 기색이라고는 보이지 않는 학생들의 나른하다 못해 빈둥거리는 듯한 태도. 대학생들은 뭐든지 할 수 있는 특권을 가진 존재였다. 적어도 까까머리 고등학생이 바라보기에는 그랬다. 대학생들은 자유분방했고, 대학은 특별한 자유의 공간이었다. 잔디밭과 석조 건물로 상징되는 상상의 공간, 대학은 그렇게 완성되었다.

드디어, 이화여대에 발을 들이다

이화여대는 여느 대학과는 입구부터 달랐다. 지명이 가슴을 설레게 하는 건 '이대입구'가 처음이었다. 지하철 노선이 생길 때마다 'ㅇㅇ대입구역'이 무수히 생겨나 흔한 이름이 되었지만, '이대입구'는 지하철이 생기기 훨씬 전부터 붙여진 고유명사였다. 그 앞을 지날 때면 왠지 은은한 향기가 나는 듯했다. 햇살이 비치면 화사해서 좋고, 비가 내리면 모든 풍경이 낭만적으로 보이는, 그렇게 보이게 만드는 마법의 힘을 가진 이름이었다. 지명 하나가 동네 전체를 화사하게, 미소 짓게 만든다는 것은 매우 특별한 경험이다.

"이대입구요~!"

버스 안내양의 외침에 모든 남학생들의 가슴은 콩닥콩닥 뛰었다. 어떤 여학생이 올라타고 내리는지 침을 삼키며 바라보았다. 미인이든 아니든 세련되었든 아니든, 모든 젊은 여자들이 달라 보이게 하는 아우라가 있는 정류장 이름이었다. 그런데 여기서 내리겠다며 가슴을 펴고 문 앞으로 당당하게 나서는 남학생들이 있었다. 저 녀석은 도대체 이대입구에 무슨 볼일일까? 미팅? 여자친구? 그 뿌듯함이 부럽고 당당함이 질투났다.

버스 정류장에서 이화여대로 향하는 '입구'라는 공간은 남학생들에게 허락된 마지막 공간이었다. 일종의 비무장지대요 민통선이었다. 학교에는 물론 남학생은 발도 들일 수 없었고, 그 입구조차 남학생들에겐 무슨 볼일이 있기 힘든 여성의 공간이었다. 옷 가게, 구두 가게, 미용실, 카페가 즐비했지만, '여자친구' 내지 '미팅'이라는 출입증 없이는 쉽게 접근할 수 없었다. 금남의 공간이라고 누가 금줄을 쳐놓은 것은 아니지만 일종의 여성 전용 거리였다. 남학생들은 교문 너머로 펼쳐져 있을 여학교 캠퍼스는 어떤 모습일지 상상하며 '입구'에만 머무를 수밖에 없었다.

그 캠퍼스에 내가 드디어 발을 들이게 되었다. 기웃거리기 시작한 지 수십 년이 지나서야 그 땅을 밟아보게 된 것이다. 이제는 친구의 딸이 다니는 학교이고 예전처럼 남자의 출입이 철저하게 봉쇄된 것도 아니었다. 그렇지만 그동안 입구에만 머물다가 학교 캠퍼스로 진입한다는 것은 암스트롱이 달에 첫걸음을 내디딘 것만큼이나 커다란 도약이었다.

이대입구와 이대를 가르는 철길 위로 다리가 있었다. 입구가 남성의 공간이자 속세라면, 그 다리 너머에는 여성의 공간이 있었다. 순결과 정숙 같은 근대적 여성성이 아직까지 힘을 발휘하는 공간이 있었다. 둘은 가느다란 다리로 힘겹게 연결되어 있었다.

철길이 지하로 들어가면서 철길 위 다리인 이화교도 없어졌다. 이제는 거리가 학교 안으로 반듯하게 이어진다. 왼편에 나지막한 벽을 세우고 거기에 학교 이름을 새겼다. 사진 찍느라 여념이 없는 중국인 관광객들로 그 앞이 만원이다. 거기서 사진을 찍으면 부자가 된다거나 시집을 잘 간다는 중국의 속설 때문이라고 한다.

인파를 뚫고 카메라를 피해 정문 안으로 들어서니 흉물스러운 주차 요금 정산소가 수문장처럼 버티고 있다. 당신은 이제 속세를 벗어나 성스러운 땅에 들었으니 마음의 준비를 단단히 하라고 이르는 듯하다. 마치 고딕 성당의 벽면에 조각된 일그러진 도깨비상과도 같다. 내부의 고요함을 대조적으로 보여주기 위해 의도적으로 세워둔 장치 같다.

그제야 '입구'에 갇혀 상상만 했던 공간이 본격적으로 신비의 베일을 벗으며 펼쳐졌다. 수없이 상상했지만 너무나 막연해서 그려볼 수도 없었던 금남의 공간, 신비의 캠퍼스를 내 두 눈으로 보게 된 것이다.

들어서면서 처음 만나게 되는 것은 예배당이다. 기독교 선교사들이 처음 열었고, 지금도 미션 스쿨이어서 학생들이 일주일에 한 번은 예배에 참석해야 한다. 고풍스러운 석조 건물의 예배당은 학교의 정체성을 정확히 말해

ECC의 어두운 지하 공간이 고딕 양
식과 잔디밭으로 구성된 대학 캠퍼스
를 완성한다. 그러나 캠퍼스는 실재
와는 분리된 상상의 공간일 뿐이다.

준다. 푸른 잔디밭과 나무들 사이로 다시 예스러운 건물들이 파노라마로 펼쳐진다. '입구'에서 상상했던 여자 대학의 단정한 풍경이다.

예배당 오른편으로 눈을 돌리면 놀라운 광경과 마주하게 된다. 봉긋한 작은 동산에 칼집을 내듯 예리하고 정확하게 잘라낸 길이 가로놓여 있다. 사실 길이라기에는 좀 넓고 광장이라고 하기에는 속도감이 있다. 그래서 머무르기보다는 걸음을 재촉해 어서 지나가야 할 공간으로 보인다. 그렇게 그 길을 지나면 뭐라 이름 붙일 수 없는 공터가 나온다. 공터 양편에는 일정한 간격으로 철제 기둥들이 줄지어 서 있는데, 그 사이사이에 유리를 끼워놓았다. 생일 케이크를 자르듯, 작은 톱니날이 있는 플라스틱 칼로 잘라낸 듯하다. 정확하게 한 조각만 덜어낸 케이크의 내부가 보인다. 케이크 내부에는 사람들이 있다. 사람들이 계단을 오르내리고, 복도에도 사람들이 오간다. 그 한 켠 너머 카페에도, 상점에도 사람들이 오가는 모습이 보인다. 모세가 갈랐다는 홍해의 안쪽을 보는 듯하다. 그때도 물고기가 퍼덕거리고 있었을까?

완만한 경사로를 따라 내려가다 보면 캠퍼스는 점점 자취를 감추고 유리벽의 키가 쑥쑥 자란다. '캠퍼스 밸리'라 불리는 유리의 협곡이 시작되는 것이다. 먼저 잔디밭이 없어지고 나무가 점점 작아지다가 건물의 머리가 사라지고 파란 하늘만 남는다. 경사로가 끝나고 잠시 편평해지면 걸음을 멈추고 사방을 돌아보게 된다. 하늘과 4층 높이의 유리벽, 그리고 돌바닥만이 남는다. 홍해 바다 위, 아니 홍해 바다의 바닥에 서게 되는 것이다. 바다 한가운데 서 있는 듯한 낯선 경험이다. 완벽하게 무미건조하며 차가운 공간이다. 조금 전에 지나온 푸른 캠퍼스는 어디로 숨었단 말인가. 이 극적인 대조를 위해 경사로는 풀 한 포기 없이 단정한 돌로 포장되어 있다. 나무 한 그루쯤 심었을 법한 공간인데도.

　그러다 다시 계단이 시작된다. 계단을 오르면 비스듬히 대학 본관과 만난다. 또다시 잔디밭과 석조 건물이다. 언제 무슨 일이 있었냐는 듯 시치미 뚝 떼는, 평온한 모습이다. 본관은 품위 있는 사감 선생의 모습이다. 방금 세상 어디서도 본 적 없는 극적인 공간을 거쳐 왔건만 그 놀라운 경험을 아무리 설명해도 믿지 않을 듯한 완고한 모습으로 단정하게 서 있다. 뒤를 돌아보면 다시 유리의 협곡이 보인다. 그 뒤로 신촌역 부근의 어지러운 도심이 저만치 물러나 요란스럽다.

캠퍼스의 낭만을 사수하라

이화여대가 지금의 터에 자리를 잡은 것은 1935년이다. 정동의 이화학당으로 시작했지만 고등학교와 대학교를 분리하면서 대학교만 떼어내 새 캠퍼스를 마련했다. 물론 당시 신촌은 한적한 교외였다. 영국식 건축 양식이라고 하지만, 미국의 명문 사립 여자 대학인 웨슬리 대학의 캠퍼스를 참조했다고 한다. 푸른 잔디밭이 펼쳐지고 그 위에 고풍스러운 석조 건물이 군데군데 솟아 있는 웨슬리의 캠퍼스는 교양을 갖춘 신세대 여성 교육의 장으로 적당해 보인다. 그 후로 이곳 캠퍼스에는 훨씬 더 많은 건물이 들어섰다. 유행하는 건축 양식에 따라 시기별로 첨단의 건축을 시도했지만 다른 대학에 비해 차분한 분위기의 캠퍼스다. 꾸준히 같은 건축가에게 설계를 의뢰했고 '석조'라는, 대학의 트레이드마크 같은 재료를 고수한 덕이다.

ECC는 작은 규모의 도시를 땅속에 지어, 캠퍼스를
자족적이며 폐쇄적인 공간으로 만든다.

2003년에 이르러 이화여대는 새로운 캠퍼스 건축 계획을 발표했다. 이 계획에 내건 광고 문구는 "학생들이 머물고 싶은 캠퍼스"였다. 그 계획이 실현된 캠퍼스를 살펴보자. 계획의 주된 내용은 약 2만 평가량의 공간을 확보하는 것이었다. 축구장 하나가 1500평 정도이니 어마어마하게 넓은 공간이다. 그런데 사실은 그 절반이 주차장이다. 지하 2개 층에 1천 대가량을 주차할 수 있는 공간을 만들었다. 자동차로 뒤범벅이 된 캠퍼스에 가장 절실한 시설이다. 거기에 강의실, 도서관, 강당 같은 교육, 학술 공간을 채워 넣었다. 나머지는 상업 시설인데 그 규모가 5천 평 정도다. 웬만한 쇼핑몰로 봐도 손색이 없을 규모다. 들어가 있는 시설만 해도 어느 대학에나 있는 식당, 매점만이 아니라 카페, 미용실, 안경점, 중국음식점, 심지어는 영화관까지 있다. 하나의 작은 도시다. 〈한겨레신문〉의 노형석 기자는 이를 두고 상업이 대학 캠퍼스까지 파고든 신자유주의적 경향이라고 비판한다.

> "고밀도 고층 아파트에 넓은 녹지 공원이 있는 '빛나는 도시'의 콘셉트가 거꾸로 땅속에서 재현된 느낌이다. (중략) 마음에 걸리는 건 이대 교정이 스스로 전면의 몸을 갈라 인공 계곡의 한가운데서 자기 속으로 끌어들인 가장 핵심적인 풍경이 문자 그대로 장사치들의 공간이라는 점이다."

말 그대로 도시의 일부가 땅속에 거꾸로 처박혀 있다. 이 작은 도시의 설계를 위해 세계적으로 유명한 건축가 세 명을 초청했다. 세 건축가는 청중 앞에서 자신들의 아이디어를 설명했고, 실의응답을 통해 보다 자세히 설명할 수 있는 기회를 얻었다. 당시 건축계에서는 놀라운 이벤트였다. 세계적인 건축가들이 모여 토론하고 자신의 설계안을 관철시키기 위해 애쓰는 모습 자체가 이벤트였다. 프랑스 건축가 도미니크 페로Dominique Perrault가 당선되었는데 그는 파리의 프랑스국립도서관을 설계한 건축가다. 단정한 덩어리를 위해 여러 잡다한 시설을 지하로 몰아넣은 이화여대의 건축 기법이 프랑스국립도서관과 여러모로 닮았다.

　　건축가는 칼집을 내고 그 안에 잡동사니를 꾹꾹 우겨 넣었다. 근엄하고 순수한 대학의 이미지에 맞지 않다 싶은 잡다한 것들은 죄다 밀어 넣었다. 그러고는 톡톡 다듬어 다시 봉긋한 동산을 만들었고 캠퍼스는 평온을 되찾았다. 자동차들에 침범당했던 교내 도로는 다시 고요한 산책로가 되었다. 도서관과 매점과 식당을 오가던 학생들은 지하 도시에 머물게 되었다. 유리의 협곡은 이 지하 도시를 위한 것이다. 지하에 빛을 넣고 맑은 공기를 넣어 환기를 하고, 사람이 드나들기도 하는 매우 기능적인 공간이다.

'대학고딕' 사수를 위한 지하 개발 프로젝트

ECCEhwa Campus Complex가 지하에 공간을 만들었다는 것은 다른 차원의 의미를 갖는다. 이는 건축가의 선택이라기보다는 설계 경기를 기획하고 주관한 대학 측의 의도였다. 건축가들은 지하로 파고들 수밖에 없었다. 온갖 잡동사니를 지하에 배치해 기존 캠퍼스의 질서를 유지하면서 새로운 공간을 확보하겠다는 것이다.

　　지하 공간은 도시적으로, 건축학적으로 몇 가지 문제를 던진다. 인류가

고딕 양식이 대학을 상징하게 된 것은 그것이
'오래된 것'과 그에 따른 권위를 표상하기 때문
이다. 고딕과 잔디밭은 짝을 이루며 대학 캠퍼
스라는 상상의 공간을 완성한다.

동굴에서 걸어 나온 후로 머무를 곳을 찾았지만 지하는 정주의 공간이 아니었다. 신선한 공기가 있고 밝은 지상에 비해 지하는 어둡고 습한, 그야말로 음습한 공간이다. 지하는 불길하며 비위생적이다. 서양에서 지하는 우리네 공동묘지와 마찬가지로 괴담의 장소였다. 거기엔 사탄과 유령만이 살 뿐이었다. 프랑스 같은 나라에서는 석회암의 무른 지질 덕에 긴 지하를 파고 와인을 저장하기도 하지만, 그렇다고 사람이 사는 공간은 아니었다. 우리의 경우도 마찬가지여서 지하는 죽어서 돌아가는 묘지가 전부였다.

이런 지하에 사람이 머물기 시작한 것은 현대에 들어와서의 일이다. 인공 환기와 조명이 가능해지면서 부족한 공간을 보이지 않는 곳에 만들 수 있는 일종의 묘수였다. 지하철역 주변의 상업 공간, 지하상가, 지하 통로와 같은 지하 공간은 우리에게 매우 익숙하다. 이를 서양의 다른 나라에서는 찾아보기 힘든 것을 보면, 우리나라에서 지하 공간이 본격적으로 개발되고 유행하게 된 데는 일본의 영향이 크다고 할 수 있다. 일본은 '지하의 나라'라고 부를 만큼 지하 개발에 적극적이다. 국토는 좁은데 인구밀도는 높은 탓이기도 하다. 현대에 들어서며 폭발적으로 증가하는 건축의 수요를 지하가 모두 감당하는 듯하다. 지하 공간은 외장 마감을 할 필요가 없어 건축비가 저렴하다. 지상처럼 기온차가 크지 않아 유지비 또한 저렴하다.

다른 하나는 도시계획의 문제다. 도시계획가들은 건물과 공지와 그것들을 연결하는 도로 같은 재료를 가지고 디자인을 한다. 조경사들이 꽃과 나무를 가지고 디자인하고, 그래픽디자이너들이 이미지와 문자를 가지고 디자인하는 것과 마찬가지다. 도시계획가들은 개개의 건물을 설계하는 것이 아니라, 건축물의 대략적인 높이와 체적을 예상하고 이를 숫자로 바꾸어놓는다.

그런데 현재 한국의 건축 법규는 지하 공간을 용적에 포함시키지 않는 맹점을 이용해, 허용된 것 이상의 체적을 담으려 한다. 하지만 지하 공간은 거주자의 위생과 안전, 화재 등에 취약한 문제를 드러내고, 주변의 지하수계를 교란하기도 한다.

ECC의 문제는 이러한 지하 공간이 고딕풍과 잔디밭이라는 상상의 공간을 완벽하게 구성하기 위해 이용된다는 것이다. 대학의 건물들이 돌로 지어진 것은 단순히 재료의 문제만은 아니었다. 건축 양식으로 보자면 일종의 고딕 양식이다. 18~20세기 초에 서구에서 유행했던 것이고, 중세의 고딕과 구분하여 네오고딕이라고도 부른다. 대학 건축 양식으로 워낙 유행해서 '대학고딕'이라는 소분류의 명칭이 붙었을 정도다.

대학 건물이 어떻게 고딕 양식에 매료되었는지에 대해서는 의견이 분분하지만, 대체로 당시 고딕이 '오래된 것'을 상징했기 때문이라는 견해가 우세하다. 18세기 산업혁명에 성공한 영국은 신생 부국이었고 역사와 권위가 필요했다. 이때 지어진 대표적인 건축물인 웨스트민스터 사원의 경우를 살펴보면 이런 사실이 분명해진다. 영국이 자랑하는 건축물이지만 유럽 본토에 비해 5백 년, 길게는 천 년이 뒤진 건축 양식이었던 것이다. 일종의 시대착오적인 건축물이었던 셈이다. 영국은 건축이나 회화의 역사를 통해 단 한 번도 고유의 양식을 제시하지 못한 터였다. 프랑스는 고딕과 로코코 양식을, 이탈리아는 르네상스 양식을 만들어냈지만 섬나라 영국은 양식을 만들어내기보다는 그때그때 자신들에게 맞는 양식을 수입해 사용한 일종의 문화 수입국이었다.

오래된 것은 권위를 상징했고, 18세기 영국의 대학들에게 고딕 양식은 그야말로 가장 걸맞은 건축 형태였다. 그렇게 해서 옥스퍼드나 케임브리지 같은 영국의 명문 대학들이 고딕 양식으로 건축되었고, 예일, 프린스턴 대학과 같은 미국의 많은 대학들이 이를 모방해 '대학고딕'의 절정기를 구가했다. 고딕 양식이 유행했던 유럽과는 기후가 판이하게 다른 열대의 플로리다 대학도 고딕 양식으로 지어졌다. 이는 다시 일본을 통해 우리나라에도 자연스럽게 흘러들어 웬만한 대학에는 이런 고딕 양식의 건물이 적어도 한 채는 있을 정도다. 모방의 단계를 몇 번 거치는 동안 최초의 고딕 양식보다는 단순해져서 그 원본과는 매우 달라 보이지만 몇 가지 특성을 보면 여전히 고딕 양식이라고 부를 만하다. 육중한 돌이라는 재료가 그렇고, 그걸 거칠게 다룬 것, 뾰족한 아치나 깊이 팬 출입구와 창문이 그 증거다.

　　잔디밭과 고딕풍의 석조 건물로 상징되는 대학은 흙바닥 운동장과 단순한 형태의 콘크리트 건물의 고등학교와 대조의 쌍을 이룬다. 둘은 항상 같이 붙어 다니는 일종의 문법을 만든다. 즉 잔디밭 뒤의 콘크리트 건물은 어울리지 않는다. 마찬가지로 석조 건물 앞의 흙바닥 또한 무언가 잘못된 듯한 구문의 오류처럼 보이게 한다.

　　어찌 됐건 대학은 잔디밭과 석조 건물로 기호화된 상상의 공간이 되었고, 캠퍼스는 일종의 시뮬라크르 또는 이상적인 것의 현실적인 모사체가 되어 고이 모셔질 뿐이다. "학생들이 머물고 싶은 캠퍼스"라는 구호는 실현되었다. 그러나 상상적인 공간으로서의 캠퍼스와 실제 머무르는 지하 공간으로 분리되어 이중의 현실을 강요한다. 학생들은 지하의 강의실, 도서관, 카페에서 생활하고, 푸른 잔디밭의 교정은 상상의 차원에서만 작동하는 것이다.

　　게다가 도시의 기능을 캠퍼스 안 지하에 모아둠으로써 대학은 근처의 커뮤니티와 소통할 수 있는 장치를 잃었다. 도시에 융합되고 참여하며 소통하는 형식 또한 상상의 차원에서만 가능하다. 상점마저 캠퍼스에 끌어들여 작은 도시, 특히 자족적이며 폐쇄적인 캠퍼스를 구성한다는 생각은 모더니즘의 자기 완결성을 연상케 한다. 자기 완결성 또는 자기 참조성은 모더니즘 건축이 추구했던 가치이며, 그것의 성공뿐만 아니라 실패도 가져왔다.

근대 이전 또는 계몽 시대 이전의 사회는 각 영역별로 분화되기 전이었다. 신과 종교가 세상을 지배하고 설명했다. 이성의 힘으로 세상을 다시 보려는 모더니즘은 영역별로 분리시키고 고립시키면서 내적인 원리로서 세상을 설명하고자 했다. 이러한 철학적, 문예사적 배경에서 근대 건축은 맹목적으로 자기 완결적 건축과 단지를 추구한다.

모더니즘 건축의 완성자이자 최고의 건축가였던 르 코르뷔지에는 '주거의 단위'라는 대형 공동주택을 설계한다. 너무 완벽하고 이상적이어서 지구상의 어디에서나 실현될 수 있다고 주장했으며, 실제로 서유럽 곳곳에 다섯 채의 똑같은 아파트가 건축되었다. 넓은 공원과 옥상정원이 있고 중간층에 도시의 거리를 닮은 상점까지 있는 아파트였다.

이때 내세운 것이 '기선의 비유'였다. 대륙을 오가는 당시의 기선은 적어도 한 달가량을 항해해야 했다. 따라서 기선은 자기 완결적인 체계를 갖춘 작은 도시와 다름없었다. 승객들은 먹고 자는 것뿐만 아니라 산책하고 유희를 즐기며 다른 이들과 교류하는 것 또한 이 닫힌 체계 안에서 해결해야 했다. 그리고 기선은 그 역할을 완벽하게 수행한다는 것이다. 이 아파트는 다른 성공적인 요소도 많아서 지금까지도 그 원형을 유지하며 쓰이고 있다. 그러나 이를 모델로 미국에서 실현된 프루이트아이고Pruitt-Igoe 아파트는 지은 지 10년도 되지 않아 철거되고 말았다. 주변과 소통하지 않고 스스로 고립되어버리는 건축의 최후였다. 이런 이유로 그 철거 장면은 모더니즘 건축의 최후를 보여주는 사건으로 극화되어 인용되기도 한다.

닫힌 대학과 이대 앞 상권의 몰락

하버드 대학 정문에 가본 사람은 아무도 없다. 하버드 대학에는 정문이 없기 때문이다. 대학을 에워싸서 만든 담장이 없기에 당연히 정문이 있을 수 없다. 미국의 고등학생들이 가장 선망한다는, 신흥 명문으로 떠오르는 뉴욕 대학New York University은 한 술 더 뜬다. 뉴욕 대학은 그리니치빌리지 주변에 떨어져 있는 건물들이 교사의 전부다. 건물마다 보라색 깃발을 달아 대학 건물임을 표시해두긴 했지만 깃발들 사이에는 대학과 상관없는 건물들이 버젓이 끼어 있다. 구멍가게도 있고 옷 가게, 카메라와 전자 제품 판매점, 서점, 그다음에는 다시 깃발 달린 학교 건물, 기숙사, 다시 식당, 가게……. 깃발만 없다면 맨해튼의 여느 거리와 다름없는 도시의 일부다. 근처의 공원을 캠퍼스 삼아 그 주위로 대학 본관, 도서관 등이 자리하고 있다. 도시와는 경계나 구분이 없다. 이 학교의 도서관은 건축가 필립 존슨Philip Johnson이 설계한 유명한 건물인데, 그보다 더 유명한 사실은 다른 학교의 학생들도 이 건물을 자유롭게 이용한다는 것이다.

　세계적으로 명성이 자자한 파슨스스쿨Parsons The New School for Design도 마찬가지다. 파슨스의 건물들은 뉴욕 대학보다도 더 심하게 도시와 섞여 있어서,

건물의 몇 개 층만 임대해 학교 강의실로 사용하는 경우도 있다. 실제로 1층은 슈퍼마켓이고 2층은 사무실, 그 위층을 대학 강의실로 쓰는 예도 있다. 거기서 수업을 듣다 보면 건너편 건물의 헬스클럽이 보일 정도다. 강의실 저편으로 현란한 에어로빅의 우스꽝스러운 동작이 음악 없이 들여다보였던 경험이 있다. 강의실과 도서관이 도시와 섞여 있는 모습이 전혀 부자연스럽지 않다. 비좁은 도시에 위치한 유럽의 대학들은 말할 것도 없다.

미국에는 도시 전체가 대학인 곳도 있는데 역시 담장이나 정문은 없다. 도시 자체가 대학 타운이기 때문이다. 도심에 있는 대학은 대학대로, 시골에 있는 대학은 또 그 사정대로 담장이나 정문이 없다. 대학이 담장을 두르고 오가는 사람의 출입을 통제하는 문을 가진 것은 몇몇 나라에만 있는 특이한 현상이다.

이화여대라는 대학이 이대입구라는 지역, 나아가서는 신촌의 발전과 부흥에 결정적인 역할을 한 것은 사실이다. 이와 마찬가지로 ECC의 개발이 지역의 쇠락과 시기적으로 일치하는 것은 우연이 아닐지도 모른다. 그곳 교정을 나서며 문득 오스카 와일드의 동화《거인의 정원》이 떠올랐다. 거인은 잘 가꿔진 큰 정원을 가지고 있었다. 아이들이 자신의 정원을 망친다고 생각한 거인은 아이들을 정원에 들이지 않았다. 아이들과 함께 햇볕과 여름도 들어오지 못해 정원에는 겨울과 우박뿐이었다. 정원의 꽃과 나무들은 시들고 정원은 폐허가 되었다. 거인은 크게 뉘우치고 아이들을 친구로 맞이해, 풍성한 여름의 정원을 되찾게 된다. 대학 캠퍼스의 문을 활짝 열어 여름을 되찾아야 한다.

ECC는 지하 공간의 마법으로 모든 문제를 단칼에 해결하려 했다는 점에서 과잉된 의도를 갖고 출발한 건축이다. 이상적인 대학 캠퍼스라는 상상의 공간을 지켜내기는 했으나 그 대가로 일상의 공간이 분열되는 결과가 나타났다. 영화로 말하자면 의도는 〈해리포터〉스러우나 그 결과는 〈매트릭스〉의 것이 되고 말았다. 대학은, 특히 그토록 자랑스러워하는 캠퍼스라면 스스로 땅 밑을 파고들어 가서 웅크리고 문을 걸어 닫을 게 아니라 문을 열고 담장을 낮춰 도시에 참여해야 한다. 서울에서도 도시의 일부로 녹아든 새로운 캠퍼스를 상상해본다.

래미안 퍼스티지 아파트

서울시 도시계획위원회는 격주로 열리는데 매번 열 건 정도의 안건을 처리한다. 시민들의 재산권과 관련된 문제가 많아 가능하면 모든 안건을 신속히 처리하려고 노력하는데, 사정이 여의치 않을 경우에는 새벽에 특별 회의를 하기도 한다. 안건의 절반 정도는 재건축이나 재개발 같은 아파트 계획안이다. 아파트를 짓기만 하면 돈이 되던 시절은 지났다. 이제는 가진 돈만으로는 빠듯하거나 분담금을 내야 하는 경우도 많다. 그렇게 무리를 해서라도 열악한 환경에서 하루빨리 벗어나려는 주민들의 심정은 이해한다. 하지만 아파트 설계에는 대개 많은 문제가 따르기 때문에 안건을 통과시키기가 쉽지 않다.

아파트를 한 층이라도 더 올리고, 한 평이라도 더 넓혀 지으려는 시공사와 주민들 그리고 도시 전체의 조화를 생각해야 하는 위원회의 입장은 종종 대립한다. 도시계획위원회 내부에서조차도 의견이 엇갈리기 십상이다. 그만큼 아파트라는 주거 공간은 개인의 취향과 이익과 생각이 충돌하는 건축 형태다. 이를 압축적으로 보여주는 예가 반포 래미안아파트다.

한 아파트 재건축 계획안을 놓고 토론하던 중이었다. 기존의 아파트에서 주차 공간을 전부 지하로 끌어내리고 공원 같은 아파트로 새롭게 짓겠다는 계획안이었다. 건물 형태는 이른바 '갤러그형'이어서 울퉁불퉁했다. 그런데 기존의 아파트보다 면적이나 세대는 늘지 않는데 층수는 두 배로 늘려 30층짜리 아파트를 짓겠다는 것이었다.

"이건 결국 또다른 반포 래미안아파트를 짓겠다는 얘기입니다." 안건에 반대하는 한 위원이 말했다.

"반포 래미안이 어때서요? 전국에서 가장 비싼 아파트인데 그만큼 좋으니까 비싼 거 아니겠습니까? 그렇게 말씀하시면 괜히 샘낸다는 소리나 들으니 그런 말씀 마세요!" 다른 위원이 웃으며 말하자, 회의장의 무거웠던 분위기가 한결 부드러워졌다.

"맞아요. 거기 사는 사람 말에 따르면, 요즘도 하루에 몇 번씩 전국의 재건축, 재개발 조합원들이 견학을 온답니다." 다른 위원이 거들었다.

"최고급 아파트가 되는 데는 입지가 결정적인 역할을 합니다. 그런데 그 입지라는 것은 주민들의 노력보다는 서울 시민 전체의 세금과 노력으로 만들어지는 것입니다. 그걸 단지 주민들이 독단적으로 누리려고 해서는 안 되고 도시 전체를 위해 공헌을 해야겠지요." 시의원이 의견을 더했다.

"근처를 한 번 걸어보세요. 생각이 달라질 겁니다. 특히 밤에는요." 반대하던 위원이 말했다.

반포 래미안은 '국가 대표 아파트'다. 근처 부동산에서 내건 광고 문구로, 틀린 말은 아니다. 우선은 입지가 국내 최고 수준이다. 길 하나만 건너면 고속버스터미널이고, 자동차로 반포대교를 건너 똑바로 달리기만 하면 이태

원을 지나 시청 앞까지 한 번에 가 닿을 수 있다. 반대 방향으로 내려가면 경부고속도로를 탈 수 있고, 공연을 보러 예술의전당에 가려면 10분 전에만 출발하면 된다. 동서로 달리는 올림픽도로나 강변도로를 타는 것도 신호등 하나만 지나면 된다. 한강공원에도 걸어서 갈 수 있다. 그 입지만으로도 '국가대표'라고 하기에 모자람이 없다. 게다가 아파트 가격에 중요한 영향을 미치는 단지 규모도 2400여 세대로 적절하고, 학군 역시 국가 대표급이다.

공원 같은 조경 또한 빼놓을 수 없다. 아파트 단지 내의 조경이라기보다는 공원에 아파트가 서 있다고 하는 게 더 맞는 표현이겠다. 물론 자동차는 보이지 않는다. 모든 주차 공간을 지하에 넉넉하게 만들어 숨겨두었기 때문이다. 아파트 단지 안은 언덕이나 경사 없이 편평하다. 모든 세대는 남향이거나 적어도 반쯤은 남향으로 걸친 배치여서 부동산 시장에서 선호하는 조건을 모두 만족시킨다. 경비나 보안 또한 물샐틈없이 완벽하다.

아파트 단지 내부에 들어가면 눈이 휘둥그레질 정도다. 조금 전까지 느꼈던 도시의 혼잡스러움은 온데간데없이 사라지고 고요와 적막의 공간이 펼쳐진다. 하나하나 정성 들인 조경이 아기자기하고 다채로우며 때로는 웅장하다. 각각의 공간이 테마를 가지고 계절마다 다른 색의 꽃으로, 나무로 변신하며 눈이 쉴 틈을 주지 않는다. 아파트 단지 가운데에는 호수라고 부르기에는 다소 작지만 그래도 호수라고 불리는 연못이 있고, 그 연못을 여러 시설이 에두르고 있다. 놀이방, 커뮤니티 시설, 카페 등이 근사한 전경과 어우러져 있다.

단지의 입지, 규모, 평형, 조경, 학군, 교통, 재벌 브랜드……. 아파트 가격을 결정하는 요인 중 어느 하나 처지는 것 없이 대한민국 최고의 조건을 두루 갖추었다. '국가 대표 아파트'라는 말이 과장이 아니다. 그것도 전성기 때의 차범근, 허정무, 홍명보, 박지성이 한 팀을 이룬 것과 같은 역대 올스타급 국가 대표 아파트다. 그러니 선망의 대상이 되는 것은 당연하다. 아파트 가격도 일반 서민이 감당할 수 있는 수준을 훌쩍 넘어선다.

이런 아파트를 '못된 건축'이라고 부르는 것은, 높이 있어 따 먹지 못하는 포도에다 대고 "아무도 먹지 않는 신 포도"라고 투덜대는 이솝 우화 속 여우 같은 짓일까? 서민은 도저히 엄두도 내지 못할 가격에 좌절한 나머지 흠집을 내려는 것일까?

아무나 걷지 못하는 거리

반포 래미안아파트 단지가 도시적으로 옳지 않다고 말하는 가장 큰 이유는 주변의 가로에 걷는 이가 없기 때문이다. 아니, 걷지 못하게끔 만들었기 때문이다. 단지의 북쪽 도로는 신반포로다. 논현동에서 고속버스터미널을 지나 이수교로 이어지는 강남에서도 몇 안 되는 중요한 도로다. 그런데 북적이는 이 도로변이 고속버스터미널과 센트럴시티에서는 미어터질 듯하다가 이 아파트에 이르러서는 갑자기 한산해진다. 그러다 학교 방음벽이 나오고 다시 구 반포상가가 나오면서 활기를 되찾는다. 한 강연에서 이 두 장면의 사진을 보여주자 질문이 쏟아져 나왔다.

"같은 시간에 찍은 사진이 맞나요? 그럴 리가요……."

"하나는 공휴일에 찍은 거 아닌가요?"

"절대 그렇지 않습니다. 똑같은 시간에 돌아서서 찍은 겁니다. 그만큼

반포 래미안아파트 주변 모습. 같은 시간
에 방향만 바꾸어 찍은 사진이다. 한 편
의 한적함과 다른 편의 도시적 번잡함이
믿어지지 않을 정도로 대조적이다.

문제가 심각하다는 것이겠지요."

　　논란이 된 두 장의 사진은 대조적인 광경을 보여준다. 왼쪽 사진 속 래미
안 퍼스티지 아파트의 주변 도로는 깔끔하게 정돈되어 있고 잔디밭에는 나무
가 우거져 있다. 하지만 걷는 이가 없다. 바로 옆에 지하철역 출입구가 있는데
도 걷는 사람이 없다. 반면 오른쪽 사진은 왼쪽 사진에서 바로 이어지는 도로
변인데도 사람들의 모습이 보인다. 70년대 아파트가 아직 재건축되지 않고
옛 모습 그대로 남아 있는 곳이다. 5층 높이의 아파트 단지인데 도로변으로

상가들이 이어져 있다. 이 상가들이 사람들을 불러들이고, 사람들이 오가는 활기가 다시 상가를 살리고 있다.

밤이 되면 두 곳의 차이는 더 극명해진다. 분명 서울의 도심인데도 래미안 퍼스티지 아파트 주변은 어두컴컴한 데 반해, 옛 반포아파트 상가는 쇼윈도 불빛으로 밝고 활기가 있다. 날이 밝으면서 공포영화가 끝나는 것처럼, 어두운 데서 불빛과 사람을 만나면 반갑게 마련이다. 그런데 아파트 주변 숲에서는 상황이 다르다. 누군가하고 마주치기라도 하면 머리카락이 쭈뼛 서는 느낌이다. 되도록 눈을 맞추지 않으려 애쓰면서도 상대를 곁눈질로 경계하며 지나치게 된다.

이것이 제인 제이컵스Jane Jacobs가 말하는 거리의 힘, 전통적인 도시의 힘이다. 위대한 도시사상가로 꼽히는 그녀는 지역사회와 도시계획, 특히 도시의 쇠퇴에 관심을 가지고 사회운동을 펼쳐 전통적인 도시를 구했다는 평가를 받는 인물이다. 그녀는《미국 대도시의 죽음과 삶》이라는 책에서 밤새 불이 켜진 거리와 그곳을 걷는 이들은 범죄를 "자연 감시"하게 된다고 주장한다. 가로등을 달거나 방범용 카메라를 달 필요가 없다. 상점이 가로등이요 방범초소다. 그뿐인가. 자기 가게 앞은 알아서 청소한다.

아파트 단지 안에서도 마찬가지다. 한 블로거는 반포 래미안 퍼스티지 아파트의 친척집을 방문한 소감을 마치 놀이동산에 다녀온 듯 적었다.

겨울방학 나들이, 래미안 퍼스티지 즐거웠어요.
단지 내 산책로, 끝이 안 보이는군요.

끝이 보이지 않는 산책로가 있는 이 아파트 단지야말로 한국형 아파트의 종결자라고 할 수 있겠다. 도심에 끝없이 펼쳐진 산책로를 가진 아파트라니. 이 아파트 단지가 국가 대표 아파트가 되었다는 것은 무엇을 뜻하는 것일까. 끝이 안 보이는 산책로는 좋은데, 문제는 사람도 안 보인다는 것이다.

같은 아파트는 아니지만 비슷한 시기에 재건축된 잠실의 대단지 아파트에 사는 친구의 고백은 충격적이었다. 친구는 그곳에 이사한 후로 1년 동안 자신이 어떤 아파트에 살고 있는지 실감하지 못했다고 한다. 매일 자동차로 지하 주차장을 통해 들고 났기 때문이다. 그때까진 조경은 아름답지만 주변 건물이 높아서 답답하다는 정도의 인상만 갖고 있었다고 한다. 그런데 어느 날 밤 택시를 타고 아파트 앞에서 내려 걸어 들어오게 되었는데, 그 느낌이 기괴했다고 한다.

"아파트 단지 안이 마치 마법의 숲 같았어. 수풀 사이로 높은 건물들이 무표정하게 서 있는 게 어찌나 섬뜩하던지."

낮에는 아름다워 보이던 조경이 밤에는 그렇게 무서워 보일 수가 없더란다. 게다가 요즈음 관리비를 아낀다고 조명도 다 꺼놓아 앞이 안 보일 정도로 어두운 탓에, 앞에 마주 오는 사람이 반가운 이웃인지 수상쩍은 외부인인지 제대로 알아보지도 못하고 몸부터 움찔 움츠리게 된다는 것이다. 녹지가 밤에는 동화 속 마녀의 숲처럼 공포의 대상으로 변하는 것이다. 우리에게 숲은 곧 산을 뜻하지만, 평지의 숲은 유럽 동화에나 나오는 낯선 공간이다. 마녀에게 쫓기면서도 누구의 도움도 기대할 수 없는 동화 속 어린 주인공처럼, 아파트의 어둠에 사로잡히면 그 서늘하고 불길한 기운 때문에 걸음을 빨리하게 된다. 그것도 자신의 집 앞에서 말이다.

19세기 어느 영국 청년의 몽상, 전원도시

서울의 아파트 단지들은 정도의 차이는 있지만 19세기의 '전원도시' 또는
'빛나는 도시'의 이상을 따르고 있다.

집들을 다닥다닥 붙여놓는 대신 커다란 공원을 만들고 거기에 고층 아
파트를 지어 올린다는 생각은 분명 '전원도시'라는 이상을 충실히 따르는 것
이다. 영국의 도시계획가 에버니저 하워드Ebenezer Howard가 전원도시의 아이디
어를 발표한 지 백 년이 지나 지구 반대편에서 처음으로 대규모로 완벽하게
실현된 것이다. 19세기 말, 산업화와 도시화가 급격히 진행되던 런던에 살고
있던 하워드는 도시나 건축에 대해서는 전혀 모르는 타자기 외판원이었다.
산업혁명 이후 런던은 '세계의 공장'이 되었지만, 전체적인 도시 구조는 좁고
구불구불한 길로 이루어진 중세의 도시를 벗어나지 못했다. 자본과 공장, 그
리고 노동자들이 몰려들었고, 도시의 생활환경은 열악하다 못해 비참한 지경
이었다. 도시가 불결하고 혼잡하며 범죄가 끊이지 않는 장소가 되어 혐오의
대상으로 전락하기 시작한 것도 이때부터다.《올리버 트위스트》같은 소설의
시간적 배경도 이 무렵인데, 찰스 디킨스 역시 소년 노동자로 열 살 때부터 좁
은 아파트에 살며 하루 열 시간 넘게 공장에서 일을 했을 정도였다.

19세기 영국의 도시 환경에 대해 회의를 품었던 하워드는 자신이 꿈꾸
는 도시를 종이 한 장에 그려놓고 이를 '전원도시Garden City'라고 이름 붙였다.
전원도시는 그 내용보다는 작명에서 히트를 쳤다. 그의 주장에 당시의 열악
한 도시 환경을 비판하는 것 외에는 특별한 내용이나 알맹이는 없었지만, '전
원'과 '도시'라는 형용모순적 이름 덕에 너도나도 전원도시를 외치게 되었다.

자연에 살면서 공원 같은 곳에서 일하고 시골길 같은 길을 따라 출퇴근하고 싶다는 외침이었다. 이 얼마나 멋진 생각인가.

전원도시의 개념은 프랑스 건축가 르 코르뷔지에에 의해 보다 정교하게 체계적으로 발전한다. 하워드의 생각이 아마추어의 푸념에 가까운 것이었다면, 르 코르뷔지에의 개념은 논리적이며 철학적인 배경을 갖추고 있었다. 무엇보다도 그는 생각하는 바를 그려낼 줄 아는 건축가라는 점에서 하워드와 달랐다.

르 코르뷔지에는 과거의 인습에서 벗어나 인간의 지력과 이성으로 새로운 세상을 창조할 수 있다는 모더니즘 철학에서 출발한다. 전통 도시가 가진 생태적이고 유기적인 특성을 무시한 채 이를 깨끗이 밀어내고 새로운 세상, 새로운 도시를 창조하겠다는 것이다. 그는 '빛나는 도시'라는 계획을 발표했는데 이를 위해 우선 도시를 네 가지 용도로 구분했다. 주거, 업무, 위락, 교통의 네 개 구역Zone을 만들고 이를 광활한 고속도로로 연결하는 것이다. 이 생각은 타당하기도 해서, 현대 도시의 '조닝Zoning' 개념에 그대로 반영되어 전해지고 있다. 도시를 상업지역, 주거지역으로 나누는 것이 그 예다.

전원도시의 개념에서 중요한 점 또 하나는 도시의 모든 부분을 공원처럼 조성하는 것이다. 푸른 잔디와 나무로 대부분의 땅을 덮고, 건물은 땅에 최소한으로 닿게 하고 필요한 용적은 위로 높이 올려서 해결했다. 래미안 퍼스티지가 추구하는 아파트의 모형과 똑같다. 도시는 아름다워 보였다. 적어도 조감도에서는 그랬다. 푸른 나무들에 가려 보일 듯 말 듯 한 건물들. 도시는 푸른 초록에 싸여 아름답게만 보였다.

'전원도시'와 '빛나는 도시'는 전후戰後의 도시 재건 과정에서 세계적으

레미안과 전원도시(위), 르 코르뷔지에의 '빛나는 도시' 스케치(아래)는 놀랄 만큼 닮았다. 공원 같은 녹지에 고층의 주거를 제안했지만 전통적인 거리의 역할을 간과했다는 평가를 받는다. 서구에서는 몇 차례의 실패로 '뉴어바니즘'으로 전환했지만, 서울의 아파트는 여전히 '빛나는 도시'의 몽상에서 벗어나지 못하고 있다.

로 중요한 도시 설계의 지침이 되었다. 특히 전원생활을 동경하는 미국의 도시계획에서 절대적인 역할을 했다. 전쟁이 끝난 후 도시로 빠르게 몰려든 사람들을 수용하기 위해 대대적으로 도시 재개발이 시행되었는데, 이때도 역시 절대적인 지침이 되어 전통적인 도시 내부에까지 영향을 미쳤다.

그러나 이러한 실험은 피폐한 도시 환경만을 남겼다. 낮에는 빛나던 도시가 밤이면 그 빛을 잃었고 걷는 사람도 없었다. 낮에는 푸르기만 하던 나무 숲이 밤이면 우범지대로 바뀌었다. 도시는 점점 비어가고 범죄자가 우글거리는 밀림으로 변했다. 이를 극복하기 위해 80년대부터는 뉴어바니즘New Urban-ism이 등장했다. 뉴어바니즘의 요체는 전통 도시의 자생력을 회복하자는 것이었다. 공원과 고층 건물, 고속도로와 자동차만 가지고는 온전한 도시가 될 수 없음을 깨달은 것이다. 도시의 주인은 사람이며 그 사람들이 걷기에 좋은 환경을 만드는 게 중요하다는 것이다. 그리고 좋은 도시 환경이란, 숲과 나무가 있는 곳이 아니라 거리나 광장 같은 전통적 도시 공간이라는 것이다.

조닝에서도 하나의 구역에 하나의 용도만 배치하다 보니 예상치 못한 문제가 발생했다. 낮이면 붐비던 도심이 밤이면 한산하다 못해 황량해지는 도심 공동화가 대표적인 예였다. 반대로 주거지역은 빛을 잃고 어둠에 묻히기 일쑤여서 범죄율이 높아갔다. 복합 용도를 지닌 전통적인 도시 생태계적 특성을 간과한 결과다. 더구나 구역을 따로 정해 떨어뜨려놓다 보니 이동 거리가 길어져 교통 정체 현상이 끝없이 나타나게 되었다. 뉴어바니즘에서 복합 용도를 강조하는 이유가 여기에 있다. 그런데 래미안 퍼스티지 아파트는 뉴어바니즘 교과서에 나쁜 사례로 실을 수 있을 정도로 그 명암과 폐해를 분명하게 보여준다.

지하 주차장 – 기업형 마트 – 대형 냉장고의 삼각 동맹

래미안 퍼스티지 아파트 단지가 대표하는 한국형 아파트는 몇 가지 사실을 보여준다.

첫째는 우리나라의 아파트가 전적으로 자동차 중심으로 변화했다는 사실이다. 그리고 그 증거는 역설적이게도 단지 내에 자동차가 보이지 않는다는 것이다. 한적한 공원만 넓게 펼쳐져 있다. 서울에서 아파트의 모든 주차 공간을 지하로 몰아넣고 지상은 공원 같은 환경으로 꾸며 설계한 것은 1998년 창동의 대우아파트가 처음이다. 그전에 지은 아파트들은 가구당 한 대의 주차도 해결할 수 없을 정도로 주차 문제가 심각했다. 조경 공간과 어린이 놀이터까지 없애가며 주차장을 늘려봤지만 홍수처럼 불어나는 자동차를 모두 수용하기에는 역부족이었다. 아파트 앞 공간은 2열, 3열로 주차해놓은 차들로 가득 들어찼다. 아침마다 밤마다 내 자동차를 빼내기 위해 남의 자동차를 이리 밀고 저리 밀어야 하는 진풍경이 벌어졌다.

아파트 단지들의 주차난이 극에 달했을 무렵, 서울 창동에 대우아파트가 등장했다. 마치 도심의 사무실 건물처럼 모든 주차 공간을 지하로 몰아넣고 지상은 잔디와 나무로 푸르게 조성하는 새로운 형태의 아파트 단지가 선을 보인 것이다. 아파트 시장은 열광했고, 이는 곧 모든 아파트의 표준으로 자리 잡았다. 여기에는 건축 법규도 한몫을 했다. 이전까지는 지상 주차 비율이라는 것이 있어 절반가량의 자동차를 지상에 주차해야 했는데 이 법규 조항이 폐지된 것이다.

지하 주차는 깔끔하고 쾌적하며 편리했다. 무엇보다 넉넉한 공간 덕에 밤늦게 퇴근하더라도 주차를 걱정할 일이 사라졌다. 게다가 지하 주차장에서 엘리베이터를 타면 바로 자기 집 앞 현관이었다. 눈이나 비, 찬바람을 맞지 않고도 자동차에서 집으로, 집에서 자동차로 이동할 수 있게 된 것이다. 양팔 가득 쇼핑백을 안은 채로 차고 문을 탁 닫고 현관에 들어서는 미국 드라마 속 주인공처럼 살게 된 것이다. 멀쩡한 현관을 놔두고 차고의 쪽문을 통해 집 안으로 들어가는 것은 미국식 주택에서나 할 수 있는 일이었다. 그것은 분명 자동차와 쇼핑몰을 발명한 미국인들의 라이프스타일이다.

그런데 예상치 못한 부작용이 생기기 시작했다. 아파트 단지 내 상가가 활기를 잃어가더니 하나둘씩 문을 닫기 시작한 것이다. 주변의 상가도 마찬가지였다. 아파트 단지의 주변 상권은 서서히 몰락하기 시작했다. 놀이터 옆 마당에 자동차를 주차한 뒤 1층 현관을 지나며 경비원 아저씨와 인사하고 이웃 주민과 눈인사를 나누는 최소한의 걷기조차 없어졌기 때문이다. 담배를 사거나 두부나 우유 같은 간단한 식료품을 사기 위해 단지 내 상가에 들르는 일도 없어졌다.

이와 비슷한 시기에 기업형 대형 마트가 생겨나기 시작했다. 너른 주차장을 갖춘 데다 물건들도 저렴하고 다양했다. 무엇보다 아파트 지하 주차장에서 출발해 마트의 주차장에 차를 세운 뒤 카트를 밀며 쇼핑하는 여유로운 모습이 사람들 스스로도 근사해 보였다. 잘 정리된 매장에서 깔끔하게 포장된 생선과 필요한 만큼의 야채를 집어 담는 모습은 미국 드라마에서나 보던, 그야말로 선진국의 라이프스타일이었다. 사람들은 5천 년을 같이 살아온 주차장 없는 재래시장에 대해 불평하기 시작했다. 약국, 미용실, 분식점, 제과점, 커피숍, 사진관 같은 동네 거리의 가게들도 덩달아 손님이 뜸해졌다. 마트 주차장에 더부살이하는 가게들만 살아남는 지경이 되었다.

　대형 마트 쇼핑의 일등 공신은 물론 쇼핑한 물건을 실어 나르는 자동차다. 그런데 숨은 공신이 또 있다. 바로 자동차가 실어 나른 식료품을 보관할 수 있는 대형 냉장고다. 대형 냉장고 덕에 일주일치, 한 달치, 몇 달치의 식량을 쟁여놓을 수 있게 된 것이다. 도시 구조의 급격한 변화를 가져온 지하 주차장, 기업형 마트, 대형 냉장고의 삼각 동맹은 이렇게 완성됐다. 그리고 동네 가게들의 덕을 보지 못한 도시의 거리는 어둠에 잠겼다. 공원과 거리는 비워지고 황폐해지고 위험해졌다.

　이런 현상은 래미안 퍼스티지 아파트와 구 반포아파트의 거리를 비교해 보면 뚜렷해진다. 둘은 성형외과 광고의 '비포'와 '애프터'처럼 대조적이다. 재건축 전에는 쌍둥이처럼 같은 모습이었던 것이 이제는 전혀 다른 모습을 하고 있다. 사람들로 북적거리던 상가는 휑한 시멘트 숲으로 변했다. 가게에 들러 물건을 사며 눈인사를 건네던 이웃들과의 교류는 사라졌다. 교류는커녕 교통신호가 바뀐 지가 언제인데 아직도 차를 출발시키지 않느냐며 편잔을 주는 듯한 경적 소리로 인사를 대신한다. 아이들 등교 시간이나 학원이 파하는 늦은 밤이면 도시의 거리는 아이들을 픽업하려는 자동차들로 북새통을 이룬다. 자동차로 시작해서 자동차로 끝나는 자동차의 시대가 온 것이다. 그리고 아파트는 사람이 아니라 철저하게 자동차의 라이프스타일에 초점을 맞춘다.

　서구의 대도시 생활은 어디나 이와 비슷할 거라고 오해할 수도 있지만, 이는 어디까지나 지극히 미국적인 라이프스타일이다. 그것도 도시화가 덜 된 서부나 교외에서만 가능한 일이다. 미국은 전체 인구 중 도시에 거주하는 인구가 절반도 되지 않는 유일한 선진국임을 기억해야 한다.

대다수 도시들의 생활은 걷기로 이루어진다. 대중교통이 닿는 곳까지 걸어서 등하교를 하고, 걸어서 출퇴근을 하고, 걸어서 가게에 간다. 뉴욕은 이런 측면에서 가장 친환경적인 녹색 도시인 셈이다. 한 조사에 따르면 뉴욕 인구의 72퍼센트가 대중교통을 이용하거나 걸어서 출퇴근을 한다. 대형 마트는 찾아볼 수도 없다. 대신 골목마다 작은 식료품 가게들이 24시간 불을 밝히고 있다. 다른 대도시들의 풍경도 마찬가지다. 우리가 상상하는 것과 달리 삼각 동맹은 도시의 것이 아니다. 교통이 불편하고 도심에서 먼 시골의 것이다.

중세의 성을 닮은 국가 대표 아파트

래미안 퍼스티지 아파트 단지를 반도시적이라고 보는 근본적인 이유는 중세의 성을 연상시키는 구조 때문이다. 성벽을 높게 쌓고 해자를 둘러 외적의 침입을 막는 성이 21세기 서울의 도심에 등장한 것이다. 서구, 특히 미국에서는 교외에 아파트 단지를 만들고 외부를 철저히 차단해 그들만의 생활공간을 만드는 경우가 간혹 있기는 하다. 하지만 이는 인종 간 갈등이나 높은 범죄율에서 비롯된 매우 특수한 사정에 국한된 현상이다. 그것도 도심보다는 교외에서나 가능한 일이다. 사실 매우 폐쇄적인 형태의 우리나라 아파트에서는 도난이나 강도 같은 범죄 문제가 선진국에서만큼 심각하다고 할 수는 없다.

범죄가 아니라면 왜 그토록 견고한 성채를 쌓아 올리는 것일까? 단지 주민들의 공동생활을 위해서라는 것은 이유가 되지 않는다. 왜냐하면 그것은 상상의 차원에서만 가능한 일이기 때문이다. 그들은 엘리베이터를 통해 주차장에서 각자의 집 현관으로 이동한다고 하지 않았던가. 이웃과는 눈 한 번 마주칠 일이 없다. 그러니 이웃이나 공동체는 없다. 성채의 진짜 이유는 범죄보다는 주차 문제에 있다. 자신들의 주차장에 다른 이들이 주차하는 것을 막으려는 이유가 가장 크다. 여기서 한국의 아파트가 가진 반도시적 특성이 고스란히 나타난다.

우리나라의 아파트 단지들은 기본적인 도시 기반 시설에 대한 사적인 공급과 이에 대한 사회의 승인을 넘어선 선망을 의미한다. 이 말을 풀어보자. 일반적으로 국가 또는 공공기관은 시민들에게 도시의 기본적인 인프라, 즉 기반 시설을 제공한다. 주차장, 공원, 커뮤니티 센터, 거리와 같은 인프라뿐만 아니라 교통이나 치안 같은 무형의 서비스도 함께 제공한다. 그리고 시민들은 그 대가로 세금을 낸다.

그런데 한국형 아파트는 이러한 기본적인 도시 시설의 일부를 사적인 영역에서 제공하고 이를 독점적으로 사용할 권리를 판매한다. 공공기관에서 마땅히 건설해야 할 도시 기반 시설을 재벌 건설 회사가 대신 제공하는 것이다. 이에 대해 구매자는 주변 시세에 비해 거의 곱절에 가까운 돈을 지불한다. 길 건너편에 있는 비슷한 입지, 비슷한 평형의 빌라에 비해 아파트 가격이 곱절이 넘는다는 사실이 이를 말해준다. 공원과 주차장이라는 당연한 도시적 혜택을 이를 갖춘 단지 안에 드는 비용인 것이다. 물론 거기에는 그 아파트 가격이 뛰어오르리라는 기대 심리 또한 반영되어 있다.

이렇게 고립되는 집단이 생겨나는 것은 바람직한 일이 아니다. 그것은 현대 도시 안에 그들만의 중세의 성채를 짓는 일이다. 그러면서 그들은 도시의 혜택은 모두 챙긴다. 시민들의 세금으로 건설된 지하철, 버스 전용 차선,

공원을 이용하면서도 그들이 도시에 기여하는 바는 없다. 도시에 대해서는 폐쇄적인 울타리와 어둠만을 내놓을 뿐이다. 도시의 영양분만 쏙쏙 빼먹는 암과 같은 존재로 남는 것이다. 이와 같은 문제는 공공의 재정이 충분하지 않아 선진국 수준의 도시 기반 시설을 제공하지 못하는 근본적인 한계에서 비롯된다. 그런데 그뿐만이 아니다. 이는 정책 의지, 주거 문화의 변화, 도시에 대한 인식 등 셀 수 없이 많은 요인이 한꺼번에 작동하는 고차방정식이어서, 어디서부터 잘못되었고 어디서부터 손을 봐야 할지 판단이 불가능할 정도다.

그렇다고 모든 도시 전문가들이 래미안아파트를 국가 대표 선수급 문제라고 지적하는 것은 아니다. 오히려 이를 옹호하고 부러워하며, 심지어는 학교에서 이를 지지하는 견해를 가르치는 전문가도 적지 않다. 그러나 "밤길을 걸어보라"던 도시 전문가의 말 한마디가 모든 문제를 압축해 설명해준다.

이렇듯 스스로를 고립시키고 소외되기를 자청하는 아파트 단지가 도시적으로 올바를 리 없다. 도시는 소통과 교류의 공간이다. 그 한 가지 조건을 채우지 못하는 것만으로도 못된 건축이라 부를 만하다.

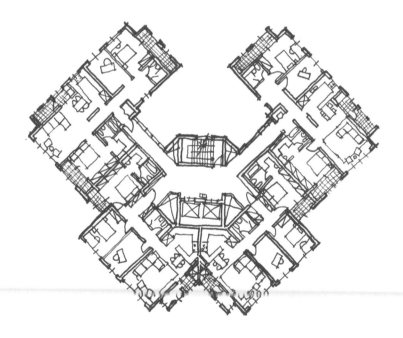

발코니 확장

《서울은 도시가 아니다》출간 인터뷰 때 한 기자가 내게 물었다.
"모든 권한이 주어진다면 무엇부터 바꾸시겠습니까?"
"인도 주차부터 없애겠습니다." 나는 서슴지 않고 대답했다.
안창호 선생이 자신의 소원은 "첫째도 둘째도 셋째도 조선의 독립"이라고 외쳤던 것에 비하면 참 사소하고 보잘것없는 대답이다. 뭔가 더 훌륭하고 말끔한 대답을 해야 했다고 후회했다. 하지만 다시 생각해봐도 서울의 가장 커다란 문제는 역시 인도에 주차하는 것이다.

이는 자동차가 부와 모더니티의 상징이었던 지난 시대의 유산이다. 그 시대의 도시란 사람이 아닌 자동차가 원활하게 통과하는 곳이었다. 6백 년 역사의 강북이나 50년이 채 되지 않은 강남이나, 가로에 인도가 없다는 것은 안타까운 현실이다. 말 그대로 사람의 길이 없다는 얘기다. 차도 양편으로 인도가 있는 가로는 전체 도로의 3분의 1에 지나지 않는다. 이제 와서 가로를 확장해 번듯한 인도를 마련한다는 것은 불가능에 가까운 일이 되어버렸다. 그런데 멀쩡한 도로를 두고 인도에까지 차가 올라와서는 걷는 이들을 가로막는 것은 정말 억울한 일이다. 인도에 주차하는 것은 엄연한 불법인데도, 구청은 경찰에, 경찰은 구청에 단속의 책임을 떠넘긴다. 예를 들어 도로변에 불법으로 주차를 한 경우에는 딱지를 떼지만 자동차를 아예 인도에 올려놓으면 아무도 단속하지 않는다.

　하지만 인도 주차는 준법의 문제를 넘어선다. 이는 도시를 구성하는 기초적인 인프라를 파괴하는 일이다. 그리고 그 대가는 감성적이고 당위적인 차원을 넘어 실질적인 문제로 다가온다. 예를 들어 한 상점이 있다. 주인은 자신이나 손님을 위해 가게 앞 인도에 불법으로 주차를 한다. 자동차에 가려 상점이 보이지 않지만 그래도 당장의 편리함이 더 중요하다고 생각한다. 보행자들은 불쑥 튀어나온 자동차 꽁무니를 피해 걷는 것이 불편해 그 앞을 걸어다니는 것을 피하게 된다. 인도 전체가 주차장이 되어버린 거리는 사람들을 밀어내고, 결국 사람들은 자동차를 타고 차로로 이동한다. 이렇게 차를 이용하는 한 모든 쇼핑은 대형 마트나 쇼핑몰로 향하게 된다. 주차가 편리하고 그 안을 걷는 것이 쾌적하기 때문이다. 거리에는 걷는 사람이 점점 줄어들게 되고, 인도는 주차장으로 변하다시피 한다. 어차피 걷는 사람도 없으니, 이젠 대놓고 주차비까지 받는다. 인도는 엄연히 공공의 땅, 시유지인데도 말이다. 상점 주인은 '주차장 완비'라고 광고하지만 손님은 없다. 이미 사람이 걷지 않는 거리는 죽은 거리이기 때문이다. 장사는 어려워지고, 가게 주인은 경제가 어렵다며 공무원과 정치인을 비난한다. 자신이 한 일이라고는 자기 가게 앞에 차를 잠깐 세운 것뿐이라고 변명한다. 장사가 안 되는 이유가 거기 있다고는 짐작도 못한다.

　얼마 전, 한 친구가 집을 사겠다며 같이 가서 봐달라고 했다. 친구는 서

대문구 연희동이 새롭게 부상하고 있다고,《서울은 도시가 아니다》에서 예찬한 가로수길처럼 될 거라며 들떠 있었다. 과연 그랬다. 세련된 상점과 식당들이 생겨나면서 젊은이들을 끌어들이고 있었다. 하지만 내 표정이 그리 밝지 않았는지, 친구가 이유를 물었다.

"왜? 별로야?"

"난 좀 그래······. 이걸 좀 봐." 나는 인도에 반쯤 걸쳐 그어진 주차 구획선을 가리켰다. 구청 사람들이 나와 그어놓은 것이 분명했다.

"인도를 줄여서라도 주차를 하겠다는 건데, 이런 행정 자세로 가로수길처럼 되기는 어려울 것 같아······."

가로수길의 성공은 한 뼘 높이의 인도에 있다. 그리고 차가 올라설 수 없을 정도로 좁은 인도가 오히려 성공의 결정적인 역할을 했다. 인도에 걸쳐서라도 주차 공간을 확보하겠다는 태도는 자신의 가게 앞에 차 한 대쯤 세우는 게 무슨 대수냐고 눈을 흘기는 가게 주인과 꼭 닮아 있다. 차를 피해 걸어야 하는 거리는 사람들을 거리에서 쫓아내 자동차 안으로 밀어 넣는다. 자가용, 택시, 최소한 마을버스라도 타야 한다고 밀어낸다. 그리고 자동

주차를 보도에 걸쳐 하겠다는 구청의 태도는 걷는 이를 거리에서 내몰겠다는 것과 같은 말이다. 자동차를 위한 결정은 텅텅 빈 거리를 만들고, 결국 도시를 망친다.

차들은 대형 마트로 향한다. 쾌적한 주차장과 가짜 거리가 있는 쇼핑몰로 향한다.

인도 주차는 불법이다. 법을 지키는 것만으로도 도시를 되살리고 경제를 일으킬 수 있다. 큰 비용을 들이지 않고 의지와 자각, 그리고 실천만으로 해결할 수 있는 문제다.

못된 아파트를 양산하는 발코니 확장 공사

건축적인 문제에서, "모든 권한이 주어진다면 무엇부터 바꾸시겠습니까?"라고 다시 내게 묻는다면, 서슴지 않고 아파트 발코니 확장을 말하고 싶다.

아파트는 서울의 도시 구조를 획기적으로 파괴하는 괴물이 되었다. 그리고 점점 더 상황을 악화시키고 있다. 모든 아파트가 그렇다면 어쩔 수 없는 것 아니냐고 항변하겠지만, 아파트는 가장 도시적인 주거 형태다. 못된 아파트가 문제일 뿐이다. 못된 아파트의 출발점에는 발코니 확장이 있다. 자기 집에 붙어 있는 발코니를 확장해 쓰겠다는 소박한 욕심이 어떻게 도시를 파괴하는지 살펴보자. 남들 다 하는 발코니 확장 하나 했을 뿐인데 도시를 망친다는 비난을 듣는 것은 억울하지 않은가?

2006년, 정부는 중대한 정책을 발표했다. 그것은 바로 발코니 확장을 합법화한다는 것이었다. 한국 도시와 주거 문화를 역진시키는 정책이 통과된 것이다. 이는 법률이 아닌 시행령의 형태로 발표되었고, 별다른 주목을 받지 못하고 시행되었다. 심각한 토론은 없었다. 토론을 했대도 아무도 반대하지 않았을 것이다. 소위 말하는 '시장'은 오히려 환호했다. 발코니를 확장해놓고 단속에 적발되어 과태료를 물지 않을까 가슴 졸이던 아파트 주인들은 쾌재를 불렀다. 건설업자들도 이를 반겼고 동네의 작은 건설업자들도 늘어날 일거리를 계산하느라 바빴다. 도시계획가, 건축 전문가들은 침묵했다. 고매한 건축가들은 자신들의 일이 아니라며 입을 닫았다. 정치인들은 깊이 알려고 들지 않았고, 관료들은 귀찮은 골칫거리를 덜어냈다. 그 결과, 사람들은 겨울에는 춥고 여름에는 덥고 답답하기까지 한 아파트에 살게 되었다. 그리고 애먼 이웃들은 거리를 잃었다.

이처럼 아파트가 도시적으로 문제를 안게 된 데는 정부가 한몫을 했다. 지방자치단체가 아닌 중앙정부의 건설교통부에서 지대한 역할을 했다. 민원에 민감하고 직접적으로 영향을 받는 지자체가 얼토당토않은 요구를 받아들이는 경우가 있기는 하지만, 중앙정부가 이런 일을 했다는 것이 놀랍다.

발코니란 아파트 외부에 매달려 있는 옥외 공간을 말한다. 건물에서 바닥만 외부로 돌출시켜 야외에서 할 수 있는 활동을 가능하게 하는 공간이다. 화초를 내놓고 기르거나 햇볕을 즐기며 신선한 공기를 마실 수도 있다. 흡연가 가장들이 담배를 피우는 장소이기도 하고, 빨래를 너는 공간이기도 하다. 발코니는 전용면적이나 공용면적 어디에도 포함되지 않는다. 부동산 용어로 말하자면 '서비스 공간'이다. 아파트를 살 때 평당으로 쳐서 낸 가격에 포함되지 않는, 일종의 덤이다. 그렇다! 덤으로 얻는 공간이다.

따라서 발코니 확장은 불법이다. 건축법에서 말하는 면적이란 바닥과 천장과 벽으로 둘러싸인 내부 공간인데, 발코니는 바닥만 있는 외부 공간이다. 건축 면적으로 쳐주지 않은 채 거래되는 공간이다. 아랫집 천장을 바닥으로 삼고 유리벽을 둘러 내부 공간으로 만드는 것이 발코니 확장이다. 그러니 불법이다. 제값을 치르지 않고 덤으로 얻은 불완전한 공간을 내부로 만드는 것이니 당연히 불법이다.

　그런데도 많은 아파트 주인들이 발코니 끝선에 유리벽을 두르고 거실과 안방을 확장했다. 작은 거실과 방의 폭을 쑥쑥 늘리는 이 창의적 불법에 모두가 동참했다. 건축의 구조적 문제, 화재 위험 등의 문제 때문에 이를 단속하던 정부도 결국 두 손 들고 이를 합법으로 인정해버렸다.

　발코니 확장을 합법화한 것은 과연 우리나라 도시와 주거 문화에 어떤 의미였을까? 그까짓 몇 평 좀 늘려 살겠다는 게 뭐 그리 큰 문제일까? 어차피 공용 공간도 아니고 혼자 쓰는 공간인데, 그걸 막아 쓰기로서니 그게 뭐 그리 큰 잘못이란 말인가? 그런데 잘못, 맞다.

　발코니 확장의 문제는 건축의 구조나 기능상의 여러 문제와 직결된다. 애초에 외부 공간으로 지어진 곳에 벽을 두르고 쓰는 것이다 보니 단열에 매우 취약하다. 여름에는 덥고 겨울에는 춥다. 영하의 추위에 실내에서 난방을 하면 실내의 증기가 차가운 벽면에 닿아 물로 변한다. 이것이 이른바 '결로 현상'이다. 냉장고에서 꺼낸 차가운 물병에 금세 물방울이 맺히는 것과 같은 현상이다. 결로는 온도가 높은 쪽, 즉 겨울에는 실내 쪽에 생기는데 벽면에 물이 맺히는 정도를 넘어 벽을 타고 아예 흐르기도 한다. 바깥 날씨가 추울수록, 난방이 강할수록 결로 현상은 더욱 심해진다. 이렇게 벽면에 맺히는 물 때문에 곰팡이가 피게 되고 이는 사계절 내내 흉한 벽면 얼룩과 악취를 남긴다. 이를 막기 위해 이중유리도 쓰고 이중창도 쓰는 것이지만, 외부 공간인 발코니가 내부가 되면 거실이나 안방은 홑겹 유리만으로 외부의 추운 공기와 만나게 되니 결로 현상은 피할 수가 없게 된다.

설상가상으로 열효율도 크게 떨어진다. 겨울철 난방과 여름철 냉방을 위해 보일러와 에어컨을 돌려도 홑겹 유리로 빠져나가는 열기와 냉기를 잡기에는 역부족이다. 고작 몇 평 넓게 쓰겠다고 감당해야 하는 비용치고는 그 대가가 너무 비싸다. 가장 효과적인 단열은 공기층을 두어 외부의 냉기를 차단하는 것인데, 단열의 기능을 하는 공간인 발코니가 없어졌으니 단열의 효과를 기대할 수 없는 것은 당연한 일이다. 실제로 발코니를 확장한 집의 추위와 불편함을 겪어본 이들이 다시 확장되지 않은 원래 형태의 집을 찾는 사연이 인터넷에 많이 올라온다.

문제는 이것만이 아니다. 화재 발생 시, 발코니가 없는 아파트는 속수무책이다. 발코니가 그대로 보존되어 있다면 이 공간을 이용해 옆집으로 대피할 수 있다. 스파이더맨이 아닌 이상 발코니 없이 매끈한 고층 건물 외벽을 타고 넘어갈 수는 없는 노릇이다.

구조적인 문제도 있다. 기둥과 기둥 사이를 연결해 만든 것이 아니라 구조체로부터 허공을 향해 튀어나온 공간이기 때문에 이곳에 많은 무게가 실릴 경우 안전을 장담할 수 없게 된다. 설계 변경으로 제 무게를 감당하지 못하고 무너져 내린 삼풍백화점을 잊었는가.

발코니 확장이 도시를 망친다

이번에는 도시적 문제다. 결로든 화재든 붕괴든, 이 모든 위험을 감당하고 내

집 내가 알아서 넓혀 쓰겠다는데 무슨 문제가 있겠냐고 우기고 싶을 수도 있다. 하지만 도시와 관련해서는 문제가 복잡해진다. 발코니 확장이 법적으로 허용된 후, 아파트 건설 회사들은 기발한 아이디어를 내놓았다. 그리고 그 아이디어는 덤으로 얻은 공간을 내부로 끌어들이려는 소비자들의 탐욕과 정확히 합치했다. 먼저 신문 기사 하나를 살펴보자.

2011년 4월 김포한강신도시는 업계 3위 대우건설의 청약 경쟁률이 0.13:1을 기록하는 등 미분양이 속출했다. 그런데 유독 58위 반도건설(1.18:1)은 미분양을 면했다. 소형(전용면적 59㎡)에 4.5베이를 적용한 특화 설계가 비결이었다. 3베이가 대세이던 시절 새로운 평면 전략을 내세운 것이다. 덕분에 반도건설은 최근 동탄2 신도시에서도 전 평형 1순위 청약 마감이라는 돌풍을 일으켰다.

기왕이면 다홍치마라고 같은 전용면적이라도 넓어 보이면 눈길이 가게 마련. 입지, 브랜드 등 그간 아파트 가치를 결정하던 기준들은 부동산 경기 침체 탓에 백약이 무효인 터라 건설 회사들이 최근 공들이는 분야가 바로 평면이다. 설계 기술의 발달은 소형을 중형으로 탈바꿈시키는 묘약이다.

평면 구조의 핵심은 베이. 아파트 전면 발코니의 기둥과 기둥 사이의 공간을 뜻하는 건축 용어로, 볕이 드는 앞쪽에 방을 얼마나 많이 배치하느냐가 관건이다. 2베이는 방과 거실, 3베이는 방-거실-방, 4베이는 3개의 방과 거실이 전면에 연결된다.

언뜻 베이를 늘리는 게 대수롭지 않아 보이지만 실은 그리 단순한 게 아니다. 1990년대 초만 해도 대부분의 아파트가 정사각형이거나 세로로 긴 구조라 중형(전용면적 84㎡)조차 2베이가 대부분이었다. 베이가 많아질수록 건축 비용이 더 드니 건설 회사 입장에서도 굳이 늘릴 이유가 없었다.

'베이 바람'은 2000년대 초반부터 불었다. 가급적 볕이 많이 들길 바라는 소비자의 요구가 반영되면서 중대형 아파트를 중심으로 베이 마케팅이 이뤄졌다. 그러나 소형 아파트는 방들이 좁아 보이는 단점이 있는 데다, 기술적 한계에 부딪혀 소외됐다. 중대형 역시 베이 확장의 단점들이 거론되면서 인기가 주춤했다. 조두균 롯데건설 디자인연구소 과장은 "2000년대 중반 한창때는 6베이도 있었지만 긴 구조가 불편해 다시 3베이까지 내려갔다"고 했다.

베이 마케팅이 다시 활기를 찾은 건 2011년 이후. 분양 시장이 얼어붙은 데다 마감재 등으로 가격을 끌어올렸던 고가 마케팅마저 분양가상한제로 봉쇄되자 돌파구가 필요했다. 마침 브랜드 경쟁력이 취약했던 중견 업체들이 특화 설계로 톡톡히 효과를 누리면서 대형 업체들도 다양한 특화 평면을 선보인 것이다.

특히 소형 아파트에 적용된 4베이는 혁신으로 꼽힌다. 보통 60㎡ 미만 아파트에 4베이를 적용하는 것은 기술적, 경제적, 시각적으로 문제가 있다는 평이 많았다. 그러나 이를 비웃듯 최근 분양 시장엔 '20평대도 4베이'라는 식으로 소형 4베이가 속속 등장해 인기를 끌고 있다.

4베이는 무엇보다 면적이 늘어난다. 예컨대 59㎡ 아파트의 3베이 발코니 면적이 25.67㎡라면 확장 가능 면적은 16.01㎡이지만, 4베이는 발코니 면적이 32.83㎡가 돼 확장 가능 면적은 25.28㎡다. 즉 발코니는 28%, 확장 면적은 58% 늘어나는 것이다. 김준연 대림산업 설계 부문 과장은 "분양가에 포함되지 않는 발코니 면적(서비스면적)이 크게 늘어나고 확장하면 더 넓어져 59㎡가 실제로는 84㎡ 아파트처럼 느껴진다"고 설명했다. 햇볕이 드는 공간이 넓어져 채광이 좋고, 통풍 및 환기가 잘된다.

반면 가로가 길어지고 세로 폭이 좁아 공간 활용도가 떨어지고 현관이 어두운 게 단점이다. 창이 전면에만 나 있으면 오히려 환기나 통풍이 안 될 수도 있다. 확장을 하지 않으면 방이 비좁아 보이는 것도 문제다. 4인 가족이라면 아직은 3베이가 적당하다는 게 전문가들의 얘기다.

(〈한국일보〉 2013년 4월 9일 자에서)

이 기사에서 다루고 있는 '베이Bay의 혁명'은 발코니 확장과 긴밀하게 연결되어 있다. 여러모로 불리한 4베이 아파트가 등장하고 부동산 시장에서 각광을 받는 데는 덤으로 얻는 면적에 대한 집요한 요구가 있다. 분양가에 포함되지 않은 발코니 면적이 크게 늘어나고, 확장하면 넓어져 20평도 안 되는 아파트가 30평 아파트처럼 느껴진다는 것이다. 20평 아파트를 30평 아파트처럼 느끼게 해주는 마술이란다. 그리고 이것은 설계 기술의 발달 덕분이라고. 하지만 이는 사실과 다르다. 설계 기술이 더 특별히 발달한 것은 없다. 그리고 설계 기술은 그런 마술을 목표로 발달하지 않는다. 마술도 아니고 설계 기술의 발달도 아니다. 너무 문제가 많아 아무도 시도하지 않았던 설계 방법을 과감하고 무식하게, 용감하게 적용한 것뿐이다. 그리고 그 결과가 시장의 탐욕과 맞아떨어진 것뿐이다.

기사에 나온 바대로 예전의 아파트는 30평형조차 2베이였다. 서구의 도시적 아파트라면 1베이겠지만, 아파트가 우리나라의 주된 주거 형태로 정착하면서 한국식으로 변이된 것이다. 그런데 이제 20평도 안 되는 아파트가 4베이라는 것이다. 그리고 이런 길쭉한 아파트가 인기가 있다고 한다.

아파트의 베이 수가 늘어나면 판상형板狀型이 심해진다. 84 m^2 아파트를 2베이로 할 경우 전면 폭은 약 8미터 정도이고 앞뒤 폭, 즉 깊이는 10미터가량이 된다. 이를 4베이로 할 경우에는 전면 폭은 15미터 정도로 늘어나지만

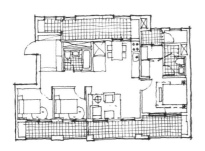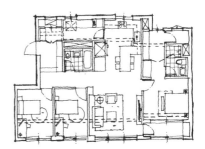

59㎡형 세대 기본 평면과 발코니 확장 평면. 발코니 확장이 합법화
되면서 크게 유행하게 된 소형(약18평)세대 평면이다. 4개의 공간이
남향으로 배치된 이른바 4베이 평면이다. 발코니를 확장하면 30평
이 넘게 되는데 확장하지 않으면 아예 거주가 불가능한 형태이다.

앞뒤 폭은 6미터 정도로 좁아진다. 30평이 안 되는 소형 평형을 4베이로 만들 경우에는 기찻간처럼 방과 거실을 한 줄로 세우고 뒤편에 복도를 두어 연결하는 형태가 될 수밖에 없다. 외기와 만나는 면적이 양편을 합쳐 18미터가량이던 것이 30미터로 늘어나게 된다. 외기와 접하는 면이 길면 길수록 발코니를 확장하고 불법 면적을 공짜로 사용할 기회가 많아지므로 이를 선호한다는 것이다. 하지만 냉난방에서는 매우 불리한 구조로 변하는 것이다.

확장하지 않으면 방이 좁아 보인다는 지적은 맞지 않다. 좁아 보이는 정도가 아니라 아예 방으로서 성립되지 않는다는 것이 맞는 표현이다. 발코니가 확장된다는 것을 전제로 평면을 구성하기 때문에 대부분의 방은 확장 없이는 제대로 된 가구를 들일 수 없을 정도로 작게 설계된다. 부엌도 마찬가지여서 확장하지 않을 경우 냉장고를 들여놓을 자리조차 없을 정도다. 발코니 확장은 이제 선택이 아니다. 원하든 원하지 않든 누구나 해야 하고, 원래 벽은 장부상의 면적을 줄이기 위해 사용되는 가상의 선線이 되었다.

4베이 아파트를 친환경이라고 광고하는 것은 어불성설이다. 공동주택이라는 것은 옆집이나 위아랫집과 여러 가지를 나누어 쓰는 주거 형태를 말한다. 마당과 주차장을 공유하고 벽을 같이 써서 구조상의 비용을 절약한다. 서로가 서로에게 보온재, 보냉재 역할을 해서 냉난방의 손실을 줄이는 것이다. 지구환경의 한정된 자원을 효율적으로 쓴다는 측면에서는 친환경적인 삶의 형태라고 할 수도 있겠다. 그러나 베이 수가 늘어나면서 옆집과 맞닿는 면적이 줄어들고 그만큼 공동주택의 장점도 줄어들었다. 따라서 난방비는 올라갈 수밖에 없다. 남향이라 하더라도 외기와 접하는 면적이 늘어나므로 더 시원한 냉방, 더 따뜻한 난방을 요구하게 되는 것이다. 더구나 발코니의 공기층 없이 홑겹의 유리로 버티기에는 우리나라의 여름은 너무 덥고 겨울은 너무 춥다. 그것을 개인의 선택의 문제라고 한다면, 그렇다 치고 넘어갈 수도 있다. 냉난방비를 더 지불할 용의가 있다면 말릴 수 없는 일이라 치자.

그런데 문제는 단지의 구성에 있다. 같은 수의 가구로 단지를 구성해야 하는데 각 단위 세대가 좁고 기다란 형태이다 보니 가구의 배치가 어려워질 수밖에 없다. 아파트 단지에는 내지 필지신과의 거리, 다른 동과의 간격, 각 동의 일조 시간 등 이리저리 꿰맞춰야 하는 퍼즐 조각과도 같은 많은 문제가 있다. 통통한 2베이 단위 세대를 가지고 단지를 구성한다면 여러 조합이 가능하고 조경이나 마당 등을 배려할 여유도 있다. 그러나 좁고 기다란 4베이로는 현행법상 거의 불가능하다. 건축가들은 고민하고 건설 회사는 재촉한다.

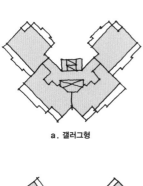

a. 갤러그형

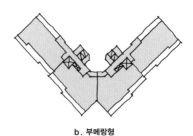

b. 부메랑형

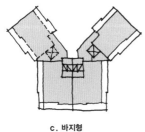

c. 바지형

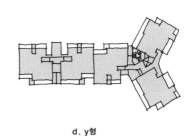

d. y형

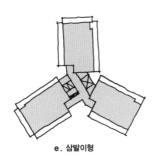

e. 삼발이형

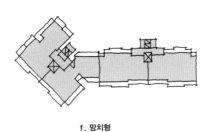

f. 망치형

발코니 확장으로 생겨난 기형적인 아파트의 형태. 'ㅡ' 'ㄱ' 'ㅁ'자형이던 아파트 건물 평면이 발코니 확장을 최대치로 늘리기 위해 길어질 대로 길어지다 각종 규정에 맞추기 위해 건물을 휘고 구부리다 보니 갤러그형, 바지형, 망치형 등으로 불리는 기괴한 형태로 변화했다. 이런 건물들은 환기나 통풍 등 각 세대의 거주의 쾌적성도 불량할 뿐만 아니라 외부 공간의 활용에도 문제점을 드러낸다. 게다가 접혀진 외관의 형태는 항상 어두워 응달지고 누추한 도시경관을 만든다.

단위 세대는 더 길고 좁게 배치하면서 단지를 구성하는 설계안을 만들어내라고. 최상급자용 퍼즐을 풀어내라고.

그래서 건축가들은 창의적인 설계안을 만들어낸다. 기다란 판을 구기고 뭉쳐서 내놓는 것이다. 그들은 앞이 뾰족한 ㅅ 형태를 만들고는 이를 탑상형塔狀形이라고 우긴다. 판상형이 아니라는 것이다. 하지만 이것은 '갤러그형' 또는 '나비형'이라고 하는 것이 맞다. 판상형도 아니고 엄밀히 말해 탑상형도 아니다. 둘의 단점만을 모아놓은 형태다. 굳이 말하자면 판상형을 더욱 좁고 길게 만들어 구부려놓은 모양이다. 그래 놓고도 현행 법규의 규정을 만족시키면서 소형 평형을 배치하는 방법은 갤러그형 말고는 없다며 기다란 판을 구부려 배치한다.

갤러그형 아파트는 판상형의 배치를 남쪽을 향해 구부려 양 끝단이 만나게 한 형태이기 때문에 북쪽에는 기괴한 골목 같은 것이 만들어진다. 신문 기사에서 4베이 아파트의 장점으로 든 원활한 채광과 통풍은 사실이 아니란 얘기다. 비스듬하게 남쪽을 향하기 때문에 실제로는 동향 내지는 서향이다. 오전이나 오후 중 어느 한 시간대에만 채광이 된다는 얘기다. 환기는 더 큰 문제다. 건물의 판이 좁아지니 맞통풍이 될 거라고 기대하지만, 판상형 아파트에서와 같은 통풍은 기대할 수 없다. 그것은 뒤편 창문 바깥이 다른 아파트의 뒤쪽이고, 그 사이는 바람도 통하지 않는 좁고 우울한 골목이기 때문이다.

문제는 더 있다. 이 골목은 불과 3~4미터로 좁은 데다 북쪽에 있기 때문에 항상 어둠침침하다. 거기다가 아파트 높이가 20층은 족히 넘으니 이 좁고 긴 공간이 늘 문제가 된다. 그리고 각 세대마다 울퉁불퉁하거나 요란하게 장식되거나 좁거나 깊숙한 전면을 과시하는 이 높다란 구조물이 도시를 향하는 것이다. 바로 뒷동에 사는 주민들은 거실 발코니 너머로 앞동의 뒤통수를 매일 바라보며 살아야 한다. 북측 도로에서 바라다보는 광경은 더욱 흉하다. 그 어둡고 음침한 건물의 치부를 가로를 향해, 도시를 향해 내보이고 있는 것이다. 이것은 4베이의 대가이며 공짜로 얻은 공간에 대한 비용이다. 더 큰 문제는 그 대가와 비용을 아파트 주민이 아닌 도시와 시민들이 고스란히 떠안아야 한다는 것이다. 아무 잘못도 없고 욕심을 부린 적도 없고 그저 순수하게 거리를 걷는 시민이 그 대가를 치러야 하는 것이다.

건축이 제안하는 행복한 아파트

도시계획에서 개개의 건축을 규제하는 수단으로는 건폐율과 용적률을 제한하고, 최고 높이의 상한선을 두는 방법이 있다. 그 기준 안에서 자율적으로 개성 있게 건축물을 완성하는 것이 일반적인 방법이다. 건폐율이란 대지에 들어앉은 건물 바닥 면적의 비율이다. 용적률은 대지 면적에 대한 건물 총면적(건물 각 층의 바닥 면적을 합한 전체 면적)의 비율을 말한다. 따라서 건폐율은 대지의 공지 면적과 관계가 있고 용적률은 건축의 용량을 관할한다.

　대부분의 대지에서 건폐율은 50~60퍼센트, 용적률은 250~300퍼센트 정도다. 건축 개발 업자들이 최후의 0.1퍼센트까지 면적을 찾으려고 하는 것은 당연한 일이다. 일반적인 건축물의 경우, 1층의 임대료를 가장 비싸게 받을 수 있으므로 지상층 면적, 즉 건폐율을 최대로 끌어올리는 것이 보통이다. 그러나 아파트 단지의 경우에는 사정이 다르다. 1층이 그리 환영받지 못하므로 단지 내의 공지를 많이 만들고 좁고 높게 고층으로 올리는 것이 유리하다고 생각한다.

가령 어떤 땅이 건폐율 50퍼센트, 용적률 300퍼센트의 조건을 가졌다고 하자. 1층 면적을 대지의 50퍼센트로 하고 같은 모양으로 6층을 올린다면 300퍼센트의 용적률을 꽉 채우게 된다. 보통 사선제한(통풍이나 채광 따위를 위해 도로에 면한 건물의 높이를 제한하는 일) 등의 다른 조건이 따르므로 위로 올라갈수록 면적이 줄어들게 되는데, 그렇다 하더라도 8층 정도에서 끝난다. 아주 특별한 경우에도 10층을 넘기는 경우는 드물다. 층이 올라갈수록 구조적으로 불리하며 엘리베이터나 계단 등의 필수 시설 때문에 용적이 늘어나더라도 크게 쓸모가 없기 때문이다.

그러나 대부분의 아파트는 사정이 다르다. 법규에서 허용하는 건폐율이 50~60퍼센트이지만 대개는 20퍼센트 이내로 낮춘다. 그렇다 보니 10층이면 될 것을 30층을 훌쩍 넘겨 짓게 된다. 공원 같은 지상의 환경을 만들고 최소한의 건축 면적을 가지고 고층의 아파트를 지어 살겠다는 것이다. 주변이 1~2층의 단독주택 지역인데도 30층 아파트를 올리게 된 주된 원인이 여기에 있다. 기존의 아파트를 재건축하는 경우에도 마찬가지다. 15층 높이로 반듯한 마당과 주차장까지 갖추고 살던 아파트를 재건축하면서 세대 수나 평냉이 그리 늘지도 않았는데 30층보다도 높게 이끼 에딜리고 민인을 제기회는 경우가 대개 이런 이유에서다.

그 배경에는 전원도시에 대한 이상이 깔려 있다. 이론상으로만 가능한 백 년 전의 허황된 생각이 우리나라에서 실현되고 있는 것이다. 한국의 아파트는 전원도시를 뛰어넘어 '빛나는 도시'에 이르고자 한다. 그것도 도시의 규모가 아닌 아파트 단지의 수준에서 말이다.

'빛나는 아파트'의 문제를 살펴보자. 첫째로 '빛나는 아파트'는 주변 환경과 매우 이질적인 건축 형태다. 앞서 살펴본 것과 마찬가지로 아파트가 아닌 경우에는 최대의 건폐율을 찾게 된다. 같은 건폐율, 용적률의 조건을 가졌음에도 전혀 다른 도시 조직이 나타나게 되는 것이다. 게다가 아파트는 애초에 면적에 포함되지 않은 발코니가 실질적인 건축 공간이 되므로 용적률이 30퍼센트가량 올라가는 효과를 보인다. 도시계획가들이 머릿속에 그려두었던 것과는 전혀 다른 결과가 나타나는 것이다.

둘째로는 아파트 단지 내부의 문제를 들 수 있다. 좁고 높은 아파트는 외부 공간을 만드는 데 문제를 야기한다. 건물로 둘러싸여 아늑한 분위기를 만들어내던 공용의 외부 공간이 사라지는 것이다. 게다가 갤러그형의 흉측한 뒷모습을 가진 건물들은 공간을 만들기보다는 하나의 조각상처럼, 오브제처럼 땅에 꽂혀 제 이익만 챙긴다. 자동차는 모두 지하 주차장에 있고 지상 공간은 공원처럼 꾸며져 있지만 아무도 이 공원을 이용하지 않는 이유다. 조경에 공을 들이기는 했지만 이 공원에는 아파트 타워가 해를 가려 볕이 들지 않는다. 어린이 놀이터든 벤치든 잔디밭이든 하루 종일 그늘이 드리워져 사람이 찾지 않는다. 아파트를 분양할 때 카탈로그에서 보여주던 그림과는 영 다른 모습이 펼쳐지는 것이다.

실제로 쓸모도 없으면서 도시적으로 흉측한 아파트 단지가 계속 지어지는 이유, 그런 상황이 개선되지 않고 점점 더 악화되기만 하는 데는 발코니 확장에 그 책임이 있다.

이에 대한 해법은 도시적 건축이다. 도시 주거를 해결하는 건축적인 방

파리 도심의 아파트는 용적률이 300퍼센트
가량이지만 건물들은 5층으로 지어져 있다.
고밀저층의 도시적 주거형태의 전형이다.

법은 '전원도시'와는 반대되는 것이다. 전원도시가 저밀고층이라면, 고밀저
층의 건축이 도시적 해법이다. 전원도시와 '빛나는 도시'가 구상하는 주거 단
지는 건폐율이 10퍼센트 정도에 50층 높이의 규모다. 서울의 아파트 단지가
추구하는 바다. 이러한 구상에 비교적 가깝게 지어진 도시가 미국의 LA와 디

트로이트다. 특히 디트로이트는 영화 〈로보캅〉의 배경 도시로, 최근에 재정 부도 위기를 맞을 정도로 쇠퇴했다. 이 지역의 범죄율은 뉴욕이나 시카고 같은 전통적인 도시들에 비해 2 ~ 3배가량 높다. 더욱이 '빛나는 도시'를 충실하게 실현한 '프루이트아이고' 아파트 단지가 10년도 채 되지 않아 늘어나는 범죄를 견디지 못해 철거된 사례는 너무도 유명하다.

　'도시의 여왕'이라 불리는 프랑스 파리에서도 답을 찾을 수 있다. 파리시는 중심부 전체가 용적률이 300퍼센트이지만 건축물들이 5층 이하로 지어졌다. 건폐율이 60퍼센트 정도라서 가능한 얘기다. 이것이 고밀저층의 사례에 해당한다. 땅과 가까운 건축이 도시라는 장소와 사람을 더욱 긴밀하게 연결하고, 가로와 밀접한 건축이 도시를 만든다. 그리고 그제야 사람들은 도시에 사는 특권을 마음껏 누릴 수 있다. 걸어서 출근하고 걸어서 장을 보고 이웃과 만나고 교류한다. 문화와 문명의 온갖 혜택은 사람과 도시 가까이 있다.

　물론 그 대신 포기해야 하는 것도 있다. 북향의 집이 생기는가 하면 해가 들지 않는 어두운 방이 생기기도 한다. 나무가 울창한 정원은 포기해야 한다. 그러나 햇살과 나무 그림자가 드리운 낮에는 어차피 비워두다시피 하는 집이 아니던가? 그 정도의 사소한 불편함은 도시에 사는 입장권이다. 도시의 시민이 되기 위한 최소한의 비용이다. 앞서 언급했던 신호를 지키는 파리의 자전거처럼 말이다. 고밀도의 저층 주거가 도시의 주거인 것이다.

땅콩집

"아! 역시 한옥은 겨울을 나봐야 한다더니 무척 불편하네요. 무엇보다 너무 추워요."

얼마 전에 만난 지인의 탄식이었다. 출판 일을 하는 그는 항상 세련된 옷차림에 가지고 다니는 물건도, 즐기는 취미도 도회적이었지만 그런 그가 한옥에 산다는 게 전혀 이상해 보이지는 않았다. 그는 신도시의 아파트에 박혀 사는 것이야말로 자신의 도회적 라이프스타일에 맞지 않는다고 생각했고, 마흔을 앞둔 시점에 어떤 변화가 필요하다고 믿고 한옥으로 이사를 했다. 살던 아파트는 세를 주고 경험 삼아 마당이 있는 한옥을 구한 것이다. 새로 이사 갈 한옥은 셋집이라 리모델링까지는 아니고 최소한의 수리만 하고 이사했다고 한다. 그의 말로는 그 후 얼마 동안의 생활은 환상적이었단다. 그동안 꿈꿔왔던 '집', 그것도 도심에 있는 집에 살게 되어 너무 기뻤다고 한다. 대여섯 살 아이가 도화지에 흔히 그리는, 뾰족지붕이 있고 창이 네모지게 나뉜 집이었다.

그는 상자 같은 아파트에 구겨져 사는 기분에서도 벗어나고, 수천 가구가 똑같은 인테리어를 가진 몰개성에서도 벗어날 수 있었다. 한옥에는 두 걸음에 건너뛸 수 있을 정도로 작지만 해도 들고 바람도 지나며 나무도 한 그루 있는 마당이 있었다. 기와의 울퉁불퉁한 끝선이 마당 모양으로 잘라낸 하늘을 바라보며 마당에서 즐기는 정취란 커다란 공원 숲에 비할 바가 아니었다. 뿐만 아니라 도심에 자리하고 있어 출퇴근 시간도 줄일 수 있었다. 마당의 나무 아래에서 책을 읽다가 입고 있던 편한 복장 그대로 걸어 나가 우동을 사 먹거나 맥주를 한잔하기도 했다. 그는 이런 생활을 누리며, 한옥이야말로 세련되고 도시적이며 시크한 라이프스타일이 아닌가 생각했다고 한다.

그런데 마당에 불어드는 바람이 차가워지면서 문제가 생겨났다. 처음 이사할 때만 해도 늦여름이라 아무 문제가 없었다. 하지만 날이 추워지면서 헐거운 문틈 사이로 찬바람이 새어들고 비가 새기 시작하더니 급기야 겨울이 되어서는 수도관이 얼어붙는 일까지 생겼다. 현대식으로 고친 욕실과 부엌인데도 물이 나오지 않아 일주일째 동네 목욕탕으로, 식당으로 전전하고 있다며 그는 고충을 털어놓았다. 그리고 덧붙이기를, 한옥살이가 폼은 나지만 겨울을 나보면 생각이 싹 달라질 거라는 선배들의 충고가 떠오르더라고 했다.

그렇다. '아파트' 이전에 우리는 '집'에 살았다. 마당이 있고, 화장실이나 건넌방에 가려면 다시 두툼한 옷을 챙겨 입고 신발을 신어야 했던 '집'. 아파트가 주택의 대표 주자가 되면서 '집'은 30년 전 아파트에 살던 사람들처럼 매우 특별한 사람들이 사는 주거 형태가 되어버렸다.

사실 우리나라에 처음 들여온 아파트에는 서양의 아파트가 가진 우울한 이미지가 그대로 중첩되어 있었다. 그래서 한동안은 매우 부정적인 주거 형태로 받아들여졌다. 그러나 아파트가 널리 보급되어 시골 마을의 언덕 위나 동해안의 작은 마을까지 파고드는 데는 한 세대가 채 걸리지 않았다. 여기에는 아파트 '불패의 신화', 즉 아파트는 부동산이 아니라 현금성 재화이며 그 가치는 절대 떨어지는 일 없이 무조건 오르리라는 맹신, 그리고 아파트만큼 편리한 주거 형태는 없다는 인식이 작용했다. 여기서 말하는 편리함이란 '원활한 난방'과 '아무 때나 틀어도 콸콸 나오는 뜨거운 물'로 대표된다. 그런데 그런 편리함이란 집이 응당 갖춰야 할 기본적인 성능 아닌가. 아파트는 '집'이라는 공간의 다른 여러 기본 요소를 갖추지 못한 일종의 미완성 주거 형태임을 들키지 않기 위해 그 편리함만을 지나치게 부각시킨 측면이 있다.

한 세대가 지나면서 '아파트'가 집으로서 갖추지 못했던 여러 요소가 다시 중요해지고, 이런 약점을 극복할 만한 장점, 특히 가치가 떨어질 줄 모르는 불패의 재산이라는 생각마저도 옅어지면서, 우리는 다시 '집'에 대해 생각하게 되었다. 인간이 바람과 추위를 피하기 위해 건축이 시작되었다지만, 바람과 추위만을 막아주는 움막 같은 아파트로는 '집'이라는 건축물이자 공동체이자 상상의 공간을 만들기에는 역부족이다. 그렇다. 아파트는 상상의 차원에서만 집이었을 뿐, 실상은 콘크리트로 지어진 움막이었다.

땅콩집의 욕망, 아파트가 아닌 집을 짓다

땅콩집은 이러한 배경에서 등장했다. 땅콩집이란 30대 후반의 두 젊은이가 살고 있던 아파트를 처분한 뒤 서울 근교의 땅을 공동으로 구입해 일종의 듀플렉스duplex 형태로 기대어 지은 건물을 말한다.

그 작명법에서 드러나는 선언이 신선하다. '팰리스palace'나 '캐슬castle',

'하우스house'가 붙은 아파트 이름에 익숙한 우리에게 매우 직설적이고 소박하면서도 향수를 자극하는, 시적인 이름을 붙이는 것에서부터 땅콩집은 출발한다. 즉 하나의 껍데기 안에 두 가구가 들어 있다는 점에서 '땅콩'이며, 아파트가 아닌 집이라는 점에서 '집'이다. '땅콩'이 건축의 구성 방식을 가리킨다면, '집'은 무의식의 욕망을 담당한다. 따라서 땅콩집은 '집'의 재발견이자 복권復權이다. 땅콩집이 만들어낸 '집'은 단순한 건물이 아니라, 한국의 주거 문화가 가진 한계와 문제, 그리고 그 해답까지 한꺼번에 보여주는 문화의 한 단면이다. 여기서 한국의 전반적인 건축 문화와 도시의 문제까지 포괄하는 주요한 예시를 발견할 수 있는 이유이기도 하다.

땅콩집은 아파트와 대척점에 있다. 그 출발점부터가 아파트의 안티테제 성격이 강해서 아파트의 가치와 성능을 부정하거나 강화하는 방법으로 성립된다. 아파트의 직전 선례였던 한옥과의 관계 역시 포함되는 일종의 '격세유전'의 성격을 띠기도 한다. 땅콩집의 예상 소유주는 마흔 살 전후의 가장이다. 자녀가 둘 정도 있는 4인 가족이며, 서울 또는 근교의 아파트에 살고 있는 평범한 가구가 대상이다. 전세를 살고 있고 아파트를 온전히 소유하기에는 다소 벅찬 형편으로, 현금으로 3억 원가량을 끌어올 수 있는 정도의 경제력을 갖췄다. 서울 근교 단독주택들의 필지는 대부분 70평 내외로 분할되는데, 이들 예상 소유주들은 이를 단독으로 구입하기는 어려워서, 비슷한 형편의 두 가구가 공동으로 구매하고 공동으로 공사를 진행한다. 현재 살고 있는 아파트의 전세금이 전 재산인 경우가 대부분이므로 공사는 가급적 서둘러 한 달 내로 끝낼 수 있어야 한다.

이러한 전제에서 시작되는 땅콩집은 구체적인 실현 과정에서 몇 가지 특성을 보이는데, 첫째로 땅콩집의 주인이자 건축가는 TV 프로그램이나 저서에서 단열에 대한 생각을 집착에 가깝게 강조한다. 땅콩집이 아파트의 생활양식에는 반대하지만 저택을 지을 만한 경제력을 갖추지는 못한 소시민 대상의 건축 형태이므로, 이는 매우 당연한 일이기도 하다. 그들은 땅콩집의 냉난방비가 아파트에 비해 결코 비싸지 않으며 오히려 저렴하다고 주장한다. 건축가의 가장 중요한 임무가 단열인 것처럼 느껴질 정도다. 한옥으로 표상되는 전통적인 '집'의 대표적인 약점으로 기억되는 단열 성능에 대한 콤플렉스를 깨기 위해 부단히 노력한다. 이는 땅콩집이 참조하는 대상이 그와 대척점에 있는 아파트뿐만 아니라 한옥, 나아가서는 '집'이라는 재래적인 관념임을 분명히 보여주는 대목이다.

그러나 땅콩집에서 포기해야 하는 것도 아파트나 한옥 못지않다. 한옥의 탁 트인 공간 구조나, 이를 발코니 등으로 현대화한 아파트에서 느낄 수 있는 '집'을 복원해내기에는 역부족이다. 단열을 위해 폐쇄적인 형태일 수밖에 없고, 외관 또한 창이나 개구부가 최소화되어 농촌의 창고같다는 비평도 듣는다.

둘째로 땅콩집은 아파트가 욕망하는 지점을 정확히 짚어내고 이를 변형시켜 도입한다. 부재하므로 욕망한다고 하지 않던가. 아파트에 부재하는 두 가지 결핍 요소를 땅콩집이 성공적으로 만들어내는데, 바로 마당과 다락이다. 수평적 확장으로서의 마당과 수직적 확장으로서의 다락과 듀플렉스 구조는 아파트가 가진 폐쇄성과 평면성을 정면으로 반박한다.

마당은 한옥에서 매우 중요한 구성 요소다. 개량 한옥은 일제강점기였던 20세기 초기에 주로 지어졌다. 이전의 건축구법에 의하면 말도 안 되는 형태이지만 개량 한옥이 여전히 한옥 또는 전통 가옥으로서 인정받을 수 있었던 것은 작게라도 마당이 있었기 때문이다.

마당을 부각시키는 요소는 마루다. 외부 공간과 건물을 잇는 마루는 실내도 아니고 그렇다고 외부도 아닌 양가적 성격을 띤 특이한 공간으로 면면을 이어왔다. 아파트의 거실이 항상 외부로 향하는 발코니에 면해 있고 바닥부터 천장까지 통유리로 만들어진 것은 한국형 아파트의 특징이며, 반외부 공간인 '마루'의 잔재이기도 하다. 실제로 거실을 마루라고 부르기도 한다. 주거 공간과 외부 공간을 잇는 중간 영역인 마루가 거실로 현대화되었다고는 하지만, 마당이 아닌 허공을 향한 아파트의 거실은 그 양가적 성격을 잃고 막다른 공간이 되었다. 이렇게 마당은 형태적으로나 기능적으로나 아파트에 결핍된 첫 번째 욕망의 대상이 되었다. 도시 공원이라는 공공의 외부 공간이 마당의 역할을 대신한다고 볼 수 있지만, 완전히 사적인 외부 공간에 대한 집착은 발코니를 늘리고 확장하는 등의 방식으로 왜곡되어 진행되었을 뿐이다.

한편으로 땅콩집의 수직적 구성에는 현실적인 이유가 있다. 이전의 다가구주택이 층별로 세대를 구분했다면, 땅콩집에서 각각의 세대가 2층으로 나뉘는 변화 있는 공간 구성을 갖는 것은 성공적인 전략이다. 2층 집에 산다는 것은 큰 집에 산다는 것과는 다른 차원의 문제다. 게다가 땅콩집에서는 한옥에서는 할 수 없는 특별한 입체적 공간을 체험할 수 있다. 여기서 건축 법규의 문제를 짚고 넘어가자면, 현행 법규에서는 맨 위층의 높이가 1.5미터 이하이면 '다락'으로 간주해 건축 면적에 포함시키지 않는다. 경사진 지붕일 경우에는 평균 높이 1.8미터 이하를 다락으로 간주하기 때문에 더 많은 혜택을 얻을 수 있다. 2층 집이지만 다락을 포함시키면 3개 층을 한 세대가 사용하는 새로운 공간 경험을 할 수 있는 것이다. 이러한 공간이 삶을 더욱 풍부하게 하는 것은 당연한 일이다. 한 층에서 모든 일을 해결하는 아파트에 비해 계단을 오르내리는 일이 번거롭지 않겠느냐는 비난의 목소리도 있지만, '집' 안에서 계단을 오르내리는 역동적인 경험은 아파트나 한옥 같은 재래적인 집이 줄 수 없는 '집의 기호'이기도 하다. 2층 집의 환상이 현실이 되는 것이다.

마지막으로 짚고 넘어갈 것은 땅콩집의 경사 지붕이다. 땅콩집의 경사진 박공지붕은 두 가지 이유 때문인 듯하다. 앞서 살펴본 다락을 규정하는 법규가 한 가지 이유이겠고, 평지붕에 비해 유지 보수가 간편한 지붕 형태라는 것을 두 번째 이유로 들 수 있겠다.

그런데 여기서 더 중요한 것은 결과적으로 '집'이라는 도상학적 특성, 즉 집이라는 아이콘을 그대로 형태화했다는 점이다. 마치 별이라는 실체가 구형球形의 행성이라는 사실이 밝혀진 후에도 별은 오각뿔을 가진 도형으로 표현되고 소비되는 것과 마찬가지다. 경사 지붕의 이미지는 아파트를 제외한 모든 '집'을 상징하는 가장 강력한 형태 요소다. 따라서 '집의 복원'을 의도하는 땅콩집에서 이를 차용하는 것은 당연한 전략으로 보인다.

평지붕은 모더니즘의 산물이다. "집은 살기 위한 기계"라고 언명한 프랑스 건축가 르 코르뷔지에는 자신의 선언을 보다 건축학적으로 명시한 현대 건축의 5원칙을 발표했다. 이 5원칙은 이전의 건축과 모더니즘을 구분하는 일차적인 형태의 차별점이 되기도 하는데, 이는 미학적 원리에 근거한다기보다는 기술적 적용을 완성하려는 태도였다. 엔지니어의 미학에서 교훈을 얻어내고 '집'이라는 기계를 완성하기 위해 만든 생산 지침과도 같은 원칙이었다. 성냥갑으로 비하되는 현대의 순수한 기하학적 형태의 건물은 이 5원칙에서 시작되었다고 해도 과언이 아니다. 입체파의 한 유파인 순수주의 계열의 화가이기도 했던 르 코르뷔지에는 옥상정원에 각별한 주의를 기울였던 게 분명하다. 편평한 옥상은 정원의 조성을 가능케 한 기술의 성과인데, 그 결과로 인류는 새로운 시점을 얻게 되었다. 즉 편평한 옥상에 서서 자신의 집과 도시를 바라보는 경험을 하게 된 것이다. 르 코르뷔지에는 자신의 원칙을 건축으로 구현한 주택을 선보였는데 파리 근교의 '빌라 사부아Villa Savoye'가 그것이다. 그것은 건축사의 명작 베스트 중 하나로 꼽아도 무리가 없을 만큼 중요한 건축이며, 수없이 복제되고 그만큼 오해되기도 했던 '건축계의 모나리자'라고 칭할 만하다. 한옥–양옥–아파트로 이어지는 집의 진화 양상에서 결과적으로 땅콩집이 택한 전략은 형태적으로는 경사 지붕의 복원이다. 순수한 부피감, 기술, 새로운 시점 같은 모더니즘의 평지붕이 갖는 여러 의미를 제쳐두고, '집'의 가장 중요한 기호로서 경사 지붕을 택할 만큼 그 도상학적 힘이 강력하다고 보았던 것이다.

'부동산'에서 다시 '집'으로

땅콩집은 근엄한 건축가들이 공감할 수 있는 매우 현실적인 건축의 문제에 관심을 갖게 했다는 점에서 의미가 크다. 게다가 '집'의 문제를 다루면서 변화된 생활양식이나 사회 구성과는 무관하게 막연히 전통만을 부르짖던 이전 세대의 굴레에서 벗어난 신선함과 발랄함 또한 돋보인다. 땅콩집이 우리에게 던지는 질문은 자명하다. '집'이란 무엇인가? 그리고 21세기 한국은 어떤 집

빌라 사부아(1931)의 옥상정원과 전면. 현대 건축의 5원칙이 충실하게 반영된 혁신적인 주거용 건물이다. 건물은 경쾌하게 들려 올라가 있고 일층부터 옥상정원까지 건축적인 산책로가 이어진다.

에서 살아가야 하는가? 한옥에서 혹독한 겨울을 나고도 계약 기간 탓에 한 번 더 그 집에서 겨울을 보내야 하는 지인은 어떤 생각을 하고 있는지, 그는 땅콩집이 표상하는 '집'에 얼마만큼 동의하는지 묻고 싶다. 아마도 수도가 얼지 않는 '집'이면 어디든 관계없다고 말할지도 모른다.

래미안 퍼스티지 아파트가 명품 옷이라면 땅콩집은 개량 한복이다. 이리저리 휩쓸리지 않고 개성 있는 삶의 공간을 누려보겠다는 의지를 건축적으로 구현한 사례이며, 전통적인 주거 공간을 우리 시대에 맞게 해석하려는 노력이다. 물론 새로운 기술을 도입하는 데도 적극적이다.

그런데 땅콩집에도 역시 딜레마는 있다. 아파트 단지가 가진 치명적인 결점을 외면함으로써 마찬가지의 한계를 갖는다는 것. 다시 말해 땅콩집 역시 주거 공간이 도시에 참여하고 도시를 풍요롭게 하며 도시의 중요한 자산으로 자리 잡는 데 실패하고 있다. 그들만의 집을 만들고 있는 것이다. 도시 주거의 대안이라기보다는 전원주택의 성격이 강하다는 데 그 한계가 있다.

아파트가 아닌 '집'에 사는 일은 왜 이리 힘들까.

예술의전당과
국립현대미술관

예술의전당을 온전히 이해하기 위해서는 우면산 너머 국립현대미술관을 함께 살펴보아야 한다. 하나는 공연 예술을, 다른 하나는 미술을 담아내는 건축이다. 둘은 서로에게 쌍둥이 같은 존재다. 출생의 배경부터 터를 정하고 건축을 한 방법에 이르기까지 같은 태도를 취하고 있다. 무엇보다 도시에서 예술이 어떤 의미를 갖는지, 도시와 예술이 서로 어떻게 관계를 맺어야 하는지에 대한 80년대식 정서를 잘 보여준다.

1981년 대한민국 정부는 서울올림픽을 유치하는 데 성공한다. 역사적으로 올림픽은 선진국으로 나아가는 데 필수 관문이었다. 게다가 당시 집권 세력의 도덕성과 정당성에 대한 의문을 한 번에 날려버릴 수 있는 절호의 기회이기도 했다. 올림픽 준비는 군대식으로 착착 진행되었다. 23개 종목을 위한 경기장을 짓고, 선수촌과 기자촌의 건축도 국제 설계 공모를 통해 선정하고 준비했다. 무역센터, 공항, 교통 등의 기반 시설도 마련했다. 그러나 국제도시로 도약하는 데는 체육 시설이 전부가 아니었다. 막상 대회를 준비하다 보니 문화 예술과 관련된 시설이 턱없이 부족하다는 사실이 눈에 띄게 드러났다. 서울을 찾는 외국인 관광객들에게 5천 년 역사의 찬란한 문화뿐만 아니라 현대 예술까지 두루 보여줄 수 있어야 했다. 백남준, 백건우, 정경화의 나라이건만 손으로 꼽을 만한 변변한 공연장이라고는 세종문화회관이나 국립극장 정도가 전부였다. 선진국에서 향유하는 문화 예술로 꼽히는 오페라를 공연하기에는 그마저도 작은 규모였다. 게다가 대규모 전시 시설은 아예 없었다.

그렇게 해서 공연 예술, 특히 오페라를 공연할 수 있는 예술의전당이 서울의 맨 끝자락에 자리를 잡게 되었다. 또 세계적인 도시마다 보석같이 빛나는 현대미술관이 있음을 깨닫고, 과천에 현대미술관 건립을 계획했다. 외국 손님 맞을 준비에 쫓겨가며 번갯불에 콩 구워 먹듯 급하게 만들어냈지만, 아직까지 이곳을 능가할 만한 문화 예술 시설이 없다는 점에서 예술의전당은 우리나라 최고의 공연 예술 공간이다. 올림픽이라는 국제적인 체육 행사 덕에 한국 예술계가 중요한 인프라를 갖추게 된 셈이다.

두 건축물은 이렇듯 선진국 사람들이 즐겨 감상한다는 오페라와 현대 미술을 위한 공간으로서 급하게 지어졌다. 귀하고 소중한 것을 담는 건축에는 '사찰식' 배치가 제격이었다. 이 무모하도록 진부한 생각이, 문화적인 활동이 가장 활발하게 이뤄지는 예술 공간이 도시적으로 못된 건축으로 자리매김하게 된 배경이다.

절을 닮은 미술관과 구겐하임 미술관

과천 국립현대미술관은 영화 〈미술관 옆 동물원〉에 나오는 그 미술관이다. 심은하가 주연한 영화에 이름만 빌려주고 얼굴은 내밀지도 못한 바로 그 미술관이다. 놀이동산 정문을 통해 들어가 '코끼리열차'라는 우스꽝스러운 교통수단으로 접근해야 하는 미술관. 그곳은 그 차가운 겨울바람을 비닐 덮개로 겨우 막아주는 코끼리열차를 타고 한참을 달린 뒤 그 안에 들어섰을 때의 온기로만 기억될 뿐이다.

백남준의 비디오 작품이 석탑 모양으로 높이 서 있고 그 위 천창에서는 빛이 하염없이 떨어지고 있었다. 개관 초기여서 전시실이 텅 비어 있기에 그 휑함만 돌아보고 나왔다. 추위 때문에 코끼리열차를 기다리지 못하고 시린 귀를 가린 채 걸어 내려오느라 같이 간 여자친구와의 사이에는 어색한 침묵만 흘렀다. 우리나라도 이제 세계적인 미술관을 갖게 되었다며 마치 내가 설계한 건물을 보여주듯 호기롭게 그곳을 찾아갔지만, 추위와 기다림에 지쳐 정작 보려던 건물은 제대로 돌아보지도 못했다.

그 후로 10여 년이 지나 다시 그곳을 찾았다. 국립현대미술관은 멋지게 성장해 있었다. 주위로는 나무가 울창했고, 썰렁했던 광장에도 조각품들이 제법 자리를 잡았다. 무엇보다 전시장이 작품들로 채워져 있었고, 미술관 학교 같은 교육 프로그램도 탄탄해 보였다.

국립현대미술관 앞에는 작은 연못이 있는데, 연못을 가로지르는 다리를 건너면 흰색 석조 건물의 미술관이 나온다. 자동차로 갈 경우에는 옆구리에 있는 주차장에 차를 세우고 계단을 통해 전면의 마당으로 오르게 된다. 마

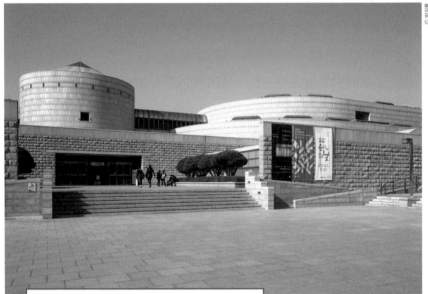

현대미술관 전경. 과천 국립현대미술관은 전형적인 사찰 배치 형식을
따르고 있다. 물을 건너면서 속세에서 벗어나게 된다. 하지만 현대미
술이 강조하는 것은 고립이나 분리가 아니라 소통이다. 남향으로 앉
아 있지만 미술관의 기능 때문에 창을 내지 않아 답답한 모양이다.

백남준의 작품을 위한 공간처럼 보이
는 과천 현대미술관의 내부 모습. 뉴욕
구겐하임 미술관의 램프를 옮겨왔다.

당에서 보이는 미술관은 표정 없는 무뚝뚝한 성벽 같다. 미술관에서는 흔히 갖게 되는 인상이다. 창을 통해 들어오는 자연광이 관람을 방해하고 미술품을 상하게 한다는 염려 때문에 벽을 둘러 세우기 때문이다. 태양빛이 작품에 직접 닿더라도 흰 벽을 더 이상 고집하지 않는 현대미술관의 전시 구성과 비교해보면 참 골동품 같은 생각이다. 하지만 미술관 벽에 창을 만드는 일은 상상하기도 어렵던 시절이 있었다. 미술관을 절간처럼 배치하다 보니 남향이 되었고, 전면의 벽은 창이 없어 답답하다.

　　미술관의 구성은 명쾌하다. 몽당연필을 세워놓은 듯한 공간이 로턴다 rotunda, 즉 원통형 홀이다. 이곳을 중심으로 오른편에는 전시 공간이, 왼편에는 사무 공간 등의 지원 시설이 있다. 양쪽의 규모가 같을 수 없으므로 좌우대칭은 자연스럽게 무너진다. 한 세기 전만 해도 억지로 대칭을 만들어냈을 테지만 '현대'의 생각은 권위적인 접근과는 다르게 비대칭으로 이어진다.

　　미술관 내부로 들어서면 백남준의 비디오 아트가 압도한다. '백남준 미술관'이라고 불러도 좋을 만큼 홀 전체가 이 작품을 위해 만들어진 듯한 인상을 준다. 3층 높이의 작품을 감싸듯 에둘러 오르는 경사로는 이런 인상을 더 굳게 해준다.

　　중앙 로턴다의 경사로를 보면, 이 미술관의 설계 때 참조한 이상적인 미술관이 뉴욕의 구겐하임이라는 느낌을 물리치기 어렵다. 센트럴파크라는 거대한 녹지를 바라보는 입지에서부터 건물 가장자리를 따라 만든 천창, 그리고 중앙의 원형 공간을 따라 이어지는 경사로에 이르기까지, 그곳을 그대로 복제했다는 의심을 떨칠 수가 없다. 그런데 그 복제의 수법이 조악하고 소심하다.

　　뉴욕 구겐하임 미술관은 미국 건축가 프랭크 로이드 라이트의 유작이다.

구겐하임 미술관은 신인상주의 등 20세기 초반의 컬렉션에 주력하는 사립 미술관으로, 세계 곳곳에 분관이 있다. 스페인 빌바오의 구겐하임도 무척 유명하지만 그래도 뉴욕에 있는 미술관 건물이 구겐하임의 간판스타다.

원통형 공간 전체가 깔때기처럼 위로 갈수록 넓어지고 이를 따라 나선형 경사로가 맨 아래층부터 꼭대기 층까지 연결된다. 그리고 로턴다 가운데의 천창을 통해 빛이 쏟아져 들어온다. 그 아래쪽 경사로 전체가 전시장이다. 관람의 출발점은 맨 위층이다. 엘리베이터를 타고 맨 위층으로 올라간 뒤 거대한 홀을 가운데 두고 시계 방향으로 돌아 내려오면서 전시 작품들을 관람하면 된다. 이전까지의 미술관은 전시실에서 복도를 거쳐 다른 전시실로 이동하는 것이 관람의 일반적인 동선이었다. 한 층에서의 관람을 마치면 계단을 통해 다른 층 복도에 이르게 되고 다시 전시실과 복도로 이어지는 평면적인 구성이 일반적이었다. 그런데 구겐하임 미술관은 통로와 전시 공간을 획기적으로 통합하면서 이를 하나의 공간으로 묶어낸다. 전시 구성이 역동적이다. 내리막 경사로를 통해 미술관 전체를 관람할 수 있으므로 작품들을 관람하느라 아프도록 발품을 팔아야 하는 '미술관 피곤증'을 없앨 수 있다는 것이 구겐하임 미술관의 건축가가 내세운 커다란 장점이었다.

20세기 말, 구겐하임 미술관은 좁은 대지에서 증축을 감행했다. 증축의 가장 주된 이유는 부족한 전시 공간보다는 전시장의 부족한 다양성 탓이었다. 갈수록 작품의 크기가 커지는 현대미술 작품을 전시하기에는 경사로 옆에 옹색하게 마련된 야트막한 전시 공간은 적당하지 않았다. 때로는 몇 개 층을 합친 규모의 작품들도 전시해야 하고 새로운 미디어를 위해 조명을 낮출 필요도 있었다. 현대의 설치 작품을 위해서는 넓고 높고 편평한 공간이 필요하기도 했다.

경사로로 이뤄진 역동적인 전시 공간은 구겐하임 미술관이 가진 장점이었지만 급변하는 현대미술의 다양성을 담아내기에는 그 장점이 오히려 한계가 되기도 했다. 미술관 건물 자체를 미술관의 가장 대표적인 작품이요 도시 문화재라고 믿고 있던 뉴요커들의 반발도 만만치 않았다. 80년대 후반의 뉴욕은 구겐하임 미술관이 사립 미술관임에도 불구하고 증축 여부를 놓고 뜨거운 논쟁을 이어나갔다. 그러다 결국 변화하는 현대미술을 효과적으로 수용하자는 의견이 우세해지면서 증축을 감행하기에 이른다. 사실 뜨거운 논란이 무색할 정도로 증축 면적은 보잘것없었다. 30평 남짓한 작은 공간을 7층 높이로 세우는 것이었으니. 중요한 것은 층의 높이가 각각 다르다는 것이었다. 변화하는 현대미술을 수용하기 위해 미술관 건물이 변신을 시도한 것이다.

에스컬레이터의 미술관 혁명

20세기의 예술은 실험에 실험을 거듭하는, 그 자체로 전위예술이었다. 그런데 과천의 국립현대미술관은 20세기 말에 지어졌지만 19세기적이다. 그때까지만 해도 우리나라에는 처음부터 미술관 용도로 지어진 대형 건축물이 전무했다. 마룻바닥과 높고 흰 벽, 게다가 천창을 통해 은은한 채광을 얻는 전시장은 처음이었다. 어디서 본 듯한 전시실, 각각의 전시장을 하나로 연결해 묶어내는 방식, 그것은 현대미술이 그때까지 이어온 정신과는 무관하게, 그저 잘 지은 건축물이다.

　20세기의 미술관 건축에서 두드러지는 현대성이 있다면, 단연코 에스컬레이터다. 백화점이나 지하철에 있는 에스컬레이터가 현대미술관의 정신을 보여준다는 말이 신성모독이자 문외한의 섣부른 판단으로 여겨질 수도 있겠지만, 미술관의 에스컬레이터는 그 자체로 전위적이며, 도전이고 모더니티다.

　에스컬레이터가 발명된 것은 20세기 초의 일이다. 찰리 채플린의 무성영화에도 등장하는데 이때의 명칭은 '움직이는 계단moving stair'이었다. 에스컬레이터가 미술관이라는 문화 시설에 처음으로 등장한 것은 파리의 퐁피두센터Centre Pompidou에서다. 2차 대전을 전후해 추상표현주의나 팝아트 같은 현대적 미술 운동이 미국이라는 신대륙에서 일어났다. 미술의 중심이 파리에서 뉴욕으로 옮겨 간 것이다. 전 유럽을 대표해 프랑스는 '현대적인' 미술관의 설계를 계획하고 대대적인 국제 설계 공모를 시행했다. 퐁피두센터는 두 젊은 건축가의 공동 작품인데, 당시 이들은 서른을 갓 넘긴 나이였다. 당선작은 파격적이었다. 설계안은 새롭다 못해 기괴했다. 어디서도 본 적이 없고 지어 본 적도 없는, 가히 '충격적인' 것이었다. 철골과 유리로 만든 구조물이 죄다 드러나고, 내장이 모두 튀어나온 듯 건물의 배관이 밖으로 노출되어 있었다. 그리고 이 구조물을 가로지르는 유리관 안에서 에스컬레이터가 끊임없이 움직였다. 고전적인 양식의 건물들로 가득한 파리의 도심에서는 상상조차 하기 힘든 형태였다.

　찬반양론이 뜨겁게 이어졌다. 〈르 피가로〉지는 퐁피두센터를 영국 네스 호의 괴물 '네시Nessie'에 비유하며 "마침내 프랑스도 괴물을 갖게 되었다"고 혹평했다. 그로부터 20년이 지난 뒤, 공동 건축가 중 한 사람인 리처드 로저스Richard Rogers는 '건축계의 노벨상'이라 불리는 프리츠커상Pritzker Architecture

에스컬레이터야말로 현대미술관의 상징이다. 끊임없는 움직임과 소음, 공간을 연결하는 기계의 공감각적 역동성이 현대미술의 전위성을 대표한다.

뉴욕 구겐하임 미술관의 내부 모습. 램프를 따라 걸어 내려가며 전시를 감상 하도록 구성되어 있다. 역동적이며 연속적인 전시가 가능하지만 전시물의 크기에 제약이 있어 다양한 층고를 가진 타워를 덧대 지었다.

Prize을 수상했다. 이때의 심사평이 의미심장하다.

"퐁피두센터는 엘리트들의 고상한 전유물이었던 미술관을 도시에 녹아
들게 해 시민들에게 사회적, 문화적 교류의 장을 마련했다."

퐁피두센터는 미술관을, 더 이상 성스러운 장소가 아니라 일반 시민들
이 교류하는 도시의 일상적인 장소로 만들었다. 그 비결은 친근하게 접근하
게 하는 것이었고, 그 구체적인 장치가 에스컬레이터였다. 백화점이나 슈퍼
마켓, 지하철역에서 보던 에스컬레이터는 도시에 사는 사람들 누구에게나 익
숙하고 친근한 장치였다. 퐁피두센터는 그 자체로 현대적이고 파격적인 실험
이었기에, 에스컬레이터 정도는 눈에 띄지도 않았다. 퐁피두센터의 기계 덩
어리 같은 충격적인 전체 이미지에 가려져 있었던 것이다.

에스컬레이터가 본격적으로 주목받게 된 것은 뉴욕현대미술관MoMA에
서다. 1930년대에 건립된 이 사립 미술관은 1983년에 세 번째 증축을 하며
새로 개관했다. 주변의 건물들을 사들여 전시 면적을 획기적으로 넓혔다. 건
축 비용은 미술관 위로 고급 아파트를 지어 올려서 판 돈으로 충당했다.

뉴욕현대미술관 역시 증축의 핵심은 에스컬레이터였다. 조각 공원으로
쓰이는 작은 뜰과 전시실 사이에 에스컬레이터를 두어 각 층을 연결했다. 세
단에서 시선을 떼지 못한 채로 오르내리던 것과는 전혀 다른 경험이었다. 헬
리콥터가 천장에 매달려 있고 그 아래의 에스컬레이터를 타고 오르다 보면
위층의 전시물들이 서서히 드러나는 광경은 장관이었다. 전시장 사이로 쑤욱
솟아오르는 관람자 자신의 모습이 전시품의 하나라도 되는 듯한 묘한 기분을

안겨준다.

에스컬레이터의 끊임없는 움직임과 특유의 소음, 그로 인한 어수선하고 시끌벅적한 분위기는 정숙하고 성스러워야 할 미술관과는 도무지 어울릴 성싶지 않았다. 그러나 미술관의 에스컬레이터는 '미술관은 당신이 상상하던 것과는 다른 장소'라고 말해준다. 미술관은 더 이상, 제대로 차려입고 근엄한 표정으로 목소리를 낮춰가며 관람할 필요가 없는 공간이라고. 동네 시장에 가듯 이 '미술품 슈퍼마켓'도 편하게 돌아보라고 안심시킨다.

이후로 에스컬레이터는 미술관에 자연스럽게 수용되었고, 급기야는 미술관의 필수적인 요소가 되었다. LA, 샌프란시스코를 포함한 각 도시의 현대미술관을 필두로 각지 미술관들의 상징으로까지 자리를 잡았다.

에스컬레이터의 건축적인 용도는 전시실들을 매듭 없이 매끈하게 잇는 것이다. 미술관의 역사는 그리 오래되지 않았다. 과거에는 대개 다른 용도의 건물을 전용轉用해 쓰는 것이 보통이었다. 파리의 루브르 박물관은 왕궁이었고, 피렌체의 우피치 미술관Galleria degli Uffizi은 사무소 건물로 지어진 것이었다. 미술관으로 설계하고 건축을 하면서도 이 오랜 관습은 계속되었다. 전시실을 만들고 자연광을 완벽하게 차단한 후 미술품을 감상하기에 최상의 조건이라고 여겨지는 전시 환경을 만드는 데 치중했다. 전시실은 복도를 통해 계단이나 엘리베이터로 연결되는 구조였는데, 이를 한 번에 깨뜨린 것이 에스컬레이터다. 에스컬레이터를 타고 오르내리며 미술관과 미술품을 바라보는 것은 초유의 역동적인 경험이었다. 과천 국립현대미술관에 에스컬레이터가 없다는 사실은 이 미술관을 19세기의 것으로 만들기도 하지만, 무엇보다 이는 현대미술에 대한 건축의 도전적 태도를 외면하는 것이기도 하다.

예술의전당이 도심을 등진 까닭

이제 국립현대미술관의 쌍둥이 형제뻘인 예술의전당 이야기로 옮겨 가보자.

예술의전당에 가는 방법은 두 가지다. 대다수 사람들이 그러듯 자동차로 가는 것이 가장 편하다. 예술의전당은 입구가 여러 개여서 어느 문으로 들어가야 할지 헷갈리기는 하지만 이것만 주의하면 자동차가 가장 편한 방법이다. 주차장이 충분히 넓어서 아무리 큰 공연이 있더라도 염려할 필요가 없다. 하지만 앞의 대로는 늘 막혀 있어 시간을 넉넉하게 잡고 움직여야 한다. 버스도 마찬가지다. 가장 확실한 방법은 지하철을 이용하는 것이다. '남부터미널(예술의전당)'역에서 내리면 되는데, 사실 '예술의전당'역이라는 이름을 갖다 붙이기에는 지하철역과 예술의전당의 거리가 너무 멀다.

지하철역에서 남쪽을 향해 언덕길을 오르다 보면 강처럼 넓은 도로와 만나게 되는데 이게 남부순환도로다. 강남 개발 초창기에는 서울의 남쪽 끝을 연결하는 준고속도로였는데 시가화가 진행되면서 이제는 도심의 도로가 되었다. 도시와 우면산을 완벽하게 분리하는, 폭만 해도 50미터가 넘는 넓은 길이다. 오른쪽으로 돌아서 걷다 보면 육교가 나오는데 여기서 이 길을 건너는 것이 좋다. 다음 횡단보도까지는 한참을 걸어야 하고 거기선 신호도 길기 때문에 공연을 보기도 전에 거리의 먼지와 소음에 지치기 십상이다. 이 육교가 그 유명한 '아트브리지'다. 예술의전당을 도시와 연결한다는 의미에서 붙인 이름인 모양이다. 육교의 모양이 특이하다. 다리 건너편에 비스듬하게 누운 원형의 유리벽이 있고 그 위로 물이 흐른다. 그래서 이 다리의 다른 이름이 '폭포다리'인가 보다. 이 다리를 건너고 물을 지나야 예술의전당에 이르게 된다.

예술의전당은 도심이 북향이라는 이유로
도시를 등지고 남쪽으로 돌아앉아 있다.

국립현대미술관은 작은 인공 연못을 지나고, 예술의전당은 폭포를 지나야 한다는 점에서 두 쌍둥이가 도시에 대해 공통적으로 보이는 건축적 태도가 드러난다. 물과 다리는 고립과 절연, 그리고 연결을 의미하는 건축적 장치다. 물론 연결보다는 고립의 의미가 더 우세하다.

우리나라에서는 대개 대규모 건축물을 지을 때 사찰식 배치를 적용한다. 한국의 사찰들은 조선 시대 이후 도시를 떠나 산중에 자리를 잡았다. 파고다공원에 있는 석탑의 이름이 '원각사지십층석탑'(국보 제2호)이라는 사실에서 보듯, 고려 시대까지만 해도 절은 도심에 있었다. 조선이 유교를 국교로 삼고 불교를 탄압하면서 절은 산으로 숨어들었고 독특한 건축 형식을 갖게 되었다. 산세가 험한 우리나라 지형에서 건축과 지형의 조화를 위해 절은 주변을 압도하지 않는 규모로 지어졌다. 중국에 비해, 심지어는 '작음(왜)'의 나라 일본에 비해서도 작게 지었다. 그런데 그 작은 규모로도 절을 찾는 사람들의 마음을 정화하고 감동을 주는 것이 중요했다. 그래서 사찰은 일반적으로 여러 겹의 공간적 장치를 통해 대웅전에 이르게 한다. 일주문, 불이문, 천왕문을 거치며 그 안의 도깨비 같은 나한들을 만나게 한다. 조였다가 풀어주고, 어두워졌다가 밝아지기도 하고, 때로는 혼란스럽게 때로는 평온하게 공간을 배열한다. 이를 '목'과 '칸'이라고 부르는데, 우리 전통 건축의 필수적인 구성 방법이다. 공간의 필터를 거쳐 대웅전에 도착했을 때는 이미 정화의 경지에 이르게 된다. 탁한 물이 숯과 모래의 필터를 거쳐 맑은 물이 되듯 속세의 때를 씻어내고 정갈해지는 것이다. 대웅전 앞마당에 이르렀을 때는 이미 예불의 준비가 된 것이다.

모든 절이 이런 방식으로 지어진 것은 아니다. 충남 공주의 마곡사는 다른 방법을 취한다. 특이하게도 마곡사는 목과 칸의 공간적 장치가 지나칠 정도로 간단하다. 대신 절 앞의 개천이 큰 역할을 한다. 개천에는 작은 돌들이 깔려 있고 그 위를 흐르는 물이 선음악과도 같은 잔잔한 소리를 만든다. 그 자체로 명상이고 예불인 듯하다. 다리를 건너는 순간 마치 선계에 들어선 느낌이 든다. 마곡사는 자연의 조건을 절묘하게 이용해 여러 공간을 과감하게 생략했다. 예상외로 쉽게 대웅전에 도달하게 되지만 정화의 정도는 여느 절 못지않다. 물이 가져다주는 고립의 효과가 시각과 청각을 통해 동시에 생겨난다는 점에서 다른 어떤 장치보다 강력하다. 그리고 그 고립을 극복하고서 속세와 종교가 극적으로 만나게 되는 것이다.

다리를 건너야 하는 국립현대미술관과 폭포를 뚫고서야 만날 수 있는 예술의전당은 또한 예술에 대한 전형적인 태도를 드러낸다. 둘에게 예술은 세상과 섞일 수 없는 순수한 존재다. 생활의 일부라기보다는 일종의 종교로서 군림한다. 도시와 섞여 대다수 시민의 삶을 윤택하게 하기보다는 자연에 가둬놓고 수행하는 승려의 모습으로 치열하게 예술을 늘어놓고 감상한다는 생각이 두 건축의 전체적인 입지와 배치를 지배한다. 이를 70년대의 발상이라고 치부하기에는 그 생명력이 지나치게 끈질기다.

전통 콤플렉스에 마침표를 찍다

역설적이게도 예술의전당은 전통에 대한 오랜 논쟁에 마침표를 찍었다. 한국 건축은 해방 이후에도 한동안 식민지 콤플렉스에서 벗어나지 못했다. 그 콤플렉스는 전통 건축에 대한 태도와 왜색 시비로 나타났다. 1967년 국립부여박물관을 둘러싼 논쟁이 그 정점이었다. 국립부여박물관은 건축가 고故 김수근이 설계했는데, 이것이 일본의 신사와 닮은 게 문제였다. 콘크리트로 지었지만 주요한 형태가 '도리이鳥居'(일본 신사 입구에 세워진 일종의 기둥 문)라고 부르는 일본식 목조 건축물과 지나치게 유사하다는 것이었다.

　"부여의 건축도, 일본의 신사도 아닌 현대 건축가 김수근의 스타일"이라는 유명한 말로 논란에 종지부를 찍은 듯했지만, 이후로도 전통은 한국 건축이 짊어져야 할 무거운 짐이었다. 비례도 맞지 않는 눈썹 같은 기와지붕이 등장하는가 하면 잠실 올림픽 주경기장이 백자의 선과 같다는 등의 끼워 맞추기식 노력이 건축가의 의지와 상관없이 계속되었다. 잠잠했던 전통 모티프 논란은 21세기에 부활해 상암 월드컵경기장에서 다시 비어져 나온다. 경기장이 소반 또는 방패연을 형상화했다는 것이다. 하지만 논쟁에 흥미를 잃은 건축계는 이에 대해 별다른 반응을 보이지 않고 싱겁게 넘어갔다. 무플(무반응)이 악플(악평)보다 무섭다고 하지 않던가.

　예술의전당은 가장 무모하면서 저열한 방법으로 전통의 모티프를 가져와서는 '선비 정신'이라는 말로 포장했다. 갓과 부채의 형태를 빌려 왔고 이를 통해 선비 정신을 표현했다고. 모두가 입을 닫고 할 말을 잃은 사이, 정권과 언론은 이를 대대적으로 선전했다.

　건축은 시각적으로 소통되는 예술의 형태이기는 하지만 갓이나 부채 같은 모티프를 필요로 하지 않는다. 그보다는 대지가 가진 특성을 찾아내고 그 안에서 요구하는 공간을 만들어낸다. 그 과정에서 기술적인 해결이 필요하고 그에 따른 결과로 형태가 나타난다. 만일 갓이 정말 선비 정신을 잘 나타내고 이를 건축의 모티프로 적극 받아들이기를 원한다면, 말총이라는 재료를 엮어 머리에 쓸 수 있는 '공간'을 만드는 방식에 착안하는 것이 더욱 건축적이다. 최소한의 재료를 가지고 가장 경제적인 방법으로 만들어 무겁지 않게 하는 기능적인 해결 방법만 참고하면 된다. 부채의 경우도 마찬가지다. 공간이 확장되었다가 다시 최소의 부피로 환원되는 방식에서 영감을 얻을 수도 있다. 결과로서의 형태를 그대로 받아들이는 것은 건축에 대한 몰이해를 드러낼 뿐이다.

콘크리트는 가장 20세기적인 건축 재료다. 철골보다 더 최근에야 완성된 건축의 재료이자 방법이다. 사실 콘크리트는 로마 시대부터 존재했다. 로마인들은 화산재가 물과 만나 굳으면 돌처럼 딱딱해진다는 것을 알고 콘크리트라는 것을 만들어 애용하기 시작했다. 로마의 건축이 이전에 비해 그 규모가 비약적으로 커진 데는 콘크리트가 중요한 역할을 했다. 문제는 콘크리트도 돌과 마찬가지로 단단하기는 하지만 쉽게 깨질 수 있다는 것이다. 누르는 힘에는 강하지만 당기거나 휘는 힘, 즉 장력에는 약하다. 이러한 약점을, 20세기에 이르러 콘크리트 안에 철근을 넣는 방법으로 보완했다. 그렇게 해서 콘크리트는 어떤 힘에도 단단히 버틸 수 있게 되었다. 현대 건축이 강력한 도구를 얻은 것이다.

콘크리트는 사람이 만드는 인공 바위다. 원하는 장소에 원하는 크기로 만들 수 있는 단단한 돌덩이다. 뭐니 뭐니 해도 콘크리트의 가장 큰 장점은 원하는 모양으로 만들 수 있다는 것이다. 나무를 깎아 만드는 처마의 곡선 형태든 둥그스름한 초가지붕 모양이든, 콘크리트로는 어떤 형태든 만들 수 있다.

그런데 콘크리트의 이러한 자유로운 형태적 가능성이 그 고유의 형태를 찾아내는 데 오히려 걸림돌이 되었다. 콘크리트를 가지고 다른 재료를 흉내 내는 데 그치고 만 것이다. 한국 건축 또한 신무기로 무장했음에도 불구하고, 콘크리트를 가지고 처마와 서까래를 모방하는 등 그 재료 고유의 형태를 찾거나 건축적 모색을 하기보다는 다른 재료의 효과를 흉내 내는 데서 그쳐버렸다.

우연인지도 모르지만 예술의전당 이후로 한국 건축은 전통에 대한 논쟁을 중단했다. 한국 땅에 지어지는 건축은 모두 한국적인 건축이라는 주장에서부터 전통의 모티프라도 끌어다가 한국의 전통을 표현해야 한다는 주장까지 다양했지만, 예술의전당은 전통론자의 입장을 곤란하게 하고 그 목소리를 눌러버렸다.

예술의전당이 건립된 이후로 전통 모티프에 대한 무모하고도 무리한 시도는 사라졌다. 그와 함께 그에 대한 논쟁도 시들어갔다. 예술의전당에서 최악의 시도를 보았고, 이제 한국 건축은 그보다는 새로운 세기의 새로운 문제들에 직면해 바빠졌기 때문은 아닐까?

도시는 예술을 어떻게 품어야 하는가

국립현대미술관이 동물원 옆 숲 속에 숨어 있다면, 예술의전당은 도시의 맨 끄트머리에 매달려 있다. 그런데 남쪽 끝이라는 점이 중요하다. 시청에서 3호 터널을 지나고 이태원, 반포대교, 국립도서관을 지나 남쪽으로 내려오면 예술의전당이다. 이 길은 서울에서 가장 중요한 상징적 가로다. 한쪽 끝에는 왕궁이, 다른 쪽 끝에는 예술의전당이 있다는 사실만으로도 서울이라는 도시의 구조가 근사하고 격조 있어 보인다. 용산의 미군 부대 터가 공원으로 바뀌면 이 가로의 역할은 더더욱 두드러질 것이다.

　　그런데 예술의전당은 이러한 도시적 의미에 관심이 없어 보인다. 사실 예술의전당은 도시의 남쪽 끝이라는 입지에 꽤나 당황하고 고민했을 듯하다. 한국의 건축에서 북쪽에서 진입하는 경우는 거의 없기 때문이다. 한강을 북쪽에 두고 있는 강남의 아파트들이 했을 법한 고민이다. 한강의 수려한 경관과 남향 사이에서 아파트들은 고민 없이 남으로 돌아앉았다. 어떤 경우에도 남쪽을 바라봐야 하는 것이 70년대식 한국의 정서였다. 그 결과, 아파트 복도에서는 푸른 강물의 물결까지 보이는 장관이 바라다보이지만 정작 거실에서는 앞동의 뒤통수를 보게 되었다. 도시의 입장에서도 실망스럽기는 마찬가지였다. 거실 유리의 정돈된 모습 대신 굵은 콘크리트 띠가 한강변을 이어가는 단조로운 경관을 만들게 된 것이다.

　　예술의전당 역시 남쪽으로 돌아앉았다. 바로 남쪽이 우면산이어서 산을 깎아 광장과 집터를 닦았다. 남쪽이 산으로 가로막혀 있는데도 굳이 산을 깎아서라도 남쪽 진입을 이루고야 만 예술의전당은 도시적으로도 커다란 손실이다. 예술의전당처럼 여러 공연장이 한곳에 모여 단지를 이루는 형태는 20세기 중반에야 생겨났다. 음악 장르에 따라 공연 시설이 세분화되고 전문화되면서 전용 공연장이 필요해져 이들을 한데 모으게 된 것이다. 사실 파리의 오페라하우스나 밀라노 스칼라 극장과 같은 대규모 오페라극장은 하나 정도도 웬만한 도시가 감당하기 어렵다.

　　예술의전당이 참조한 건축 모델은 링컨센터Lincoln Center다. 건립 초기부터 '한국의 링컨센터'를 표방했으며, 그 구성 또한 링컨센터와 유사하다. 링컨센터는 도심의 험한 지역을 재건하기 위해 지어졌다. 이 지역은 대낮에도 매우 위험한 우범지대였는데, 이곳을 배경으로 한 영화와 뮤지컬이 〈웨스트사이드 스토리〉다. 맨해튼 섬 서쪽 지역에 있어 붙은 이름인데 그야말로 갱들이 활보하는 무법천지였다. 도시의 열악한 지역을 재개발하기 위해 택한 전략은 예술 공간을 만드는 것이었다.

　건축의 배치는 고전적이면서 웅장했다. 광장을 중심으로 가운데에 메트로폴리탄 오페라극장이 있고 오른쪽으로 뉴욕필하모닉 공연장, 왼쪽으로 발레 극장이 있다. 뒤편으로는 재즈 공연장, 도서관, 줄리아드 음악 학교 등의 다양한 시설이 자리를 잡았다. 무려 27개의 크고 작은 공연 시설이 만들어졌다. 50년 넘게 건물 하나하나를 짓고 고치는 동안 험악했던 웨스트사이드는

뉴욕 링컨센터의 야경. 여러 공연장 건물들이 광장을 만들고 그 광장은 동쪽의 도심을 향해 열려 있다.

몰라보게 달라졌다. 뉴욕의 가장 위험한 지역에서 가장 부유한 선망의 공간
으로 변신한 것이다.

링컨센터는 일종의 침술鍼術로 평가되는 대표적인 성공작이다. 도시에
서 예술 공간은 매우 중요하며, 새로 지어진 건물 하나가 지역 전체를 탈바꿈
시킨다는 점에서 침술에 비할 만하다. 건물 하나, 광장 하나가 슬럼화된 지역
전체를 치유하고 성장시킨다. 예술의전당이 링컨센터를 모델로 삼은 이유 역
시 예술 공간을 도시 발전의 중요한 전략으로 삼는 것과 맥락을 같이한다.

그런데 링컨센터의 건축적 태도는 예술의전당과는 사뭇 다르다. 그 차
이가 두드러지는 것은 광장이다. 링컨센터의 광장은 여러 건물을 하나로 묶
어낸다. 공연장같이 일시에 사람들이 모이고 흩어지는 건물들이 모여 있을
때 광장의 중요성은 더욱 커진다. 링컨센터의 광장은 동쪽을 향해 있는데 이
방향이 도시의 중심이다. 남향을 고집하지 않고 도시를 향해 열어놓은 광장
이 시각적으로, 기능적으로 도시와 예술을 하나로 묶어낸다.

건축은 전문가의 분야이긴 하지만 매우 수동적인 직업이다. 대지와 용
도는 주어지는 것이어서 건축가가 선택할 수 없다. 건축가가 현대미술관의
입지로 과천이 부적합하다고 주장하며 광화문에 설계를 할 수는 없는 일이
다. 과천 미술관 부지에 미술관보다는 음악당이 어울릴 것이라며 음악당을
설계할 수도 없는 노릇이다. 어느 건축에나 건축주가 있고 그들을 설득하려
고 시도할 수는 있지만, 최종 결정은 건축가가 아닌 건축주의 몫이다. 건축가
가 땅을 바꿀 수는 없으므로, 주어진 땅의 가능성을 최대한 펼치는 것이 건축
가의 임무다. 대지의 문제점을 드러내 이를 건축적으로 보완하는 것은 건축
의 임무다. 대지가 가진 도시적 의미를 찾아내고 그 씨앗이 꽃을 피우게 하는

것이 건축이다. 예술의전당이나 국립현대미술관은 도심에 짓도록 설득하는 것이 최선이었을 것이다. 광장을 남쪽에 배치함으로써 예술의전당은 도시를 등졌다. 도시에 녹아드는 것은 고사하고, 폐쇄적인 그들이 폐쇄적인 도시를 만들게 된 것이다.

앞서 소개한 프리츠커상의 심사평은 되새겨볼 만하다. "미술관을 도시에 녹아들게 해 시민들에게 사회적, 문화적 교류의 장을 마련"하는 것은 현대 미술관의 중요한 기능이다. 실제로 과천 국립현대미술관 역시 성공적인 교육 프로그램을 운영하고 있다. 다만 그 대상이 동물원 옆 미술관까지 차를 몰고 갈 수 있는 시간적, 경제적 여유가 있는 계층이라는 점이 아쉬울 뿐이다. 아이를 학교에 데려다주고 잠깐 들를 수 있는 미술관, 백화점에 가듯 가볍고 편안한 마음으로 설렘을 안고 찾아갈 수 있는 '도시의 미술관'이 아쉬운 대목이다.

예술의전당 또한 마찬가지다. 특별히 하루 저녁을 고스란히 내지 않더라도 가볍고 손쉽게 다가가 즐길 수 있는 예술의 장, 도시가 주는 문화적 혜택을 극대화할 수 있는 생활의 장이 되어야 한다. 그 안에서 즐기고 소통하며 창조할 수 있어야 도시의 예술 공간이라고 할 수 있다. 혹자는 신이 죽은 현대사회에서 예술이 종교를 대신한다고 했다. 그럴 지도 모른다. 미술관과 음악당은 교회를 대체했다. 공연이 예배를 대체하고, 시민들은 문화 예술 시설에서 모이고 만나며 교류하고 헌금을 낸다. 유럽의 뭇 귀족들이 교회에 기부했듯, 현대의 부자들은 오페라하우스 벽면에 자기 이름을 새기기 위해 기부를 한다.

문화와 예술은 도시 공간을 배경으로 한다. 르네상스 이후 예술 양식이 급격히 발전한 것은 도시가 본격적으로 성장한 것과 큰 연관이 있다. 예술은 도시의 자식이며 도시는 예술의 공간적 배경이기 때문이다. 예술이 도시와 거리를 두고 홀로 고고하게 남아 있으려는 태도는 그 자체로 미성숙하고 불완전한 도시 발달의 단계를 드러내는 상징이다. 도시와 예술은 서로에게 필수불가결한 조건이기 때문이다.

절대 변치 않는 일편단심 녹색 사랑

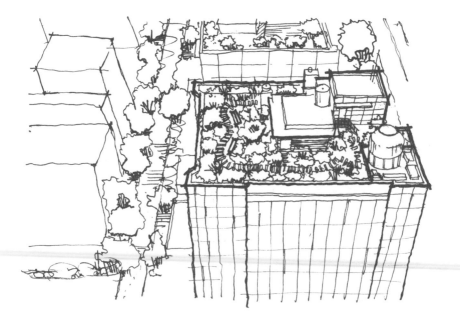

옥상정원

몇 년 전 문화 포럼에서 어느 문화 기획자가 불쑥 말을 꺼냈다. "한국 건축가들은 도대체가 상상력이란 게 없어요!"

돌아가면서 발표하던 중이었는데, 그는 자기 순서에 발표 대신 당돌한 질책을 쏟아냈다.

"건축을 그렇게 고정된 생각으로 바라보니까 한국 건축이 정체되어 있고, 그 때문에 다른 문화 활동이 제약을 받는 것 아니겠습니까?"

그가 여러 번 접힌 종이 한 장을 기세등등하게 꺼냈다. 수만 가지 생각이 내 머리를 스쳐 갔다. 저렇듯 당당하게 건축가라는 전문가 집단을 무시하며 꺼내려는 얘기가 도대체 무엇일까? 모두가 침묵한 채 꼬깃꼬깃한 종이가 펼쳐지기를 기다렸다. 그것은 마치 동화 속 보물 지도처럼 허술함과 비루함이 주는 묘한 권위가 있었다. 문화 포럼이라고 해서 그 자리에 참석한 건축가들은 졸지에 피고인이 된 듯한 표정으로 서로의 얼굴과 보물 지도를 번갈아 바라볼 뿐이었다.

어렵게 펼쳐진 종이에는 만화 같은 스케치가 담겨 있었다. 건물과 고가도

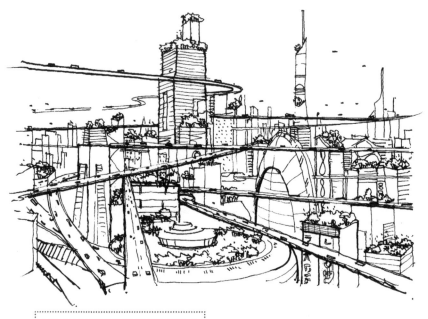

고층 건물과 고가도로로 연결된 미래 도시가 실현될 가망은 없어 보인다. 전통적인 도시의 힘은 거리를 걷는 사람들에게서 나오기 때문이다.

로가 얽혀 있고 건물마다 옥상에는 나무들이 우거져 있는 그림이었다. 고가도로는 건물을 관통하거나 몇 층으로 겹치기도 했고, 그 위에 나무가 심어진 것도 있었다. 마치 20세기 초에 상상하던 미래의 도시를 덜 세련되게 그려낸 것인 듯했다. 기껏해야 애니메이션 〈하울의 움직이는 성〉을 어설프게 흉내 낸 것처럼 보였지만 그의 단호하고도 심각한 태도에 헛웃음을 참을 수밖에 없었다.

"이렇게 건물들을 입체적으로 연결하는 겁니다. 건물 옥상마다 정원이 있어 나무가 있고요……. 그러면 여름엔 시원하게, 겨울에는 따뜻하게 지낼 수 있고, 자연을 도시에 끌어들일 수도 있지요."

그의 설명이 끝난 회의장에서는 건축가협회장을 지낸 원로 건축가의 난감한 표정과 열혈 청년 건축가의 노기가 묘하게 교차했다. 이후의 회의는 건축가들의 변명과 현실적인 문제의 토로로 이어졌고, 급기야 전문가로서의 건축가에 대한 울분으로 이어졌다. 이렇듯 가장 문화적인 자리에서조차 건축은 항상 도전을 받는다. 경제적, 사회적, 기술적인 위협과 도전이 항상 뒤따른다. 이런 복합적인 문제에 시각적 심미성을 요구하기도 하고, 시간이 지나면서 같이 나이 드는 건축을 원하기도 하고, 시간의 현대성과 한국이라는 공간의 정체성을 요구하기도 한다. 현실적인 문제를 부둥켜안고 끙끙대는 건축가들을 상상력의 잣대로 질책하기도 한다. 하지만 무엇보다 큰 도전은 건축을 전문 분야로 인정하지 않는 것이다.

건축은 여느 분야와 마찬가지로 상식이 모여 만들어진다. 벽돌을 쌓으려면 토대가 있어야 하고 창문을 만들려면 창틀이 있어야 하는 것과 같은 상식이 모여 건축이라는 매우 전문적인 분야를 이룬다.

그런데 건축가들은 사람들의 기대와 달리 기술적 전문성은 갖고 있지 않다. 건물을 지탱하기 위한 수학적 계산은 구조기술사의 도움을 받고, 효율적인 냉난방 또는 소방을 위해서는 각각 그 분야 전문가의 도움을 받는다. 건축가의 전문성은 여러 분야 전문가들의 의견을 조정하고 통합해 하나의 건축물이 세상에 드러나게 하는 데 있다. 이런 이유로 종종 건축가들은 오케스트라의 지휘자에 비유된다. 지휘자가 연주하는 악기는 없지만 지휘자에 따라

음악의 색깔이 달라지는 것과 같은 이치다.

건축가는 특수한 원천 기술을 가진 '전문가specialist'라기보다는 '박학다식한 만능인generalist'인데도, 이 애매한 지위는 틈날 때마다 도전을 받는다. 가까운 친구에게까지 도전과 홀대를 받기도 한다. 미술을 전공한 한 친구가 작업실을 짓겠다며 상의를 해왔다. 땅을 보고 일단 간단한 설계를 해서 같이 얘기해보자고 했더니, 돌아오는 친구의 답에 그야말로 어안이 벙벙해졌다.

"설계는 내가 할 테니 어떻게 지어야 하는지만 말해봐."

"그럼 난 왜 부른 건데?"

"건축 허가를 위한 도면을 그려달라고."

이와 비슷한 경험이 더 있다. 꽤 유명한 스님이 있었다. 그 스님은 불교가 산중에 머물러 있기보다는 도시로 나와 적극적으로 포교를 해야 한다고 믿는 분이었다. 그분의 노력이 헛되지 않아서 매일 새벽 예불에 참여하는 신도가 천 명이 넘을 정도가 되어 큰 사찰을 짓게 되었다. 그때 그분이 자랑스럽게 두 손을 들어 보이며 말했다.

"이 절은 내가 직접 설계했습니다. 건축사는 구청에 가서 허가 내는 일만 했지요."

스님에 대한 존경이 싹 가시는 순간이었다. 다른 분야의 전문가가 가진 전문성을 인정하지 못하는 사람은 본인의 전문성까지 의심받게 마련이다.

건축가들이 토로하는 최대 난코스는 똑똑한 건축주라고 한다. 건축주는 대개 부자인데, 특히 자수성가한 부자 건축주를 대하는 것이 가장 어렵다고 한다. 그들의 요구는 까다롭고 거침이 없다. 입구는 이렇게 거실은 저렇게, 또는 아기자기하면서도 웅장하게, 또는 공간의 변화가 있으면서도 통일성 있게 해달라는 등의 모순되는 요구를 서슴없이 내놓는다.

일본의 어느 다큐멘터리에서 본 건축주는 매우 예외적인 경우였다. 돈 많은 젊은이였는데, 도쿄와 뉴욕을 오가면서 사업을 하기 때문에 집에 머무는 시간이 많지 않다고 했다. 그는 자신의 취향이 집에도 드러나기를 원했지만 놀랍게도 그가 건축가에게 요구한 것은 단 한 가지였다.

"집에 큰 어항이 있었으면 좋겠어요."

그는 방의 개수나 크기, 거실의 분위기 같은 것은 건축가에게 일임했다. 자신이 고용한 건축가가 설계해 지은 건물을 몇 개 보았고 그의 작품을 좋아하기 때문에 아무것도 걱정하지 않는다고 했다. 그리고 자신이 좋아하는 건축가의 작품을 자신도 소장할 수 있게 되어 기쁘고 영광스럽다고 했다. 이 얼마나 멋진 건축주인가. 하지만 이런 건축주를 만난다는 것은 외계인 만나기보다 더 어렵다. 건축가의 권위는 항상 도전받는다.

건축이 반드시 건축가라는 전문가의 영역은 아니다. 정반대의 주장도 많다. 그중 가장 타당한 주장으로는, 자동차를 사면서 디자이너가 누구인지, 어떤 개념으로 설계했는지 따위는 묻지 않는다는 것이다. 디자인과 엔진 크기, 대략의 연비, 그리고 가격 정도의 정보만 가지고 자동차의 구매를 결정한다는 것이다. 이 경험을 확대해보면 건축 또한 설계의 개념이나 건축가의 신념 같은 것보다는 소비자의 요구가 더 중요하다고 할 수 있다.

그러나 건축은 자동차와는 다르다. 고속도로든 산간 지방의 구불구불한 도로든 자동차는 잘 달리는 게 목표다. 하지만 건축은 사람들의 얼굴만큼 제각각인 다양한 조건에 대응해야 한다. 각각의 대지가 가진 성격이 다르고, 그 안에서 살아갈 사람들도 각양각색이다. 수천만 곱하기 수천만의 조합이 만들어내는 지구상의 유일한 조건에 대응하고 해결책을 제시해야 하는 것이다. 건축주를 대신해 그 고민을 떠안는 것이 건축가다. 건축가들은 섭섭하다.

옥상정원은 20세기의 산물이다

다시 열혈 건축가가 펼쳐 보인 만화 속 주인공인 옥상정원 얘기로 돌아가보자. 옥상정원은 20세기의 산물이다. 지붕을 편평하게 하는 것부터가 20세기의 발명품이다. 지붕이 편평해지면서 옥상에 놀이터를 만들거나 정원을 꾸미거나 심지어는 수영장을 만들 수도 있게 되었다. '펜트하우스penthouse'라는 특이한 공간도 생겨났다. 건물 맨 위층을 물려 짓고 그렇게 해서 생겨난 공간을 작은 정원으로 꾸미기도 한다. 건물이 면한 도로의 폭과 맞물려 건물 높이를 제한하면서 일종의 편법으로 생겨난 공간이다. 하지만 탁 트인 조망, 완벽하게 보장되는 사생활 등 도심 속 단독주택에서 누릴 수 있는 혜택이 이 공간에 집약되어 있다. 그러니 펜트하우스가 상류층을 상징하는 대명사, 가장 비싸고 특권적인 공간이 된 것은 당연한 일이다. 이곳은 슈퍼맨이 날아들어 애인을 사뿐히 안고 날아갈 수도 있고, 호화로운 파티에서 슬그머니 빠져나온 남자 주인공이 아름다운 여인에게 다가가는 작업의 공간이기도 하다. 펜트하우스를 우리말로 번역하면 '옥탑 가옥' 정도 되겠다. 그런데 우리 사회에서 옥탑이라는 공간이 상징하는 바와 정반대의 의미를 갖는다는 점이 흥미롭다.

　　옥상정원이 본격적으로 생긴 것은 20세기 초의 일이다. 옥상정원이 생겨난 것은 실용적인 요구보다는 철학적이고 개념적인 요구 때문이었다. 20세

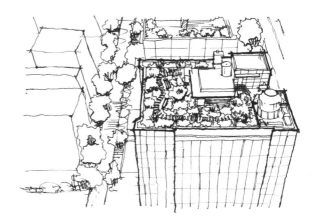

르 코르뷔지에의 '현대 건축의 5원칙'은 새로운 기술을 통한 공간의 가능성을 제
안했다. 그중 옥상정원은 20세기에야 가능해진 새로운 유형의 공간이지만, 시선
의 상호작용이 불가능하다는 점에서 전통적인 거리나 공원을 대체하지는 못했다.

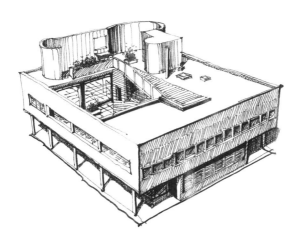

기 초의 주류 건축은 여전히 고전 양식의 왕궁과 성당을 베끼는 것이었다. 그러나 이 시기에 일군의 건축가들은 전통적인 건축을 모방해서 복제하는 것에 진절머리를 냈다. 이전의 양식을 답습하는 것에 강한 거부감을 가졌다. 그들은 이전과는 다른 새로운 기술과 재료와 공법을 갖췄으니 새로운 시대, 새로운 기술에 걸맞은 형태가 가능할 것이라 믿고 이에 대한 탐구를 계속했다. 그들이 내다본 건축의 가능성은 순수한 기하학적 형태였다. 그리고 이를 직설적으로 표현하는 것을 시도했다.

고대부터 건축에서 기하학은 중요한 역할을 했지만 전체의 비례를 정하는 정도의 우회적인 수단이었다. 이에 반해 현대의 건축가들은 정육면체 같은 순수한 입방체를 직접적으로 표현하기를 원했다. 그리고 그 시작은 뾰족지붕을 없애고 편평한 지붕을 만드는 것이었다. 역사상 처음으로 20세기 초의 건축은 머리에 이고 있던 거추장스러운 지붕을 없애고 단순한 형태로 다시 태어났다. 흔히 도시의 건축을 비하할 때 쓰는 상투적인 표현인 "성냥갑 같은" 건축은 이렇듯 분명한 의도와 이유를 가지고 있었다. 그리고 급기야는 기하학적 형태를 유리로 만들어 날 듯이 가벼운, 이전의 육중하고 갑갑한 건축에서 벗어나게 되었다.

이러한 성과는 회화의 입체파와 궤를 같이한다는 점에서 그 의미가 크다. 건축은 회화를 2백 년쯤 늦게 좇아가는 굼벵이 같은 예술 장르다. 그것은 주로 건축의 기술적, 사회경제적 속성 때문이다. 하나의 생각이나 사상이 태어나고 그게 예술의 경험에 녹아들고 다시 다른 시대로 접어들어도 건축은 여전히 공사 중이기 때문이다. 며칠의 작업으로 완성되는 회화와 달리 건축은 수십 년, 길게는 수백 년의 실현 과정을 거치기 때문이다. 초기 르네상스 양식으로 시작해 바로크 양식으로 마무리된 바티칸의 성바오로 성당의 경우처럼 여러 시대의 양식이 혼재되기도 한다.

입체파와 현대의 평지붕은 건축과 회화가 거의 동시기에 같은 생각을 펼쳤다는 점에서 이례적이며 의미가 있다. 실제로 르 코르뷔지에 같은 건축가는 입체파 화가로도 이름을 떨치기도 했다. 그렇다면 입체파란 무엇이고 어떤 의미가 있었던 것일까?

입체파는 인상파에서 시작되어 야수파 다음으로 이어지는 미술 사조다. 파블로 피카소가 입체파의 대표적인 화가다. 현대미술의 유파는 조선 왕조의 태-정-태-세-문-단-세……식으로 순서가 분명하게 떨어지는 것이 아니라 때로는 겹치기도 하고 나라에 따라서는 순서가 뒤바뀌기도 한다.

입체파는 한마디로 기존의 원근법에 대한 새로운 시도였다. 회화는 삼차원의 세상을 편평한 이차원의 캔버스에 재현하는 예술이다. 이 과정은 모순적이며 때로는 불가능해 보이기도 한다. 사람들은 세상을 화면에 어떻게 옮겨야 하는지 몰랐고, 이는 선사시대의 동굴 벽화에서부터 고딕 시대에 이르기까지 별 뾰족한 대책 없이 이어져왔다. 그리스 시대의 조각은 살아 있는 듯 생동감 있지만 회화는 뭔가 어설픈 이유가 여기에 있다.

르네상스 시대에 이르러 드디어 원근법이 발명되었다. 원근법이란 가까이 있는 것은 크게, 멀리 있는 것은 작게 그리면 훨씬 실제적으로 보인다는 회화의 원리다. 인류가 이 간단한 원리를 깨우치는 데 5천 년이 걸렸다. 원근법이 발명된 이후 회화는 비약적으로 발전했다. 조각상과 같이 입체감 있는 신화의 인물들이 살아나 화면을 뚫고 튀어나올 것만 같은 생동감을 얻었다. 구도도 훨씬 다양해졌고, 색상 또한 화려해져 세상에 그리지 못할 것이 없었다. 성경과 신화의 장면이 그림을 통해 되살아났다. 무엇보다도 세상의 표준이라고 부를 만한 객관적인 화면이 가능해졌다.

다시 5백 년이 지나고 19세기 말에 이르러 인상파가 나타났다. '인상'이라는 개인적이고도 소소하고 보잘것없는 주제로 그림을 그리게 된 것이다. 여기에는 카메라라는 근대적인 발명품이 큰 역할을 했다. 세상을 객관적으로 정확하게 그리는 기계가 생겨났으니, 이제 회화는 다른 목표로 눈을 돌려야 했던 것이다.

입체파는 원근법의 객관성이나 정확성에 반기를 들었다. 입체파는 여러 각도에서 바라본 모습을 한 화면에 겹쳐서 표현하는 방식이다. 대상을 식별할 수 없을 만큼 화면이 추상적이기는 하지만, 어찌 보면 세상을 좀 더 정확하게 표현하려는 미술 운동이었다. 아인슈타인의 상대성이론이 영향을 미쳤다고는 하지만 이는 과장된 얘기임이 분명하다. 실제로 파블로 피카소나 조르주 브라크는 입체파의 회화 작업을 하면서도 그 의미를 제대로 깨우치진 못했다고 한다. 그들은 움직이듯 겹쳐 그리는 것 자체에 흥미가 있었던 것 같다. 상대성이론보다는 세상을 보는 새로운 시점視點이 더 큰 역할을 했다는 설명이 보다 설득력이 있다. 즉 비행기가 발명되었고 에펠탑같이 새로운 높이에서 도시를 바라볼 수 있게 되었는데 이 놀라운 경험이 입체파에게 가장 중요한 영감으로 작용했다는 것이다.

다양한 시점의 가능성을 확인하고 그 여러 시점을 화면에 동시에 펼쳐 보인 입체파의 활동은 건축에도 지대한 영향을 미쳤다. 오랜만에 건축은 회화와 어깨를 나란히 하며 함께 행진했다.

세운상가가 서울을 구원하리라

20세기 초반의 건축가들은 평지붕이 가진 가능성을 확대하고자 끝없이 시도한다. 그것은 이전까지는 불가능했던 기술이며, 세계대전으로 파괴된 세상을 새롭게 건설하는 데 매우 중요한 수단이라 판단했다. 이러한 관점은 도시로까지 그 범위가 확대되는데, 공중 가로가 대표적인 예다. 한마디로 허공에 떠 있는 거리를 만들겠다는 거였다. 고층 건물들을 짓고 고가도로로 연결해 많은 자연을 끌어들일 수 있다는 점에서 이상적인 방법으로 여겨졌다. 이전 시대의 도시와 건축에 의문을 품었던 건축가들은 새로운 개념과 새로운 기술이 만난다는 것에 환호했다. 도시를 입체적으로 만들 수 있다는 점에서 신세계를 향한 유일한 해결책으로 보이기도 했다. 건축이 도시의 문제를 치유할 수 있고 기술이 세상을 구원할 수 있다는 믿음이었다.

이런 생각이 우리나라에 수입되어 지어진 것이 세운상가와 청계고가도로다. 청계고가도로는 이미 철거되어 그 아래 숨겨져 있던 개천이 되살아났다. 세운상가 또한 철거할지, 보존하고 재개발할지에 대한 논의가 아직 끝나지 않았다. 사실 둘 다 성공적인 건축이 아니었다. 그렇다면 왜 이런 이상적인 건축들이 실패한 것일까? 무엇을 놓쳤던 것일까? 세운상가는 조금만 고치면 정말 다시 살아날 수 있을까? 문화 포럼 때 그 당돌한 문화 기획자가 내밀었던 스케치를 건축가들은 정말 상상도 하지 못한 것일까?

청계고가나 세운상가는 60년대 서울을 구하기 위한 극약 처방 같은 것이었다. 한국전쟁이 끝난 후 인구가 몰려든 서울을 청결하고 쾌적하며 기능적인 도시로 만든다는 것은 매우 어려운 과제였을 것이다. 게다가 정부의 재

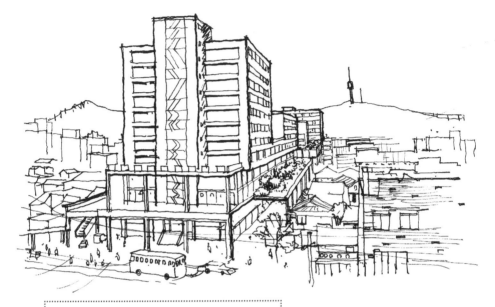

세운상가는 공중 가로를 통해 종묘에서 남산에 이르는 녹지를 연결하겠다는 꿈을 가지고 있었다. 그러나 공중 가로 아래 있는 진정한 거리에는 해가 들지 않아 황폐해졌고 공중 가로는 텅텅 비게 되었다.

정은 바닥이고 산업이라는 것도 보잘것없던 시절이었다. 경제개발을 위해서는 기본적으로 도시라는 인프라가 필요했고, 수도의 기능은 절대적으로 필요했다. 일본 유학에서 막 돌아온 30대 건축가가 이 중대한 프로젝트를 맡았다. 그의 이름이 김수근이다. 김수근의 세운상가는 모더니즘의 설익은 이상을 거리낌 없이 펼칠 기회를 얻었다.

세운상가는 사실 종묘에서 시작되어 퇴계로의 대한극장에 이르러서야 끝나는 길고 긴 건물이다. 같은 건물이 세운상가-대림상가-삼풍상가-진양상가로 이름을 바꾸며 죽 이어진다. 서울에서 몇 안 되는 남북을 잇는 도로 위를 차지하고 있다. 남북 간 도로가 중요한 것은 거리를 항상 밝게 둘 수 있다는 것이다. 서울은 종로, 을지로, 청계로에 퇴계로까지 동서로 발달해 있어 그늘이 지거나 겨울이면 항상 얼어 있는 인도가 생기게 마련이다.

세운상가는 남북으로 길게 지어졌지만 그 이미지는 항상 어둠이다. 불량 만화를 팔던 곳, 이후에는 해적판 레코드와 비디오테이프를 팔던 곳이다. 조립 컴퓨터와 세상의 온갖 해적판 소프트웨어를 구할 수도 있었다. 그 음습하고 어두운 상가에서 비슷하게 어두운 상품이 개운하지 않게 불법적으로 거래되고는 했다.

세운상가가 가진 이미지가 어두운 것은 공중 정원 때문이다. 3층 높이로 건물 양편에 걸쳐서 고가도로 같은 것이 지나는데, 그 위가 정원으로 설계됐다. 처음의 의도는 종묘에서부터 남산에 이르는 그린웨이, 즉 녹도緣道(차가 다니지 않는 녹화한 산책길 같은 공원풍의 도로를 통칭하는 말)를 마련한다는 것이었다. 참으로 대담하고 어설프기도 한 계획이었지만 그것이 모더니즘, 한국의 모더니즘이었다. 녹도 아래의 도시를 정리하는 것이 번거롭다는 듯 2층의 길을 새롭게 만들겠다는 아이디어였다. 지금도 세운상가 위층에 올라가 보면 남산을 향해 곧게 뻗은 복도가 있어 탄성이 절로 난다.

거리에서 떨어져 공중을 달리는 산책길! 도시의 혼잡함에서 벗어나 구름 위를 걷듯, 끝없이 녹음이 우거진 길을 걷는 모습을 상상해보라.

공중 가로가 실패할 수밖에 없는 이유

이런 만화 같은 상상력은 서울뿐 아니라 수없이 많은 현대 도시를 파괴했다. 도시의 질서와 기능이 왜곡되었고, 이를 되돌리기까지 몇 배의 시간과 비용을 들여야 했다. 상상력을 시험해보는 대가치고는 지나치게 비쌌다.

그렇다면 공중 가로의 아이디어는 왜 실패했을까? 너무 근사하고 완벽해 보여서 세상을 구할 것만 같았던 생각이 어째서 실패한 것일까?

지구 반대편의 한 작은 도시에서 그 해답의 실마리를 찾을 수 있다. 그곳은 브라질의 소도시 꾸리찌바Curitiba다. 세계 최고의 생태 도시로 꼽히는 꾸리찌바는 대중교통의 혁명을 일으킨 곳이고, 2000년대 초반 서울시가 대중교통 체계를 전면적으로 개편할 때 중요하게 참고했던 곳이다. 꾸리찌바 시는 교통과 환경 문제에 일관된 기준을 가지고 행정을 펼친 것으로 유명하다. 지독한 교통난을 해소하기 위해 지하철의 80분의 1에 해당하는 예산으로 버스 중심의 대중교통 체계를 갖췄다. 그 배경에는 '인간의 움직임은 이차원'이라는 철학이 자리하고 있다.

남미의 작은 도시 꾸리찌바를 우리나라에 소개해 녹색 도시 열풍을 불러일으킨 지속가능도시연구센터의 박용남 소장은 자신의 저서에 다음과 같이 적었다.

"원래 인간은 똑바로 서서 평면으로 걸어 다니도록 인체가 설계되어 있죠. 도시 안에 자동차가 들어와 주인 행세를 하기 시작하면서 도시를 계획하거나 설계하는 사람, 그리고 건물이나 도로를 건설하는 사람들은 모두 철저히 자동차에 대한 배려만 하게 됩니다. 그 산물로 탄생한 것이 바로 자동차 통행을 원활하게 하기 위한 육교나 지하도인데, 이것은 인간의 인체 구조를 감안할 때 이용하기 어려운 도시 시설물이죠."

지하철이나 육교를 이용할 때와 같이 위아래로 움직이는 것은 인간의 본성에 맞지 않는다는 것이다. 사람은 최대한 경제적으로 걸으려고 한다. 각진 대로를 놔두고 샛길을 만들어 다닌다. 지하도나 육교가 있어도 무단횡단을 하는 이유가 여기에 있다. 가장 빠른 경로를 찾는 개미와 마찬가지로 사람도 동물인 것이다. 더구나 계단을 오르내리는 일은 가능한 한 피하려고 한다. 꾸리찌바의 교훈 덕에 서울에서는 많은 고가도로와 육교가 철거되었고, 드디어 광화문 네거리에도 횡단보도가 설치되었다. 자동차들의 원활한 교통을 위해 사람이 위로 아래로 피해 다녔던 도시 구조에 변화가 시작된 것이다.

결국 세운상가의 문제는 역설적으로 그 입체성에 있다. 20세기에야 가능해진 기술로 20세기적 공간을 만들겠다는 그 기막힌 아이디어는 입체적인 기술의 과시로 주목을 받기도 했고, 같은 이유로 실패를 맛보기도 했다.

그런데 지하철이 빠르고 편하기는 하지만 여전히 버스 타는 쪽을 선호하는 사람들의 얘기에 주목해보자. 버스 전용 차선이 생겨 이동 속도가 빨라진 것도 장점이지만 무엇보다 중요한 것은 바깥 경치를 바라볼 수 있는 것이라고 한다. 바깥 경치가 꼭 시원한 자연 풍광이 아니더라도 즐길 만하다. 복잡한 도심의 경치와 거리를 지나는 사람들을 바라보는 것만으로도 지루할 틈이 없다. 바쁘게 살아가는 도시를 바라보는 일은 한 편의 단막극을 보는 것만큼 다채롭고 때로는 감동적이다. 게다가 냉방이 잘되는 버스 안에서 바라보는 여름철의 거리는 통쾌하기까지 하다. 바깥을 엿볼 수 있다는 것은 버스가 가진 경쟁력이다.

엿보기는 인간의 본능적인 욕구의 하나다. 한 영화평론가는 "세상의 모든 영화는 엿보기다"라고 말할 정도다. 이러한 욕구를 예술 형식으로 만들어낸 것이 영화라는 것이다. 엿보기의 대칭적인 욕구, 즉 과시와 노출도 있다.

이는 '시선'이라는 용어로 설명할 수 있다. 정신분석학과 현대 철학에서는 시선을 주체의 중요한 요소에 포함시킨다. 망막에 세상의 상이 맺히고 이를 인식하는 행위, 즉 단순히 '보는' 행위를 '시각'이라고 한다면, '시선'은 이와는 달리 주체의 의식이 개입된 상태의 시각이다. 프랑스 철학자 미셸 푸코는 시선이야말로 일종의 권력 관계를 구성하는 장치라고 주장한다. 정신분석학자 자크 라캉은 시선을 좀 더 구체적으로 응시와 구분하며 주체라는 현대적 개인이 성립하는 중요한 요소로 설명한다.

이에 대한 가장 와 닿는 설명은 프랑스 철학자 장 폴 사르트르의 비유에서 찾아볼 수 있다.

"복도를 걷고 있던 한 남자가 한 여인이 살고 있는 이웃 방 앞을 지나다가 그 안에 서 인기척을 느낀다. 그는 그녀의 방을 들여다보고 싶은 충동을 느끼고 열쇠구멍 틈으로 그녀의 방을 들여다본다. 작은 열쇠구멍 사이로 그녀를 보고 있을 때, 복도 한쪽에서 이쪽으로 다가오는 발소리가 들린다. 순간 멍해진 그의 눈에는 더 이상 그녀가 보이지 않는다. 열쇠구멍 틈으로 방 안을 들여다보는 자신의 모습이 머릿속에 떠오를 뿐이다."

　　이 장면은 실제로 복도의 남자가 볼 수 있는 장면이 아니라, 복도 한쪽에서 들리는 발소리의 주인공이 보게 될 광경이다. 그는 스스로 다른 사람의 시선이 되어 자신을 바라보는 것이다. 이 순간 자기 속에 있는 다른 사람의 시선 때문에 그는 수치심을 느낀다.

　　사르트르는 이렇게 타자화된 자신의 시선을 '응시regard'라고 부른다. 무엇인가를 유심히 바라본다는 일상적인 뜻과는 달리, 철학적 용어로서의 응시는 시선의 방향이 역방향으로 작용한다는 뜻으로 쓰인다. 이 응시의 시선은 실은 자신이 만들어내는 시선이지만 다른 사람의 시선으로 둔갑해 자신을 옥죈다. 커피를 마시거나 길을 걸을 때, 식당에서 밥을 먹는 순간조차도 항상 다른 사람의 시선, 즉 응시로부터 자유로울 수 없는 것이다. 어떤 것을 보려는 욕망의 시선은 거꾸로 다른 사람의 시선이 되어 항상 나를 감시한다. 즉 보는 주체로서의 나는 동시에 다른 누군가에게는 보임의 대상이 되는 것이다.

　　식당에서 자리를 잡을 때 창가 자리가 가장 인기 있는 것은 왜일까? 어째서 한적한 해변보다도 사람들이 바글거리는 해변으로 좀 더 많은 사람들이 몰리는 걸까? 시선과 응시가 이에 대한 답이다.

　　시선과 응시는 엿보기와 드러내기의 다름 아니다. 정성껏 차려입고 거리를 걷거나 미니홈피를 꾸미고 SNS에 자신의 상태를 업데이트하는 것은 모두 이러한 드러내기의 한 종류다. 마찬가지로 다른 사람의 홈피와 블로그를 방문하는 것 또한 엿보기의 한 종류다. 자신을 노출하려는 것은 인간의 기본적인 욕망이고, 이 욕망이 도착적으로 드러난 예가 '바바리맨'이다. 거리에서 알몸을 드러내려는 욕구만큼 남의 생활을 바라보는 것을 즐기는 것 또한 인간의 욕망이며 이것이 도착적으로 드러나는 것이 몰래카메라 같은 관음증이다.

　노출과 관음증이 순화되고 부드러워지고 무엇보다 문명화된 형태로 나타나는 무대가 바로 거리다. 그러나 극장에서 배우가 공연을 하고 이를 관객이 관람하는 형태와는 사뭇 다르다. 즉 모두가 배우이고 관객이며 서로 간에 노출과 관찰이 일어나는 소통의 공간이 거리다. 사르트르의 말처럼 시선의 전투가 벌어지는 것이다. 승자도 패자도 사상자도 없는 전투가 벌어지고 시선의 그물망이 촘촘하게 짜이는 것이다.

　공중 가로는 근대 도시의 설익은 이상에 불과했다. 도시의 번잡함에서 한 걸음 물러나 좋은 전망과 푸르른 자연을 도입했지만, 결국에는 텅 빈 공간만 남겼다. 그뿐인가. 가장 활기 있고 쾌적해야 할 공공의 공간인 거리에 기다란 그림자만 남았다.

　옥상정원도 마찬가지여서 이상적이기는 하지만 그리 효율적이지 않다. 실제로 단열의 효과도 그리 크지 않다. 그보다 훨씬 효율적이고 가벼운 단열재가 개발되어 그 두꺼운 흙바닥을 대신할 수 있게 되었다. 또한 흙은 매우 무거운 물질이어서 건물의 구조에 부담을 준다. 게다가 물을 찾아 끊임없이 뻗어나가는 뿌리가 건물의 단열재나 방수층을 상하게 하기도 한다. 그리고 무엇보다도 옥상은 도시의 생활과 소통의 장소로 만드는 데 역부족이다. 엿보기는 가능하지만 노출과 과시가 불가능하기 때문이다.

　옥상정원은 모더니즘의 시도가 가장 분명하게 드러나는 동시에 그 한계도 명징하게 드러나는 좋은 예다. 이상적이며 이론적으로 완벽해 보이던 공중 가로나 옥상정원이 실패한 이유는 일방향의 시선으로 도시와 소통하지 못하고 고립하는 공간을 만들어낸 것이 가장 큰 문제였고 거리에서 떨어진 공간에 대한 접근 문제가 뒤따랐다. 그 결과 거리에 음침한 그림자를 드리우게 됐다.

옥상정원과 공중 가로에 대한 환상은 역설적으로 전통적인 거리의 의미와 기능을 더욱 부각시켰다. 도시에서 가장 중요하고 형태적으로 강력하며 도시적 활동의 배경이 되는 거리에 대한 소중함을 일깨워주는 실험이었다. 거리는 도시에서 가장 오래되고 중요한 인프라다. 그 거리를 가꾸고 즐기는 것이 도시의 첫번째 과제이다.

제대로 된
건축가를
만나는 법

일상생활에서 건축가를 만나기란 쉽지 않다. 개인 주택을 지을 때나 겨우 만날 수 있는데, 주거 문화가 아파트로 쏠려 있는 지금의 우리나라 상황에서는 흔한 일이 아니다. 단독주택의 비율이 절반이 넘어가고 매년 수십만 채의 주택이 지어지는 미국의 경우에도 '건축가'가 설계하는 집은 1퍼센트가 채 되지 않는다.

사정이 이렇다 보니 건축가를 만나는 일이 아프리카 출신의 이주노동자를 만나는 것만큼이나 희귀한 일이 되어버렸다. 그것도 설계를 의뢰하기 위해서라기보다는 기껏해야 잔뜩 폼을 잡은 그들의 강연이나 전시회에서나 만날 수 있다.

그렇게 드물게라도 건축가를 만나게 되면 누구나 당황한다. 마치 별에서

온 새로운 종류의 사람을 만나는 듯하다. 생각과 말투, 옷차림과 생활 패턴까지 일반인이라고 보기에는 색다르지만 연예인이라고 보기에는 남루하다. 건축가는 폼 잡는 존재이기 때문이다. 심지어는 그들의 겸손함도 폼의 일부다.

건축가는 누구인가? 어째서 그들은 폼을 잡는가? 그들은 어떻게 상대해야 하는가?

건축가는 다른 전문가들과 마찬가지로 긴 학업 기간을 거친다. 그래서 음악계나 미술계와는 달리 신동이 등장하기 매우 어려운 분야다. 학부만 5년 과정인 데다 남들보다 훨씬 많은 과목을 수강해야 하고 그 분야도 무척 다양하다. 역사, 철학, 인문, 과학, 수학, 대중문화, 미술 등 거의 전 분야의 교육을 받고 공부를 한다. 만들기나 그리기는 물론이고 컴퓨터는 전문가 수준으로 숙달해야 한다. 5년도 부족할 지경이어서 그마저도 거의 매일 밤을 새우다시피 공부하고 작업한다. 물론 재미도 있고 보람도 있고 다음 날 아침이면 성과가 보이는 것이어서 영어 단어를 외우거나 수학 문제를 푸는 공부와는 좀 차원이 다르기도 하다. 하지만 읽을 책도 많고 경험할 것도 많아서 5년이 그리 여유롭지 못하다. 그런데 넓은 분야를 두루 살펴 공부하다 보니 생각보다 깊이는 없다. 건축가는 그야말로 '박학박식'하다. 넓은 분야에 대해 얕은 지식을 다양하게 가지고는 있다.

건축가는 다른 전문가에 비해 박한 대우를 받는다. 몇 가지 이유가 있는데, 첫 번째로는 일종의 원천 기술이 없기 때문이다. 불행히도 건축가에게는 전문 분야라는 게 없다. 모름지기 전문가란 정보의 비대칭에서 전문성을 얻는다. 즉 고객이 모르는 것에 대해 상담해주고 해결책을 제공하는 것이 전문가다. 그런데 건축이라는 분야는 누구나 할 수 있는 일인 것처럼 보인다. 누구나 집에 살고 있고 집 짓는 장면을 본 적도 있다. 텔레비전이나 영화에서 멋진 집을 보기도 했고 구경 삼아 들어가본 적도 있다. 심지어 건축가들이 꿈도 꾸지 못할 만큼 어마어마하게 비싼 집에 의뢰인이 이미 살고 있는 경우도 있다. 건축가보다 의뢰인 스스로가 더 많이 알고 있다고 생각하는 경우도 있다. 정보의 역비대칭이 일어나는 것이다. 정보의 비대칭이 크면 클수록 전문가는 범접할 수 없는 아우라를 갖게 되고 그의 말은 권위를 얻는다. 건축에서 정보의 비대칭 정도가 낮다는 것이 전문가로서의 건축가의 비극이다.

그러나 건축가의 진정한 전문성은 모든 정보를 종합하고 이를 형태로 만들어내는 데 있다. 보이지 않는 모든 관념을 시각화하고 삼차원의 공간으로 상상한 뒤 현실화하는 능력이 바로 그들이 오랜 기간 훈련받아온 것이다.

두 번째 이유는 일감보다는 건축가가 더 많기 때문이다. 건축가는 남의 돈으로 작업을 하는 예술가다. 작은 집 한 채를 짓더라도 수억 원의 예산이 들고, 이를 건축가가 원하는 대로 써서 건물을 완성한다. 일은 한정되어 있고 건축가는 넘친다. 그러니 대우가 박할 수밖에 없다.

긴 학업 기간과 형편없는 보수 또는 형편없다고 스스로 생각하는 보수가 건축가라는 집단의 성격을 규명하는 데 열쇠가 된다. 그 때문에 건축가들은 항상 의기소침하고 위축되어 있으며 과장하지 못한다. 대신 자존심은 강하고 욕심은 없어 보인다. 하지만 가슴에는 히말라야 산만 한 야망을 품은 사람들이다. 그 야망이 실현될 확률은 백만 분의 1쯤 되지만, 건축가들은 자신들의 물질적 빈곤에 대해 수행을 하는 스님처럼 초연해 보이려고 노력한다.

그러나 기본적으로 여행도 많이 하고 좋은 것을 많이 보고 대해보아서 좋은 취향을 가지고 있다. 여기서 갈등이 시작된다. '돈과 취향을 함께 갖는 것은 불가능하다'라는 말로 자신의 가난에 위안을 삼아보지만, 물질적으로 뒷받침되지 않는 취향은 공허하거나 불행한 경우가 더 많다. 둘 중 하나만 고르라면 돈이 많은 것이 훨씬 낫다. 대다수 사람들은 아무리 취향이 보잘것없어도 자신의 취향을 의심하지 않기 때문에 차라리 그편이 훨씬 행복하다.

건축가들이 이런 불평을 하는 동안, 평생의 꿈을 실현하기 위해 집이나 작은 건물을 짓는 사람들은 다른 하소연을 한다. 제대로 된 건축가를 만나기가 무척이나 어렵다는 것이다. 집을 짓겠다고 마음먹는 순간 전문가를 자처하는 수많은 사람들을 만나게 되는데 그 순간부터 길을 잃는다는 것이다. 지인의 사촌의 팔촌쯤 되는 전문가를 소개받아 만나는데, 대개는 완공될 때까지 마음고생을 심하게 겪는다. 평생의 꿈은 악몽이 되고 다시는 건물을 짓는 따위의 일은 하지 않겠노라고 결심하게 된다고 한다.

건물주는 누구나 될 수 있다. 돈이 있으면 건물을 사면 될 일이다. 그러나 건물을 한 채 짓는 일은 (아무리 작은 규모라 하더라도) 일생일대의 모험이 될 수 있다. 건축주가 된다는 것은 쉬운 일이 아니다. 건축가라는 독특한 존재를 통해 일생일대의 꿈을 실현해야 하기 때문에 쉬운 일이 아니다. 그러니 성공적인 건축주가 되기 위해서는 건축가를 대하는 법을 익혀야 한다.

건축가를 대하는 10가지 방법

1. **일단 건축가를 선정했다면 믿어라**

   모세의 십계명은 다른 신을 섬기지 말라는 것으로 시작된다. 세상에 신이 둘이 있을 수 없듯 한 건축에, 건축가가 둘이라는 것도 말이 안 된다. 일이 시작되면 사방에서 수많은 전문가들이 나타나 조언한다. 그걸 다 듣다가는 일이 제대로 진행되지 않을뿐더러 결과도 해괴망측해질 수 있다. 건축가는 한 명으로 충분하다.

2. **외모에 속지 마라**

   누구나 상상하는 건축가의 전형적인 모습이 있다. 동그란 안경을 끼고, 깃이 높이 올라오는 셔츠를 입은 건축가를 상상하지만 그건 어디까지나 상상이다. 업자와 건축가를 외모로 구분하는 것은 불가능한 일이다. 외모에 속지 마라.

3. **모욕하지 마라**

   건축가가 고심 끝에 만들어 온 설계안이나 모형을 비하하거나 모욕하지 마라. 만약 정말로 실망스러운 수준이라면, 그 건축가를 고른 자신의 판단을 탓하고 머리를 쥐어뜯어라. 이때는 더 이상 모욕하지 말고 결별을 선언하는 것이 양측 모두에게 이롭다.

4. 일정은 넉넉하게 줘라

어떤 프로젝트든 급하지 않은 것은 없다. 매일매일 땅값에 이자가 붙고 장마가 시작되기 전에 지붕을 덮어야 한다. 하지만 적어도 수십 년을 버텨야 할 건물을 짓는 일이다. 설계하는 일에도 공사 기간만큼의 시간이 필요하다. 머릿속에서, 종이 위에서 건물을 지었다 부쉈다 하는 일을 반복한 후에야 최적의 설계안을 찾을 수 있다. 절대 서두르지 마라.

5. 존경하라

열등감과 불만이 많은 건축가들은 매우 민감한 자존심을 가졌다. 돈은 제때에 주지 않아도 참지만, 그들의 열등감은 건드리기만 해도 폭발한다. 그들의 지식과 재능을 총동원해 프로젝트를 완성하게 하는 것이 중요하다. 존경심만 보여준다면 원하는 재료를 찾아 태평양을 헤엄쳐서라도 건널 만큼 건축가들은 단순하다. 존경해줘라. 그게 어렵다면 존경해주는 척이라도 하라.

6. 처음에 요구를 분명히 하라

여러 요소를 한꺼번에 고려해 이를 형태로 만드는 것이 건축이다. 초기 단계에서 원하는 바를 분명하게 요구하고 이를 설계에 반영하게 해야 한다. 한 가지 결정은 다른 요소와 긴밀하게 연결되어 있으므로 요구가 바뀔 경우 처음부터 다시 시작해야 할 수도 있다. 초기에 요구를 분명하게, 최소한으로 할수록 좋은 결과를 얻을 수 있다.

7. 세상이 무너질 일 아니면 건축가의 의견을 따라라

집이 완성되는 동안 초보 건축주는 십수 명의 전문가를 만나게 되는데 이때 가장 중요한 것은 전문가와 업자를 구분하는 일이다. 전문가 중에서도 건축가야말로 건축주와 이해관계가 가장 잘 맞아떨어지는 사람이며 작품에 대한 열망 또한 크다. 건축주의 대리인이다. 건축가의 의견을 존중하라.

8. 논리와 취향을 구분하라

건축은 논리로 시작해 취향으로 끝나는 작업이다. 건축 법규나 기술적 해결같이 우선적으로 고려할 사항이 있고 배치나 삼차원적 조형 등은 논리적으로 접근해야 한다. 건물이 완성되어가면서 개인의 취향이 드러나는데, 벽지나 문짝 색깔 같은 마무리는 논리보다는 취향에 따르게 마련이다. 이 둘을 혼동하지 않는 것이 중요하다. 대다수의 논리적인 결정은 건축가에게 맡기는 편이 좋다.

9. 간섭하지 않는 것이 자신감이다

건축가는 훈련받은 전문가다. 오래 공부했고 경험한 바를 토대로 원하는 것을 그려낼 수 있는 사람들이다. 법규, 시간, 시공 기술, 그리고 건축주의 공사 비용까지 16차 방정식을 푸는 중이다. 건축주가 한 가지 측면만 보고 간섭하기 시작하면 건축가는 그 단순한 요구를 들어주기 위해 다른 15가지 요구를 소홀히 할 수도 있다.

10. 이웃의 건물을 탐하지 마라

이웃이 탐내는 건물은 분명 다른 논리, 다른 조건으로 지어진 것이다. 다른 건물의 한 부분만 떼어다가 똑같이 해달라고 요구하는 것은 전지현의 눈매와 이영애의 입술을 합쳐달라고 말하는 것과 같다. 마음에 정말 꼭 드는 멋진 건물이 있다면 그 건물을 지은 건축가를 만나 다시 일을 의뢰하라.

DDP (Dongdaemun Design Plaza)

동대문디자인플라자DDP가 문을 열었다. DDP를 이해하기 위해서는 한 건물을 같이 살펴보아야 한다. 바로 '쿤스트하우스 그라츠Kunsthaus Graz'다. 그라츠는 오스트리아 제2의 도시로, 도시 전체가 유네스코 세계문화유산으로 지정된 천년의 고도古都다. 도시 전체가 가파른 빨간 기와지붕들로 단장되어 있고 고색창연한 벽들이 동화와도 같은 장면을 연출한다. 그런데 여기에 유리로 반짝이는 외계인 건물이 내려앉았다. 2003년에 완성된 '쿤스트하우스'다. 영어로는 '아트하우스', 우리말로는 '예술회관' 정도로 번역할 수 있지만, 수장고나 수장품 없이 순회 전시만 하는 전시장이다.

DDP와 쿤스트하우스는 여러 면에서 서로 닮았다. 그렇다고 외형이 닮아서 표절이 의심되는 것은 아니다. 오히려 어떤 건물과도 닮지 않았다는 점이 닮았다. 개성이 넘치며 창의적 설계 방법을 택했다는 점이 유사하다. 두 건축가의 성향이나 이력이 엇비슷하고 설계 경기design competition를 통해 선정되었다는 점이 같다. 기술적 대담함이 공통으로 드러나며 무엇보다 역사 도시

아키그램의 걷는 도시(1964). 페이퍼 아키텍트였
던 아키그램은 기술의 진보에 따른 건축과 도시
의 변화를 예상하고 도전적인 제안을 내놓았다.

에서 '기괴하다'라는 일반의 민망한 평가를 듣는 것이 닮았다.

　　두 건물은 모두 독창적이다. 어디서도 본 적이 없는 조형물이다. 이는 디
지털 건축이라는 최신의 방법을 택한 결과다. 하지만 두 건축가의 독특한 이
력을 살펴보면 수긍이 간다. 끝없이 혁신적인 설계 방법을 추구하는 아방가
르드요 실험적인 건축가들이기 때문이다.

　　쿤스트하우스의 건축가 피터 쿡Peter Cook은 소위 말하는 '페이퍼 아키텍
트Paper Architect'의 원조다. 페이퍼 아키텍트란 건축의 실현을 전제로 하지 않는
다. 악보는 있되 연주되지 않은 곡이 있는 것처럼 그들에게 건축이란 개념이
고 과정이며 도전이다. 건축의 결과가 건물인데, 그들의 건축은 아직 건물로
실현될 만한 여건이 마련되어 있지 않을 뿐이라는 것이다.

쿡은 1960년대에 '아키그램Archigram'이라는 건축가 집단을 결성했다. 지극히 개인적인 작업인 건축에 록밴드같이 그룹을 만들어 이름을 붙인 것이다. '전보'를 뜻하는 '텔레그램telegram'에서 '그램gram'을 가져와 건축을 의미하는 '아키archi'와 결합했다. 가장 구축적이며 오래된 예술과 비물질적인 당대의 첨단 기술을 결합한다는 시도 자체가 남달랐다. 아키그램이나 쿡이 발표한 것은 애초에 지을 수 없는 실험적인 건축과 도시였다. 기술의 진보가 건축이나 도시에 격변을 가져다주리라고 예상하고 이를 앞서 시도한다는 게 그들의 주장이었다. 그들은 도시를 장난감처럼 끼워 맞추거나 도시 전체에 다리가 달려 움직이는 것과 같은 허황되어 보일 정도의 '작품'들을 만들어냈다. 종이 위에서만 건축을 하고 이제까지 건물을 지어본 적이 없는 몽상가들이지만 스스로 건축가라는 자부심이 대단했다. 21세기에 들어서야 첫 건물 쿤스트하우스가 완성되었으니, 그가 유명해지고 나서 40년 가까이 지난 뒤의 일이다.

DDP의 건축가 자하 하디드Zaha Hadid는 이라크 태생으로 영국에서 공부하고 지금도 런던에 기반을 두고 활동한다. 1983년 홍콩의 한 설계 경기에 당선되면서 화려하게 이름을 알리기 시작했다. 그러나 그 후 쿡과 마찬가지로 설계는 유명세를 떨쳤지만 정작 지어지는 건물은 손에 꼽을 정도였다. DDP가 완성되기 전까지 30년 가까이 다섯 개 남짓한 작품을 실현했을 뿐이다. 그것도 아주 작은 규모의 것들이었다. 그녀는 실현 가능성이 없는 건축을 하거나 설계 공모에서 숱하게 2등을 차지하는 것으로 나머지 시간을 다졌다. 그러다 21세기로 넘어오면서 그녀의 설계 사무소는 폭발적으로 일이 밀려들면서 세계에서 가장 바쁜 곳 중 하나가 되었다. DDP를 설계할 즈음에 중국

광저우의 오페라하우스, 런던 올림픽 수영장 등을 설계했고, 최근에는 카타르 월드컵 주경기장, 도쿄 올림픽 경기장 등 전 세계의 굵직굵직한 프로젝트에 이름을 올렸다.

동대문운동장을 헐어야 하는 이유

쿤스트하우스와 DDP가 '기괴하다'거나 '역사적 맥락에 맞지 않는다'는 비판을 함께 듣는 것은 둘 다 역사적 의미가 강한 대지에 지어졌기 때문이다. 역사적 맥락만 따져본다면 쿤스트하우스가 훨씬 더 강력한 영향력 아래 있다. 그야말로 천년 고도, 세계문화유산의 한가운데 자리하고 있기 때문이다. 마치 경주의 사적지 한복판에 초현대식 건물을 지은 것과 같다. 무어 강이 도시를 동서로 가로지르며 흐르는데 서쪽으로 다리를 건너자마자 떡하니 자리를 잡고 있다. 낙후된 지역이던 서쪽과 도시 양안의 교류를 활성화한다는 취지는 그대로 들어맞았다.

DDP는 6백 년 동안 수도였던 서울에 있지만 그라츠와는 대지의 성격이 다르다. 동대문에서 불과 5백 미터도 채 떨어지지 않은 곳에 있지만 그 사이에는 이미 고층 건물들이 빽빽이 들어차 있다. 그것도 상가 건물들이어서 간판 불빛들이 건물들을 뒤덮다시피 한다. 한양 성곽이 대지 안을 지난다고는 하지만 이 대지의 맥락을 역사성이 강한 것으로 파악하기에는 좀 무리가 있다. 그보다는 낮으로 밤으로 사람들이 넘쳐나는 현재의 역동성과 변화의 힘이 압도적이다.

원래는 동대문운동장이 있던 자리다. 밤새 주위는 활기 넘치고 불빛이 환한데, 저 혼자서만 덩그러니 웅크리고 앉아 추레하고 어두컴컴하기만 한 콘크리트 덩어리. 동대문운동장은 주변의 전광판 불빛 아래서는 기괴해 보이기까지 했다. 마치 잔칫집에 기어이 찾아온 누추하고 완고한 시골 당숙 어르신 같은 존재였다. 어른이니 대접은 해야 하지만 내심 얼른 돌아가줬으면 하는 마음이 절로 드는 골칫덩어리였다.

서울시는 논의 끝에 동대문운동장을 철거하기로 결정했다. 철거 후에는 급한 대로 공원으로 조성하기로 했다. 공원을 만들겠다는 '선한' 정책은 항상 의심 없이 환영받는다. 더구나 동대문 같은 혼잡한 도심에 공원을 만들겠다는 결정에 낡은 운동장을 보존하자거나 재활용하자는 의견은 설 자리가 없었다. 게다가 발굴을 통해 성벽을 복원할 수 있고 다른 역사의 흔적도 찾을 수 있다고 설득하는 목소리가 힘을 얻었다.

동대문운동장을 보존했어야 한다는 주장의 근거는 그곳이 우리나라 스포츠의 성지이며 근현대사 격동의 장소라는 것이었다. 스포츠의 성지라기보다는 야구계의 성지라고 하는 게 오히려 맞는 표현이다. 야구장을 제외한 나머지 시설들은 진작 그 기능을 잃고 벼룩시장에 자리를 내주었으니 말이다. 2002년 월드컵의 개최로 전국 열 곳의 국제적인 축구장을 얻은 축구계는 동대문운동장에 관심이 없었다. 잠실 야구장을 프로야구에 내준 야구계만 볼멘소리를 내고 있었다. 동대문운동장이 역사적 가치가 있으니 하나쯤은 보존해야 한다고 한다면, 당연히 축구장이 있는 메인 스타디움이었을 것이다.

반면 역사를 좀 더 멀리 내다보자는 입장도 있었다. 6백 년 도읍지인 서울의 동대문과 연결된 장소이므로 보다 역사적으로 가꿔야 한다는 것이었다.

두 의견은 공존할 수 없었다. 문화재가 여러 겹으로 층을 이루고 있을 때는 현존하는 문화재를 보존한다는 원칙이 있다. 분명 아래 깔려 있는 것이 오래된 것이기는 하겠지만 현존하는 문화재 하나라도 보존할 수 있기 때문이다. 단, 현재의 건조물이 문화재일 경우의 얘기다.

　　그런데 동대문운동장은 근대 문화재로 지정된 바가 없었다. 기본적인 요건에 해당되지 않아서다. 적어도 50년은 넘은 건축물이어야 문화재로 지정할 수 있는데, 동대문운동장은 증축 공사를 거듭해서 1970년대에 완성된 건물이었다. 사정이 이러하니 원형 그대로 남아 있는 것은 운동장의 선뿐이라 해도 틀린 말이 아니었다. 게다가 그 아래에는 훈련도감 터 등 문화재의 흔적이 남아 있을 것이 분명했으므로 성곽 복원과 발굴 등을 위해 동대문운동장의 철거는 불가피해 보였다.

　　사실 동대문운동장은 1929년 일본 왕세자의 결혼을 축하하기 위해 지어졌다. 처음엔 축구장 하나에다 주변에 육상 트랙이 있는 정도였다. 어떤 동기로 지었건 식민지 땅에 근대적인 체육 시설이 들어선 것은 반길 만한 일이었다. 하지만 그 방법이 고약했다. 동대문의 옛 사진을 보면 남대문 주변만큼이나 산세가 있던 곳이다. 낙산에서 시작된 능선이 남산으로 흐르는데 그걸 따라 성곽과 동대문을 배치했던 것이다. 그런데 일제가 주변 지형을 깔아뭉개고 운동장 부지를 만든 것이다. 발굴이 시작된 후 성곽의 흔적이 7미터나 아래에서 발견된 것을 보면 얼마나 철저하게 지형을 파괴했는지 알 수 있다. 작은 동산을 허물고 그 흙으로 주변을 메워서 편평하게 만들었던 것이다. 게다가 운동장이 놓인 방향 역시 고약하다. 주변과 아무 상관 없이 삐딱하게 놓였다. 성곽이 운동장 부지를 사선으로 지나는 이유가 여기에 있다.

그 후로 도시에 동대문운동장이 놓인 축으로 도로가 나고 건물들이 들어서는 바람에, 복원된 성곽이 오히려 맥락에 맞지 않는 것처럼 보인다. 한양 도성의 가장 중요한 형태의 기준이 성곽이었는데도 말이다. 이는 일제가 경복궁의 전각을 헐어내고 총독부 건물을 지었던 것과 비슷하다. 조선 제일 정궁의 축에서 일부러 삐딱하게 짓고, 세종로 등의 도시 조직은 총독부의 축에 맞춰 발전한 것과 마찬가지다.

동대문운동장을 보존하거나 헐어내고 한양 성곽을 복원해 역사를 회복하는 일은 선택의 문제였다. 그리고 건축주인 서울시는 이를 헐어내기로 결정했다. 변명하자면 대부분의 중요한 건축 문제의 결정에서 건축가는 매우 수동적일 수밖에 없는 직업이다.

건축이 역사 도시에 경배를 보내는 방법

쿤스트하우스와 DDP는 공통적으로 역사 또는 '역사적 맥락'을 등한시했다는 비판을 받았다. 완공된 지 10년이 지난 지금 쿤스트하우스는 이러한 부정적 비판을 불식시키면서 "역사와 미래의 만남"이라는 평가를 받으며 자리를 잡았다. 민속촌이 아닌 이상 건축물이 받을 수 있는 최고의 찬사다. 역사에 대해 두 건축물은 대지와 테크놀로지로 응답하고 있다. 무슨 동문서답이냐고 반문할 수도 있겠지만 이들이 역사를 대하는 태도를 살펴보자.

먼저 대지의 문제다. 대지 주변의 도로와 경계선을 건축 형태의 가장 중요한 실마리로 삼은 것이 쿤스트하우스와 DDP가 공통적으로 갖는 레시피

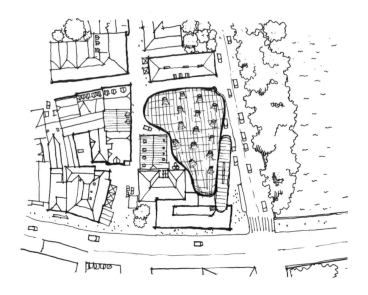

쿤스트하우스(위쪽)와 DDP(아래쪽) 배치도. 두 건물 모두 부정형의 대지를 채우는 것으로 시작된다.

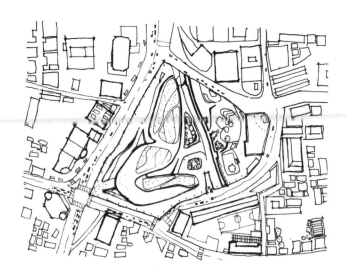

의 첫 단계다. 즉 삼각형에 가까운 비정형의 대지이지만 대지의 경계를 거의 채운다는 점에서 같다. 건축 용어로 따지자면 건폐율이 100퍼센트에 육박하는 것이다. 20세기 중반까지만 하더라도 다른 방법을 선택했을 것이다. 역사성이 강한 대지에서 새로운 건축은 기존의 건물들과 형태적으로 충돌할 것이 분명하므로 널따란 잔디밭을 만들고 매우 단순한 형태의 건물을 세우는 것이 손쉬운 선택이었을 것이다.

쿤스트하우스는 불규칙한 대지의 모양을 구석구석까지 건물로 채웠다. 오래된 건물들과 어깨를 바짝 붙이고 나니, 종래의 유클리드기하학 형태로는 이를 해결할 방법이 없었다. 그래서 비정형의 유기적인 형태로 대지를 채웠다. 커다란 비누 거품 같기도 하고 진흙 덩어리 같기도 하며, 외계 생명체처럼 낯설고 구불구불한 형태를 가진 건축물이다. 여기에다 주위의 고색창연한 건물들과는 완전히 대조적으로 유리를 덮었다.

대지에 대한 태도는 DDP도 이와 비슷하다. 성벽이 동대문운동장 부지를 사선으로 가르는데, 을지로와 교차하는 흥인지로, 그리고 성벽의 사선으로 이뤄진 삼각형 땅이 사실상의 대지다. DDP는 이 삼각형의 땅 대부분을 덮고 있다. 이렇게 평면적으로 결정된 도형을 입체적으로 올리는 과정에서 다른 두 가지 결정적인 요인이 작용해 지금의 형태를 만들어냈다.

하나는 성벽이다. 성벽이 복원되면 이는 21세기의 것이라 하더라도 문화재의 반열에 오른다. 성벽이 문화재의 지위를 얻으면 이를 보존하고 돋보이게 하는 법규의 적용을 받게 된다. 우선은 문화재 주변으로 20미터 이내에는 아무것도 지을 수 없다. 그리고 이 지점으로부터 일정한 각도로 주변 건축물들의 높이를 제한한다. 수평거리가 2미터 늘어날 때마다 높이는 1미터씩

올릴 수 있을 뿐이다. DDP의 조형이 성벽으로부터 도심을 향해 완만하게 올라가는 형태인 것은 이러한 조건이 빚어낸 것이다.

또 다른 하나는 지하철이다. 대지의 남동쪽에 지하철 2호선이 지나면서 작은 삼각형으로 대지를 잘라내고 있었다. 기초를 지하까지 끌어내릴 수는 없으므로 이 부분에서의 건축은 불가능했다. 그러나 대지를 최대한 채우겠다는 건축가의 시도는 여기서 멈추지 않았다. 지하철이 지나는 구간의 건축을 들어 올리기로 한 것이다. 그 부근에는 지하철역을 오픈시켜 지하 광장을 만들고, 이와 연계해 전체 건물의 입구로 만들고, 오히려 가장 주된 공간을 이 모서리에 두기로 했다.

그런데 기둥 없이 지어야 할 건물이 길이만 해도 50미터에 달했고 가장 깊은 곳은 30미터가량이나 튀어나와야 했다. 웬만한 강폭의 다리를 건설하는 것과 같은 수준의 일이었다. 그것도 양끝에만 교각이 있는 현수교를 세우는 일과 다름없었다. 건물이 전체적으로 살짝 들린 채로 이어지다가 이 부근에서 고개를 들듯 위로 향하는 것은 이러한 연유에서다. 어느 땅에도 없는 독특한 문제에 대한 해결이 형태로 드러났다. 이 대지가 아니면 설명이 되지 않는 '대지 맞춤형' 건물인 셈이다.

두 건물은 어째서 대지의 형상을 그토록 중요하게 다룬 것일까? 왜 보이지도 않는 지하철까지 형태에 반영한 것일까? 그리고 대지라는 것은 어떻게 역사의 맥락을 수용하는 것일까?

건축은 '땅 반, 용도 반'이다. 다시 말해 건축에서 가장 중요한 두 가지는 대지와 용도. 어떤 건축에서든 대지는 지구상에 딱 하나밖에 없는 독특한 존재이자 건축의 조건이다. 어디에 놓이느냐에 따라 건물은 판이하게 달라진다.

지하철 때문에 기초를 만들 수 없게 되자 거대한 건물을 띄워서라도 대지의 경계를 덮으려고 노력했다. 그만큼 도시에서 대지는 중요하다.

산중에 홀로 있는 건물과 복잡한 도심의 건물은 고려해야 할 것이 다르다. 벌판에서는 자연과 조화를 이루며 마음껏 모양새를 뽐낼 수 있지만, 도심에서라면 사방의 다른 건물들과 주변 도로 등 인공 구조물과의 관계에 더 주의를 기울여야 한다. 같은 도시에서도 모퉁이에 있는 건물과 대로에 있는 건물은 분명 다른 모양을 갖게 마련이다.

용도나 기능도 마찬가지다. 극장인지 미술관인지 주택인지 사무실인지에 따라 공간의 생김새는 전혀 달라진다. 좁더라도 높은 공간이 필요하기도 하고, 탁 트인 넓은 공간이 중요한 경우도 있다. 극장처럼 바닥이 경사지고 어두워야만 하는 공간이 있는가 하면, 해가 잘 들어서 외부 같은 느낌을 주는 공간이 필요하기도 하다. 이처럼 건축은 땅과 용도, 즉 대지와 기능을 동시에 고려한다. 조각이 외형만 다듬고 인테리어 디자인이 공간만 고려하는 것과는 다르다. 대지와 용도라는 조건이 이중으로 겹쳐 있다는 것이 건축의 고유한 조건이자 출발점이다.

대지는 주로 건축물의 외관에 많은 영향을 준다. 밖에서 보았을 때 대지에 어울리는 건물을 짓는 것이 건축의 첫번째 조건이기 때문이다. 반면 기능은 내부 공간을 만드는 데 절대적인 기준이 된다. 건물의 쓰임새는 내부 공간의 쓰임새이며, 그에 따라 어떤 공간이 필요할지가 결정되기 때문이다.

따라서 대지는 건축을 억압하는 조건으로 작용한다. 대지에는 경계가 있어 수평으로 한없이 나아갈 수 없으며, 법규에 따라 허용되는 높이와 크기가 있다. 반면 내부 공간은 욕망이다. 한없이 부풀려 공간의 쓰임새를 넉넉하게 만드는 것이 모든 건축의 욕망이다. 외부로 펼쳐지려는 욕망과 이를 대지 안에 가두려는 억압의 힘이 만나 충돌한다. 대지와 기능, 형태와 공간, 조건과 욕망이 건축을 만들어낸다. 결국 이 두 가지 힘을 절묘하게 조정해서 숨 막히는 균형의 순간을 단단하게 굳혀서 형태로 만드는 것이 건축가의 역할이다.

건축이 땅 반, 용도 반이라고는 하지만 둘의 영향을 정확히 반으로 나눌 수 있는 것은 아니다. 대지의 힘이 더 중요한 경우가 있고 기능이 대지를 압도하는 경우도 있다. 도시에서의 건축은 땅의 힘이 더 강하다. 왜냐하면 땅이라는 것은 단순한 구획이 아니고 수백 년의 역사를 거치는 동안 다양한 힘이 작용해 만들어진 결과이기 때문이다.

주변의 가로는 지형과 사람들이 오가며 만든 선이다. 대지의 경계선 또한 오랜 시간을 통해 완성되는 기억의 결정체다. 오랜 시간 동안 수많은 건물들이 지어졌다 부숴지기를 반복하고, 길이 나기도 하고 없어지기도 하면서 만들어진 경계다. 가로와 대지 경계선은 지도 위에 평면적으로 그려져 있지만 이 선들이 완성되는 데 작용한 수많은 사건과 역사가 담긴 도시의 집단적 기억의 결정체다. 따라서 탁자 위에서 자를 대고 두부를 자르듯 만들어낸 똑바른 도로나 일정한 크기의 대지와는 그 의미가 다를 수밖에 없다. 같은 서울이지만 DDP가 자리 잡은 땅은 강남에서 볼 수 있는 반듯한 도로와 땅과는 그 역사의 깊이가 다르다. 역사적 대지에서 맥락은 대지 경계선에 응결되어 있다는 얘기다. '힘은 거리의 제곱에 반비례한다'는 물리법칙은 여기에도 적용된다. 대지에 접해 있는 가로와 대지 경계선은 건축에 작용하는 가장 커다란 힘이자 조건이다.

건축은 가능성의 예술이라기보다는 조건의 예술이다. 대지든 용도든 주어진 조건을 극복하는 과정에서 새로운 형태가 탄생하는 경우가 많다. 특히 도시의 건축은 가능성을 주장하기보다는 주어진 조건을 극복하는 과정에서 탄생한다. 못되고 무능한 건축가들이 잡다한 조건에 얽매여 있는 대지에 대해 불평하는 동안, 참다운 도시의 건축가는 대지의 조건에 감사한다. 그 조건들을 음미하며 형태로 만드는 것을 즐긴다. 대지의 조건과 한계를 극복하고 그 내재된 가능성이 형태로 드러나게 하는 과정이 건축이다.

아키그램 시절부터 피터 쿡의 건축에서 테크놀로지는 매우 중요한 구성 요소였다. 쿤스트하우스의 전체적인 인상은 40년 전의 그의 스케치와 매우 흡사하다. 이에 대해 쿡은 "가장 21세기적인 건축이란 이 시대의 가장 진보된 기술을 동원해 건물을 짓는 것"이라고 단언하면서, 이것이 역사성에 대한 건축의, 건축가의 응답이라고 답한다. 그리고 쿤스트하우스의 '미디어 파사드Media Facade'를 예로 들어 설명한다. 쿤스트하우스 그라츠는 건물의 정면 유리면 뒤에 1천 개의 전구를 넣어 이미지가 끊임없이 움직인다. 'BIX'라 불리는 대형 전광판이 건물의 정면이며, 소장품이 없는 이 예술 전시관의 유일한 영구 소장품이다. 건물이 살아 움직이는 듯한 이 광경에 대한 그라츠 시민들의 자부심은 대단하다. '친근한 외계인'이라는 별명을 붙여주고 "과거와 현재가 아닌 과거와 미래의 만남"이라고 자랑한다. 이는 그라츠 관광청의 소개 문구이기도 하다.

쿤스트하우스 그라츠는 그 경이로운 장관으로 그곳을 찾는 모든 이들이 뜨겁게 환호하게 한다. 쿤스트하우스는 역사 도시 한복판의 지붕들 사이에 신비로운 풍선처럼 떠 있다. 친근한 외계인이라는 이름에 걸맞게, 이 건물은 마치 마법을 부리듯 수많은 관광객을 끌어 모으고 있다. 꿈이 실현되는 공간이다.

© 김주연

그라츠의 쿤스트하우스의 모습. 전통도시의 건물들과는 이
질적이지만 시민들은 '친근한 외계인'이라는 별명으로 부르
며 과거와 미래를 연결하는 건물이라는 자부심이 대단하다.

피터 쿡의 쿤스트하우스의 전면 야경과 내부 모습. 쿤스트하우스는 형태, 재료 등에서 주변과는 이질적이어서 외계인이라는 별명으로 불리기도 했지만 '역사와 미래와의 만남'이라는 찬사를 받을 정도로 성공적인 프로젝트가 되었다. 건축이 시대의 정신과 기술에 충실한 결과다.

Let's go Gothic!(고딕으로 돌아가자!)

쿡은 쿤스트하우스의 미디어 파사드가 중세의 성당과 같은 의미의 장치라고 태연하게 말한다. 중세의 성당은 돌로 지어졌지만 다양한 스토리를 가진 조각품이다. 이는 이미 돌이라는 재료의 한계를 넘어선 일종의 미디어이며, 도시 또는 시민과 소통하는 인터페이스였다는 것이다. 그는 그것이 당시의 최신 기술이자 예술이었고, 마찬가지로 우리 시대에는 21세기에 가능한 기술적으로 가장 진보된 건축을 구현하는 것으로 '21세기성'을 가장 잘 표현할 수 있다고 주장한다. 이는 20세기나 그 이전 세기에는 불가능했던 것이며, 22세기의 것과는 분명한 차이를 보일 가장 21세기적인 것이라고 말한다. 우리가 사는 시간이 역사가 될 것이며 이 거대한 책의 한 페이지를 우리 시대의 것으로 채우는 것 또한 역사적인 모티프를 반복하는 것만큼 중요하다고 그는 말한다. 이것이 전통이며 전통을 존중하는 방법이라고.

DDP의 테크놀로지가 바로 역사다

DDP의 테크놀로지에 대한 시도는 구조적인 면과 새로운 설계 방법에 있다. 대지를 온전히 채우기 위해 건물을 들어 올린 기술적 도전이 그 예다. 대지는 그만큼 중요하다. 미디어로서의 건축을 대하는 DDP의 태도는 쿤스트하우스에 비해 소극적이며 추상적이다. 글씨가 새겨지며 공룡이 뛰어다니는 쿤스트하우스의 화면에 비하면 어떤 구체적인 이미지를 보여주지는 않는다. 주위의 빛나는 현란한 전광판과 간판을 의식해서인지, '나도 있어요!'라고 말하는 정도의 은은하고 불규칙한 불빛을 조심스럽게 비출 뿐이다. 변화하는 불빛이 단순한 금속 덩어리가 아니라 깊이 있는 공간이며 미디어임을 암시하는 정도다.

불빛의 배치가 불규칙해 보이지만 사실은 매우 수학적이고 생물학적인 원칙에 기반을 두고 있다. 임의적이지만 통제 가능하고, 무작위적인 것으로 보이지만 나름대로의 원칙을 가지고 있어 패턴의 식별이 가능하다. 이 또한 컴퓨터로만 생성할 수 있는 패턴이며, 이 시대에 가능해진 디지털 건축의 예시이기도 하다.

DDP의 가장 큰 기술적 도전, 혹은 21세기적 도전으로 꼽을 수 있는 것은 바로 비선형非線形 건축의 실현이다. 모든 면의 좌표를 완벽하게 계산하고 통제한다는 점에서 건축가의 감에 의존해 현장에서 만드는 이전 방식과는 다르다. 유기적인 형태의 작업이라는 점에서는 비슷해 보이지만, 20세기 초의 스페인 건축가 안토니 가우디Antoni Gaudi 같은 건축가의 방법과는 또 다르다. 비선형 건축은 직관보다는 논리적인 과정을 통해 진행된다. 수작업으로는 도저히 만들 수 없는 형태를 컴퓨터의 발달 덕에 생성하고 조절할 수 있게 되었다는 점에서 가장 21세기적인 기법이다.

이는 보다 적극적이고 직접적인 건축의 표현을 가능하게 한다. 힘이 뭉치거나 유체가 울컥이며 흐르다가 얼어붙은 듯한 느낌의 직접적인 표현이 가능해졌다. 건축가 자하 하디드는 DDP에 대해 "동대문의 역동적인 분위기를 직선으로 표현할 수는 없었다"고 말한다. 딱딱하고 고정된 건축이 유연하고 역동적인 유체의 느낌을 갖게 할 수 있는 것이 21세기 디지털 건축의 힘이다.

이것의 완벽한 실현을 위해서는 복곡면複曲面의 적용이 필수적이었다. 복곡면이란 이중의 곡면을 가진 면을 말한다. 즉 원기둥의 한 부분이라면 이는 단곡면이다. 금속 재질을 롤러를 이용해 가공한다면 어렵지만 불가능한 일은 아니다. 그런데 그 면이 이중으로 곡면이 져 있다면? 즉 원통이 아닌 구의 일부라면? 이는 나무를 이어 붙이거나 금속을 구부려 만들 수 있는 성질의 것이 아니다.

이를 만드는 가장 간단한 방법은 곡면을 삼각형으로 잘게 나누는 것이다. 이는 어떤 입체나 공간에서든 세 개의 점은 하나의 평면을 만든다는 간단한 기하학 법칙에 근거한다. 하지만 곡면이라기보다는 잘게 나눈 평면을 이어 붙이는 방법이어서 매끄럽지 못하고, 삼각형이라는 기하학 요소가 지나치게 강력해 전체보다는 부분적인 삼각형에 눈길이 가게 하는 한계가 있다. 인천국제공항에 있는 주차 빌딩과 서울시청이 이러한 방식으로 지어졌다.

DDP는 세계에서 가장 큰 비선형 건축물이라는 신문 기사의 제목 값을 톡톡히 치렀다. 그 의미가 큰 만큼 건축의 과정은 험난했다. 복곡면을 만들기에 콘크리트는 비교적 쉬운 재료였다. 세계 최고의 시멘트 생산 국가인 우리나라의 기술자들은 콘크리트라면 자신이 있었다. 그런데 삼차원 곡면을 가진 형틀을 만드는 것이 관건이었다. 시험 삼아 작은 견본부터 만들었다. 이상하다 싶을 정도로 자신 있어 하는 기술자들과 이를 의심하는 관계자들이 드디어 실물을 보았을 때는 비명이 터져 나왔다. 곡면이 자잘한 면들로 구불거리며 이어지고 있었기 때문이다.

"이건 삼차원 곡면이 아니잖습니까?"

"아! 그거요? 다시 몰탈mortar로 덧칠하면 매끈하게 만들 수 있습니다."

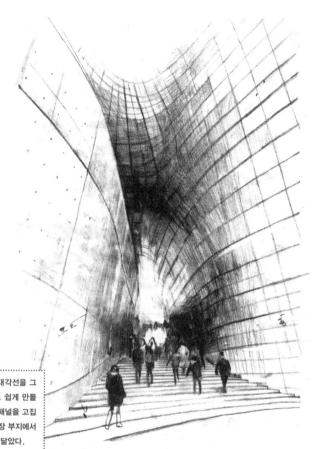

DDP의 복곡면. 각각의 면에 대각선을 그
어 삼각형으로 만들면 복곡면도 쉽게 만들
수 있지만, 건축가는 복곡면의 패널을 고집
스럽게 만들어냈다. 동대문운동장 부지에서
발견된 옛 성곽의 모습과 묘하게 닮았다.

삼차원 노출콘크리트의 뜻을 아는 절반가량 되는 사람들의 얼굴이 붉으락푸르락해졌다. 나머지 절반은 의아한 표정이었다.

"이렇게는 곤란합니다."

"왜요?"

"덧대는 것 없이 한 번에 매끈한 곡면이 나와야 합니다."

목수 중 일의 단가가 가장 높은 목수를 '거푸집 목수'라고 한다. 거푸집은 콘크리트를 붓기 위한 일종의 임시 구조물로 곧 떼어내버리는 것이긴 하지만 그 정교함만큼은 무엇보다 중요하다. 못 자국 하나, 머리카락 한 올도 콘크리트에 고스란히 새겨지기 때문이다. 콘크리트에 일단 새겨지면 이를 돌이킬 방법이 없다. 전체를 헐어내고 다시 거푸집을 짜서 콘크리트를 부어야 한다. 정교함이 생명인 만큼 거푸집 목수는 고도로 숙련되어야 하고 임금도 높다. 고도의 정교함이 필요한 가구 목수보다도 임금이 높다고 한다. 거푸집은 무거운 콘크리트를 부을 때 버틸 수 있을 만큼 튼튼하면서도 그 면과 틈이 가구보다 정교해야 하기 때문이다. 물론 노출콘크리트 건물일 때의 얘기다. 콘크리트는 원래 구조를 담당하는 재료다. 그 위에 돌이나 금속을 덮어 마감하기 때문에 대개는 그렇게까지 정교할 필요는 없다. 그러나 노출콘크리트는 그 자체가 구조이자 마감재여서 튼튼하면서 세밀한 부분까지 정교해야 하니 값비싼 재료이자 공법일 수밖에 없다. 그런데 거기다가 삼차원 곡면 노출콘크리트라니!

복곡면의 실현은 절망적으로 보이기까지 했다. 콘크리트 거푸집은 나무로 만들 수 있고 제작 경험도 많아서 정성을 다하는 것으로 해결할 수 있었다. 거푸집 안에 사람이 들어가 자동차 수리에 쓰이는 퍼티putty로 매끈한 복곡면을 완성시켰다. 그러나 건물 본체의 금속 패널들을 복곡면으로 만드는 것은 세계적으로 유례가 없는 일이었다.

쿤스트하우스 그라츠는 건물 전체를 유리판으로 덮었는데 이는 유리의 특성을 활용한 재치 있는 해결 방법이기도 했다. 부드러운 재료를 깎아 형틀을 만들고 그 위에 열을 가한 유리를 올려놓으면 모양대로 식어서 굳기 때문에 어렵지 않게 만들 수 있다. 유리라면 가능하다. 자동차 유리가 대표적인 복곡면의 형태이고 제작의 경험도 많다.

그러나 유리는 구조물을 유지하기에는 매우 부적합한 재료다. 투명하게 반짝이다가도 며칠만 지나면 먼지 때문에 세상에서 가장 추한 재료로 변신한다. 이중으로 구부러진 유리가 먼지를 뒤집어쓰고 동대문 한복판에 서 있는 것은 상상조차 할 수 없을 정도로 끔찍하다.

해결 방법은 금속 패널이었다. 구겐하임 빌바오 미술관Guggenheim Bilbao Museum 건립에 쓰인 티타늄 판이 거론되기도 했지만 그것은 우주선 발사체를 만드는 것만큼 많은 비용이 소요된다. DDP에서는 알루미늄 패널을 하나씩 만들기로 했는데 45,000장의 패널이 쓰였다. 쿤스트하우스 그라츠의 유리 패널이 천여 장이었던 것에 비하면 전혀 다른 차원의 문제였다. 게다가 금속 패널은 전혀 다른 방법으로 만들어야 한다. 자동차가 복곡면 금속 패널로 만든 것 아니냐고? 맞는 얘기다. 그러나 자동차는 한 가지 형틀을 만들면 수백만 대를 똑같은 모양으로 찍어내는 대량생산이 가능하다. 그러나 건축 재료는 건축물 각각의 모양과 크기가 달라서 단 한 장만 필요한 경우가 많다.

설계 회사에서 묘안을 내놓았다. 가능하면 단곡면 패널의 개수를 최대로 늘리는 것으로 설계를 변경하자는 것이었다. 전체적으로 유기적인 형태이기는 하지만 구부러지고 만나는 부분에서는 복곡면이 두드러지게 하고 넓은 면은 단순한 단곡면의 패널로 교체했다. 일부는 곡면이 전혀 없는 편평한 판으로 만들기도 했다.

이렇게 보완하더라도 어쨌든 세계적으로 복곡면 금속 패널을 만들 수 있는 회사는 손에 꼽을 정도였고 그 생산량도 극소량이었다. 이제까지 실현된 건물 중에 복곡면 금속 패널로 시공된 예가 없으니 만드는 회사가 없는 것이 당연했다. 독일에서 찾아낸 복곡면 패널 제조 회사는 끝내 생산 시설을 공개하지 않았다. 생산량도 일주일에 20장 남짓이어서 완공까지는 20년을 기다려야 할 지경이었다.

그러나 한국의 기술자들은 복곡면 노출콘크리트도, 금속 패널도 기어이 만들어냈다. 그것도 빠듯한 일정과 비용 안에서 기술적으로 해결해냈다. 중동에서 거의 맨손으로 건축물을 지어내던 그 불굴의 정신으로, 때로는 답답할 정도로 꼼꼼하게, 때로는 조선 기술을 동원하는 창의성으로 만들어냈다. 그것도 영국 기술자들이 놀랄 정도의 시공의 질을 이뤄냈다. 그 후 얼마 지나지 않아, 자하 하디드 건축 사무소에서 한국의 금속 패널 제조 회사의 연락처를 묻는 전화가 걸려왔다. 이제 한국은 세계 유일의 복곡면 금속 패널 대량 제조 기술과 실적을 보유하게 된 것이다. 이른바 원천 기술이다.

외계에서 온 통닭과 불시착 우주선을 만나려면

쿤스트하우스 그라츠와 DDP 모두 설계 공모를 통해 선정되었다는 점은 한국 건축에 시사하는 바가 크다. 설계 경기 또는 설계 공모는 건축의 발전에 어떤 의미를 갖는 것일까?

건축의 설계 공모는 우리나라의 과거제도와 비슷하다. 배경, 출신, 학력, 인맥을 따지지 않고 오로지 제출된 건축 설계안을 보고 건축가를 선정하는 제도다. 무명의 건축가도 설계 공모를 통해 수백억의 공사비가 드는 건축물을 자신의 생각대로 지을 기회를 얻을 수 있는 것이다.

건축가가 예술가라면 얌체 예술가다. 남의 돈으로 자신의 작품을 실현하는 예술가이니 말이다. 화가는 적어도 캔버스와 물감은 제 돈으로 구입하고 조각가들도 비싼 브론즈를 사들이느라 허리띠를 졸라매는데, 건축가는 '돈 가진 사람'을 설득하면 된다. 단, 이 과정에서 건축가들은 비굴해지거나 유명해져야 한다. 이외에 작품을 실현하는 길은 설계 공모를 통하는 방법뿐이다.

따라서 설계 공모의 역사는 그 일에 몸을 담았던 건축가들의 역사만큼 오래되었다. 설계 공모는 건축이 크게 도약하는 계기가 되기도 했다. 설계 경기는 일찍이 그리스 시대 때부터 활발하게 이어져왔다. 세계문화유산 1호인 아크로폴리스가 공모를 통해 지어졌다고 하며 르네상스 시대 피렌체의 대성당 돔도 유명한 사례다. 상공업이 발달한 피렌체의 상인 조합은 새로운 양식의 성당을 짓기로 하고 공사를 시작했다. 건물 공사가 완성되었지만 돔을 어떤 모양으로, 어떻게 지을지는 결정하지 못했다. 가장 손쉬운 방법은 고딕 건축에 쓰이는 '플라잉 버트리스flying buttress'였다. 주된 벽면 옆에 경사진 아치를 세워 힘을 분산시키는 방법이다. 고딕 성당을 크고 높게 지을 수 있었던 결정적인 발명이지만 형태 면에서 고딕 양식을 상징하는 강력한 클리셰가 되어버

중세 시대를 끝내고 르네상스의 새 시대를 연 피렌체의 두오모 성당. 중세의 성당에 익숙한 당시 사람들은 이 모습을 기괴하다고 평가했을지도 모른다.

렸다. 피렌체는 고딕 양식과는 다른 새로운 형태를 원했다. 이미 1500년 전에 로마 판테온의 거대한 돔을 지었던 이탈리아인들이지만 그 기술은 고딕 시대를 거치며 완전히 잊혔다. 게다가 기록에 따르면 판테온은 비계를 쌓아 틀을 만들고 그 위에 콘크리트를 부어 세운 것이었다. 그러나 피렌체가 있는 토스카나 지방에는 긴 목재를 생산할 만한 숲도 없었다.

　　건축주는 돔을 디자인하고 이를 실현할 방법을 공모했는데, 필리포 브루넬리스키Filippo Brunelleschi의 설계안이 채택되었다. 조각가이자 건축가였던 그는 벽돌을 좁혀서 쌓아나가는 방법으로 비계나 거푸집 없이 지상 50미터 높이에다 돔을 만드는 방법을 고안했다. 돔을 이중으로 만들고 뼈대를 그 안에 숨기는 것이었다. 오늘날 돔의 정상에서 피렌체의 전망을 감상할 수 있는 것은 이중 돔의 사이 공간을 통해 올라갈 수 있기 때문이다.

피렌체의 두오모Duomo 성당(산타마리아델피오레 대성당)은 고딕 양식의 종결자이자 르네상스 시대를 연 첫 건축물이다. 설계 경기를 통해 혁신적인 아이디어를 모으고 실현한 덕분이다. 이후로 크고 작은 설계 경기가 건축이 성큼성큼 진보하게 하는 도약판이 되어주었다. 아마도 고딕 양식의 성당에 익숙하던 당시 사람들도 르네상스의 첫 건물을 기괴하다고 여기지 않았을까?

건축사를 살펴보면 중요한 시기마다 설계 공모를 통해 새로운 아이디어와 새로운 건축이 등장했다. 영국의 국회의사당(1835), 시드니 오페라하우스(1955), 파리의 퐁피두센터(1971)와 국립도서관(1989) 그리고 알렉산드리아의 도서관 등의 혁신적인 건축이 모두 설계 공모를 통해 실현된 것들이다.

지난 10년간 우리나라는 세계에서 설계 공모가 가장 많이 열린 나라다. 정부종합청사부터 동사무소에 이르기까지 거의 모든 공공 기관에서 발주하는 공사가 설계 경기를 통해 지어졌다. 양은 질을 수반한다고 한다. 그런데 그렇게 많은 건물이 설계 경기를 통해 지어졌는데도 세계적인 혁신이라 부를 만한 건축물을 찾아볼 수 없는 것

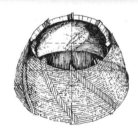

건축가 브루넬리스키는 비계 없이 돔을 벽돌로 쌓는 방법을 고안해 설계 공모에 당선되었다.

은 왜일까? 이는 건축계뿐만 아니라 모든 문화, 행정 관계자들이 고민해볼 문제다.

사실 이유는 뻔하다. 한국에서의 설계 공모는 참신하고 창의적인 생각을 찾는 제도가 아니기 때문이다. 그보다는 공정한 입찰의 한 방법으로 쓰인다. 그리고 공공 기관에서 주도하는 일이다 보니, 새로운 시도를 두려워하고 안정을 찾으려는 그들의 성향에 크게 좌우될 수밖에 없다. 따라서 장점이 많은 설계안보다는 단점이 적은 설계안이 후한 점수를 얻는다. 생각이나 형태의 독창성보다는 당장 지을 수 있는 설계안을 찾다 보니, 서로가 서로를 모방하는 비슷비슷한 건축이 이어진다. 심지어는 미술관이 극장을 닮고 극장이 사무소 건물을 모방하는 끝없는 자기 복제가 일어나는 것이다. 새로운 시도를 겁내는 겁쟁이들의 치킨 게임이 벌어지는 것이다.

DDP가 과감한 설계안을 채택한 것은 이러한 국내의 설계 공모 관행과는 차별되는 것이었다. 심사위원회의 구성과 인적 성향이 진보적이었다. 안정적인 그만그만한 설계안보다는 위험을 감수하더라도 혁신과 진보가 담긴 건축 계획안을 택한 것은 높이 살 만한 일이다. 건축가들을 초청해 직접 발표를 듣고 의견을 교환하며 충분한 심사 기간과 숙의를 거쳤다. 국내의 일반적인 설계 경기가 두 시간 남짓한 심사 시간을 갖는 것에 비하면 부러운 일이다.

쿤스트하우스 그라츠는 매우 작은 건물이다. 2층이라는 공간 구성도 실망스러울 정도로 단순하다. 에스컬레이터를 타고 올라가서 만나는 전시장의 천장에 작은 천창들이 배열된 것 정도가 인상적이라면 인상적일 수 있겠다. 또 한 가지를 들자면, 밖에서 보면 문어 빨판처럼 보이는 통을 통해 옛 도시의 경관을 끌어들이는 것 정도다. 외관의 정교한 복곡면을 내부에서는 삼각형으로 단순하게 처리했다. 규모의 한계도 있다.

이에 비해 DDP는 공간의 경험이 매우 풍부하고 다양하다. 구성 또한 극적이다. 층을 구분하기 어려울 정도로 다양한 공간들이 겹쳐 있고, 전체를 휘감으며 돌아 올라가는 갤러리가 있다. 중력이 거꾸로 작용하기라도 하듯 기둥이 아니라 위의 천장에 전체 공간을 매달아놓기도 했다. 복곡면은 내부에서도 이음매 없이 물 흐르듯 이어진다. 편평한 면 없이 위에서 아래로, 밖에서 안으로 끝없이 타고 흐르는 동안 새로운 유형의 공간을 경험하게 한다. 마치 거대한 비누 조각처럼 부드럽고 유연하다.

DDP는 도시적으로 완벽한 건축은 아니다. 지나치게 많은 주차장이 있어 그렇잖아도 혼잡한 이 지역에 더 많은 자동차를 불러들인다면 이는 자신만을 생각하는 염치없고 못된 건축일 것이다. 형태는 자극적이고 역동적이지만, 이 건축물이 도시와 만나는 접점은 못내 아쉽다. 도시와 만나는 가장 효과적인 방법은 상점이었을 텐데, 이를 녹지와 공지로 만들어 도시 조직으로부터 분리시켜버렸다. 지하 역사의 플라자를 만드느라 지상의 보도 구간을 떼어낸 것, 지하상가를 연결해 지상의 거리에 펼쳐놓아야 마땅할 다양한 활동을 지하에 잠겨버리게 한 것 또한 지켜봐야 할 대목이다.

그러나 DDP는 무엇보다도 대지에 대한 면밀한 연구를 통해 그 장소에 최적화된 조형을 발견하기 위해 노력하고 있다. 땅의 모양과 상관없이 깍둑깍둑 썰어놓은 듯한 네모 형태의 건물들과는 도시적 태도가 사뭇 다르다. 관념의 차원에 미물던 '역사' 또는 '도시의 맥락'이라는 생각을 구체적이고도 실질적으로 파악한다. 오랜 역사의 모티프를 반복하거나 벽의 재료나 패턴을 되살리는 일은 포기했지만, 대신 대지라는 것이 여러 힘의 작용의 산물이라

DDP 내부. 도시의 힘은 건축물의 내부로도 밀려들어 역동적인 내부 공간을 만든다. 단 하나의 수직 벽도 없이 공간이 계속해서 흐른다.

도심 방향에서 보는 것과 달리 성벽 공원에서 바라보는
DDP의 모습은 차분하다. 성벽에서 시작해서 멀리 보이
는 주변 건물까지 역사의 나이테가 한눈에 보이는 듯하다.

는 점에 주목해 이를 매우 물리적이고 기하학적인 방법으로 표현하고 있다. 대지에 작용하는 여러 가지 힘을 디지털 건축의 방법으로 형태화한다. 물론 여기에는 건축가가 받은 인상도 포함된다.

도시의 자산인 성벽을 존중하고 이를 부각시키려는 노력, 가로와 성벽에 의해 만들어진 불규칙한 대지의 경계선을 역사의 산물로 보고 이를 형태의 중요한 모티프로 삼은 것, 그리고 그 원칙에 충실하기 위해 과감한 구조적 모험까지 시도한 것은 DDP가 도시와 주변 환경에 적극적으로 적응하고 있음을 보여준다.

그리고 21세기의 기술로서 역사의 질문에 응답하고 있다. 그라츠의 쿤스트하우스와 마찬가지로 이것이 역사 도시 서울에 대한 입장권이다. 이제 도시가 응답할 차례다. 간판들로 뒤덮인 동대문의 건물들이 새 이웃에게 환영 인사를 보낼 차례다.

응답하라, 동대문!

포스가
그대와
함께하기를

유학 초기에 가장 애를 먹었던 영어 단어는 '포스$_{force}$'다. 대지에 포스가 있고 도시에 포스가 흐른단다. 자연에도 지형에도 포스가 있고, 시선에도 크기와 방향으로 표현할 수 있는 포스라는 것이 있단다. 그리고 건축은 그 포스를 찾아내 다듬고 엮는 것이라고 했다. 도대체 무엇을 두고 포스라고 하는 것인지 알 수 없을 정도로 매번 용례가 달랐다. 감성적인 느낌으로 다루다가도 어느 순간 엄격한 논리의 대상이 되기도 했다. 눈여겨보니, 건축뿐만 아니라 언론이나 미술 비평문에서도 간간이 쓰이는 단어였다.

한참이 지나서 내 나름대로 정리한 바에 따르면, 포스란 벡터, 압력, 의지, 균형 같은 의미가 합쳐진 모든 애매한 생각의 총칭인 듯했다. 우리말로는 '힘'보다는 오히려 '기氣'에 가까운 개념이었다. 눈에 보이지는 않지만 누구나 그 존재를 인정하고 느낄 수 있는 에너지의 흐름 같은 것이었다. 정작 포스의 개념을 문득 깨닫게 된 것은 수업 시간이 아니라 영화 〈스타워즈〉에서였다.

제다이는 흑마법 따위는 쓰지 않는다네. 대신 포스를 사용하지. 포스가
그대와 함께하기를May the force be with you!……

이는 제다이들의 축복의 인사말로, 이 영화에서 가장 유명한 대사다. 제
다이 기사들이 광선 검을 능숙하게 다루기 위해서는 포스를 자유자재로 사용
하는 것이 필수 조건이다. 그러기 위해서는 포스의 존재를 믿는 것이 우선이
었다. 제발 그 포스라는 것이 나와도 함께해주기를 진심으로 기원했다.

사람들이 건축 수업과 설계 현장에서 굳이 이 단어를 자주 사용하는 것
은 애매한 것들을 객관화하기 위해서라는 것을 나중에야 깨달았다.

유전공학과 교수인 친구가 물었다.

"건축에는 정답이 없다는데 건축 수업, 특히 설계 수업은 어떻게 진행하
지?"

나는 정답은 없다지만 정답 찾기를 포기할 수는 없으며, 학생 각자의 정
답을 만들어갈 수 있도록 유도하는 것이 설계 수업의 방법이자 묘미라고 답
했다. 그리고 바로 이런 수업을 할 때 매우 유용한 단어가 '포스'다. 남북으로
길쭉한 땅이 있고 거기에 건물을 짓는 과제를 학생들에게 내주었다고 가정해
보자. 어떤 학생이 대지의 조건과 무관하게 뭉뚝한 건물을 그렸거나 오히려
동서로 기다란 건물을 그려 왔다면 이렇게 말해줄 것이다.

"땅이 남북으로 길쭉하게 생겼는데 이런 건물은 안 어울리잖아?"

이때 교수는 학생과의 토론을 원하지만 학생은 이해하지 못한다. 도대
체 무엇에 안 어울린다는 것인지, 어울린다는 말이 무슨 의미인지…… 이보
다 더 심하게 요령부득인 경우도 있다.

"이건 좀 그렇잖아?"

교수는 이 문제를 논리적으로 풀고 싶었더라도 학생은 '어울린다', '좀 그렇다'라는 단어에 집중해 취향의 문제로 받아들인다. 이럴 때 포스가 힘을 발휘할 수 있다. 포스라는 말을 사용하면 다음과 같이 문제의 논점과 논리를 만들 수 있다.

"대지의 포스가 남북 방향으로 강하니까 건물은 그 포스의 방향으로 배치하는 것이 합리적이겠다"라고 말해주거나, "대지의 포스와 다른 방향으로 배치한 이유는 뭐지?"라고 물을 수도 있다.

이렇게 하면 학생도 논리로 대응할 수 있다. 햇빛을 더 많이 받기 위해 동서로 배치했다고, 전망이 좋은 방향이 있어 시선의 포스를 따르다 보니 그렇게 배치하게 되었다고 답할 수도 있다. 자연의 포스, 지형의 포스가 대지에 작용하고 있어 이를 따랐다고 말할 수도 있다. 이처럼 포스는 개인적인 느낌까지도 토론의 재료로 마름질할 수 있게 하는 힘을 가졌다.

이제야 본격적인 토론이 가능해진다. 학생들은 자신의 분석과 생각 그리고 느낌까지 발표할 수 있고, 교수는 이에 대해 비평하고 조언할 수 있다. 게다가 다른 학생들까지도 토론에 동참할 수 있게 된다. 그것은 마치 미지의 것을 X라고 부르게 되면서 수학이 획기적인 발전을 이룬 것과 같은 개념이다.

애매한 모든 요소를 한데 뭉쳐놓은 듯한 단어 '포스'는 물리학의 힘처럼 찾아내고 관찰하고 다룰 수 있다. 포스에도 방향과 크기가 있는가 하면, 점을 중심으로 파장처럼 퍼져나가다 사그라진다. 중력이나 자기력같이 거리의 제곱에 반비례하기도 한다. 즉 가까이 있는 포스는 그 크기가 작다 하더라도 건축에 강력한 영향을 미치며, 아무리 강력한 도시적 상징이라 하더라도 멀리 떨어져 있다면 그 파장이 미미할 것이다.

포스라는 개념과 단어의 사용은 교육이나 비평뿐만 아니라 실제 설계 작업에서도 매우 유용하다. 자신의 느낌마저도 객관적으로 바라보고 자신이 무엇을 원하는지 스스로 알 수 있게 하는 거울 같은 역할을 하기도 한다.

매 학기 마지막 수업 시간이면, 포스 때문에 힘들어했을 학생들에게 제다이의 인사법으로 축복한다.

"포스가 그대들과 함께하기를……."

그러면 이제 익숙해진 학생들도 재치 있게 받아 인사한다.

"포스가 교수님과도 함께하기를……."

도시의 건축은 도시의 포스를 따른다

도시의 건축과 자연의 건축에서 형태를 결정하는 포스는 그 종류가 다를 것이다. 자연에 홀로 놓인 건축을 만드는 데는 당연히 자연의 포스가 작용한다. 한 건축가는 자신의 건축물을 제주도의 바람이 깎은 것이라고 설명했다. 물의 포스가 물결 모양의 건축을 만들고 구름의 포스가, 지평선의 포스가 그 모양대로의 건축을 만들어내기도 한다. 자연의 대지는 수만 년 동안 인간하고는 그 어떤 사건으로도 얽혀 있지 않아 그에 대한 아무런 기억도 없을 것이다. 그러한 자연의 건축에서는 당연히 태양, 나무, 숲, 지형같이 지금 눈앞에서 느낄 수 있고 만질 수 있는 자연의 포스만이 중요하다.

자연의 건축에서는 논리보다는 취향이 앞선다. 자연의 포스를, 형태를 끄집어내는 시작점으로 삼더라도 그 결과는 자연과 어우러지는 것일 수도 있고 주변과 대조적인 것일 수도 있다. 서양의 건축이 자연과의 대립과 대조에 초점이 맞춰져 있는 데 반해 동양, 특히 우리나라의 건축은 자연과의 조화와 합일을 중요시한다. 언덕 위에 우뚝 선 파르테논 신전과 산 중턱에 푸근하게 들어앉은 우리네 절집은 그 태도가 분명 다르다. 자연에 새로운 질서를 만들 수도 있고 기존의 질서에 순응할 수도 있다. 이는 옳고 그름보다는 취향과 선택의 문제다.

이에 비해 도시 건축의 포스는 인문적이고 역사적이며 문화적이고 복합적이다. 도시의 대지는 수많은 인간의 역사가 켜켜이 쌓여 만들어졌다. 그 기억의 포스가 뭉쳐진 장소에 놓이는 건축은 그 역사와 현재의 역동성의 포스를 따르고 표현한다. 도시의 길과 대지 경계선이 그 포스의 대표적인 예다. 대지가 그렇게 나뉘어 지금의 모습을 갖추기까지 수많은 포스가 작용했다. 처음에는 지형을 따라 길이 나고 그 길을 따라 대지가 생겨났겠지만 거기에 많은 권력 관계가 작용해 오늘날의 모습을 만들어냈다. 조금씩 침범하기도 하고 물러서기도 하면서 지금의 부정형의 길과 대지를 만들었다. 따라서 길과 대지의 경계는 단순한 선이 아니라 오랜 시간에 걸쳐 여러 포스가 균형을 이룬 결과물이다. 그 자체로 기억을 담고 있는 포스의 근원이며 시각적 실마리다.

도시의 공유 공간도 마찬가지다. 도로, 광장, 공원, 랜드마크 같은 도시 공간은 경제적, 사회적, 문화적 포스에 따라 만들어졌다. 자동차 중심의 문화가 지배적이었을 때는 차도가 넓었다가, 보행자 중심으로 생각이 바뀌면서 차선을 하나 줄이고 인도를 넓혀 도로의 선형을 바꾸는 것이 좋은 예다. 광장의 모양, 공원의 규모나 형태도 마찬가지로 사회적 배경과 권력 관계가 만들어낸 산물이다. 따라서 도시의 공유 공간 또한 그 자체로 포스를 가지고 있다.

도시의 건축은 도시의 포스를 존중하고 따르며 표현한다. 포스의 존재를 믿고 이를 찾아내 형태로 끄집어낼 때 도시에 통일성과 다양성을 함께 불어넣는 일이 가능하다. 새로우면서도 조화를 잃지 않는 건축이 가능하다. 이처럼 도시의 포스로 만든 건축은 부분보다는 전체를 생각한다. 고립보다는 연결을, 단절보다는 소통을 이뤄낸다.

취향보다는 논리를 가지고 이성으로 건축을 만들 때 좋은 도시 공간이 생겨난다. 그것은 자연 공간과 비교해 우월하지도 저열하지도 않은, 새롭고 다른 공간이다. 자연이 주어진 것이라면, 도시는 의지를 가지고 개척하는 인간의 공간이다. 좋은 도시 공간은 도시와 인간을 연결하는 인터페이스다. 따라서 자연스레 인간소외를 극복하게 해주고, 많은 사회문제의 해결책이 될 수 있다. 출산율, 노인, 청소년 문제, 치안, 환경, 심지어는 지구온난화 문제까지 해결할 수 있다.

그런데 그보다 더 중요한 것은 도시 공간은 시민을 만든다는 것이다. 영국 총리였던 윈스턴 처칠은 "우리가 건축을 만들지만 다시 건축이 우리를 만든다"라고 말했다. 인간 활동의 공간적 배경인 건축이 거꾸로 인간의 품성과 행태를 지배한다는 의미다. 때로는 구조가 내용을 결정하고 공간이 행동을 만들어내기도 한다. 이 말은 '시민이 도시를 만들지만 다시 도시가 시민을 만든다'로 바꿀 수 있다. 즉 도시가 시민을 만들기도 하는 것이다. 시민이란 단순한 백성이 아니라 계몽된 주체를 말한다. 좋은 도시 공간이 빨간색 신호등에서 기꺼이 자전거를 멈추는 시민을 만든다.

　　무엇보다 도시는 우리가 발을 디디고 있는 삶의 터전이며 몸을 맞대고 사는 생활의 공간이다. 도시는 우리 부모들의 땀 냄새가 배어 있는가 하면 우리의 흔적이 골목마다 새겨져 있는 장소다. 첫사랑의 추억이 곳곳에 서려 있고 실연 후에 걷던 거리가 이어진다. 우리의 환희와 기쁨과 좌절과 낙심의 시간을 지켜봐준 기억의 공간이다. 어머니이고 아버지이며 집이다. 그리고 우리의 아이들이 비슷한 경험을 이어나갈 그들의 고향이다. 그 아름다운 이름을 위해 제다이의 인사법으로 축복한다.

　　도시의 포스가 그대와 함께하기를…….

책의 대부분을 동네에 있는 카페에서 썼다. 음악이 캐럴로 시작해서 다시 캐럴로 한 바퀴 돌아오는 동안 끊이질 않은 이웃들의 소란한 수다가 진정한 배경음악이었다. 그 덕택에 여러 도시를 여행하고 건축을 넘나들며 생각을 엮어나갈 수 있었으니 나의 도시와 이웃에 감사를 전한다. 건축가나 교수라는 직함보다 저자인 아빠를 가장 자랑스럽게 생각하는 두 딸 해연과 규연의 응원은 책의 마지막 한 장까지 집중할 수 있는 큰 힘을 주었다.

서울시 도시계획위원회에서 만난 여러 위원들과 공무원 여러분이 내내 자극과 용기를 함께 주었다. 동료 교수, 건축가들의 조언과 영감도 큰 힘이 되었다. 바쁜 와중에 도움을 아끼지 않은 최지운, 손성환, 임승민 선생과 성화, 유영, 규현, 휘은, 지윤, 푸름 그리고 주식에게 고맙고 대견하다는 말을 전한다.

귀한 자료를 흔쾌히 허락해주신 김주연, 봉일범 교수께 감사하며 특히 오십이 넘은 제자를 물가에 내놓은 어린아이처럼 걱정하며 자료를 꼼꼼히 챙겨주신 나의 스승 박길룡 교수님께 세상에서 가장 큰 존경과 감사를 담아 인사를 올린다.

편집을 맡아준 교석 씨와 푸른숲 디자인 팀의 수고는 진정으로 장인의 경지라고 말해주고 싶다.

이처럼 주변 분들과 이웃의 존재 자체가 이 책의 기관차였다. 다시 한 번 그들께 깊은 감사의 인사를 올린다.

못된 건축

첫판 1쇄 펴낸날 2014년 5월 8일
    5쇄 펴낸날 2017년 3월 15일

지은이 이경훈
발행인 김혜경
편집인 김수진
책임편집 김교석 **편집기획** 이은정 이다희 백도라지 조한나 윤진아
디자인 김은영 엄세희
경영지원국 안정숙
마케팅 문창운 노현규
회계 임옥희 양여진

펴낸곳 (주)도서출판 푸른숲
출판등록 2002년 7월 5일 제 406-2003-032호
주소 경기도 파주시 회동길 57-9번지, 우편번호 413-120
전화 031)955-1400(마케팅부), 031)955-1410(편집부)
팩스 031)955-1406(마케팅부), 031)955-1424(편집부)
www.prunsoop.co.kr

ⓒ이경훈, 2014
ISBN 979-11-5675-516-6 (03300)

이 도서의 국립중앙도서관 출판시도서목록(CIP)은 e-CIP 홈페이지(http://www.nl.go.kr/ecip)와
국가자료공동목록시스템(http://www.nl.go.kr/kolisnet)에서 이용하실 수 있습니다. (CIP2014013421)